"十四五"时期
国家重点出版专项规划项目

现代学前教育观念丛书

丛书主编　原晋霞　虞永平

ERTONGGUAN

儿童观

陶金玲　胡坤宁　著

江苏凤凰教育出版社
Phoenix Education Publishing, Ltd

感谢您使用本书。您在使用本书时如有建议或发现质量问题，请联系我们。

【内容质量】电话：4008283622
【印装质量】电话：4008283610

图书在版编目（CIP）数据

儿童观/陶金玲，胡坤宁著.—南京：江苏凤凰教育出版社，2023.6
（现代学前教育观念丛书/原晋霞　虞永平主编）
ISBN 978-7-5743-0254-9

Ⅰ.①儿… Ⅱ.①陶… ②胡… Ⅲ.①儿童教育 Ⅳ.①G61

中国版本图书馆 CIP 数据核字 (2022) 第 244936 号

现代学前教育观念丛书

书　　名	儿童观
作　　者	陶金玲　胡坤宁
出版策划	刘　煜
编辑统筹	林　静
责任编辑	韩宇新　石贤权
封面设计	马海云
出版发行	江苏凤凰教育出版社（南京市湖南路1号A楼　邮编210009）
苏教网址	http://www.1088.com.cn
照　　排	南京私书坊文化传播有限公司
印　　刷	南京顺和印刷有限责任公司（电话025-83682876）
厂　　址	南京市江宁区麒麟街道天和路78号
开　　本	787毫米×1092毫米　1/16
印　　张	13.25
版　　次	2023年6月第1版
印　　次	2023年6月第1次印刷
书　　号	ISBN 978-7-5743-0254-9
定　　价	45.00元
网店地址	http://jsfhjycbs.tmall.com
公　众　号	苏教服务（微信号：jsfhjyfw）
邮购电话	025-85406265，025-85400774
盗版举报	025-83658579

苏教版图书若有印装错误可向承印厂调换
提供盗版线索者给予重奖

总 序

架起金桥通胜境

"现代学前教育观念丛书"即将出版了。这是一套凝聚了作者们心血和智慧的丛书，也是一套承载了理论研究者和实践工作者希冀的丛书。感谢作者们的齐心协力和发奋进取，感谢不断给我们提供启发和经验的广大幼儿园教师。感谢江苏凤凰教育出版社的大力支持。这套丛书的出版试图达成以下几个方面的目的。

第一，在教育原理和教育实践之间架起桥梁。这套书的主要目的不是原理性知识的生产，而是对基本原理的汇集、解读和说明，在此基础上扩展和充实解释性知识。因此，这套丛书关注对基本理论的梳理和解读，关注对理论核心内涵的解释，关注对不同理论观点的整合和融汇。围绕相应的观念，形成对观念的解释体系，使理论在不同的层次上得到呈现。本套丛书还努力用实践经验和事实说明理论，用理论解读学前教育实践的改革和发展，即将理论和实践结合起来，让理论真正指导实践，让实践提升和充实理论。

第二，在理论前沿和焦点问题之间形成联结。这套丛书关注了近十年来影响学前教育实践的重要观念。根据理论的逻辑，形成了一整套相对完整的观念体系。这些观念具有理论的前沿性，能体现理论研究的最新问题和最新进展，触及理论研究的最新成就，关注国际学术研究和国内学术研究的综合性成果。同时，所选择的观念又具有强大的实践关联性，具有明显的问题导向，聚焦实践研究的焦点问题。在学术前沿性和问题焦点之间形成联系，强化丛书的先进性和实践指导性。

第三，在理论运用和理论创新之间形成张力。这套丛书对原理的解读、解释和细化是为了实践运用。运用理论是学前教育科学化的必然要求，是学前教育高质量发展的必然要求，也是学前教育理论发展的重要路径。现代学前教育的重要标志就是对发展心理学、学前教育原理等理论的运用，真正让科学理论来指导学前教育实践。教育理论运用的前提是理论学习，通过学习把握理论、理解理论。学前教育理论运用的现实基础是反思性实践，通过反思明确问题和不足，借鉴理论，形成解决问题的思路和策略，并进一步检验、创新和发展理论。因此，理论运用和理论创新经常是同一个过程的两个方面，两者之间形成了张力，相互促进和提高。

第四，在理论研究者和实践工作者之间生发对话。这套丛书本身就是一场理论和理论之间的对话、理论和实践之间的对话。这场对话是旷日持久的对话，是延续，也是起步。所谓延续，是因为这种对话长期进行着，是旷日持久的。所谓起步，是我们期待这套丛书能引发更深入、更广泛的对话，更好地拉近理论研究者和实践工作者之间的距离。相信本套丛书倡导的教育观念将在实践中引发实践工作者之间、实践工作者和理论工作者之间更加广泛和深入的对话，尤其是能生发实践工作者和理论研究者之间的积极对话，使他们相互理解、相互促进。在对话中，实践探索不断推进、深化理论的运用研究，反思实践过程，生发更多的实践策略、实践智慧；在对话中，不断反思理论，不断提升实践经验，不断充实理论表达，拓展理论内涵。在理论研究者和实践工作者之间形成一种相互启发、相互促进和相互成就的力量。

无论是理论创新还是实践变革都是一个渐进的、艰难的过程。形成一种处于学术体系中介层次上的学术成果也是需要不断磨炼和积累的。作为一套具有中介和桥梁性质的读物，我们的工作只是告一段落，还没有正式结束。我们为此而努力了，但还需要不断研究、不断探索、不断为在理论和实践之间架起坚实的桥梁而努力。

虞永平

2023 年 5 月

前　言

　　一切为了儿童，这不仅是儿童教育的旨归，也是千万个家庭，乃至整个国家、整个人类的共同旨归。成人充满着激情、爱和为儿童牺牲的精神，为了帮助儿童更好地发展，成人认为已经做了他们所能做的一切。然而，成人听不懂"儿童的一百种语言"，看不见"儿童的一百个世界"。成人并没有意识到，是他们的盲目无知阻碍了儿童的正常发展。成人的"自以为是"遮蔽了儿童鲜活的生命，偷走了儿童多彩的世界。成人的"为了儿童"成了"神圣的万恶"，在成人"自以为是"的高控中儿童失去了生命的灵动。"我们对儿童是一点也不理解的：对他们的观念错了，所以愈走就愈入歧途。"[①] 每个人都要经历童年，童年的经历会造就成年后的性格、观念、作为与表现，也会影响成年后自己对待儿童的态度和方式。过去的童年与现在的童年以及未来的童年之间，上一代的童年文化与下一代的童年生活之间，存在着生生不息、互为因果的连续与循环。此循环的良恶与否，直接决定了儿童、国家乃至人类的命运走向。叩问成人"为了儿童"的初心何在？服务儿童的生命成长，助力儿童的生命成长，让儿童的生命更为精彩——这便是成人"为了儿童"的初心，更是自然赋予成人的崇高使命。

[①] ［法］让－雅克·卢梭.爱弥儿——论教育（上）[M].李平沤，译.北京：人民教育出版社，2001：2.

儿童观

回归初心，成人必须从自己身上找到错误的根源，并对儿童采取一种新的态度。"根除潜藏在我们心中的偏见。……我们必须抑制可能会阻碍我们理解儿童的那种成人所特有的思想观念。"[①]成人所面临的最紧迫的任务，就是去了解这些尚未被认识的儿童，并把儿童从成人的错误观念中解放出来，把儿童当儿童。回归初心，必先追问儿童的生命逻辑，必先追根溯源："儿童是什么？"在"儿童是儿童"的观念之上，才可能科学理性地"为了儿童"。

儿童观是关于"儿童是什么"的问题回答，是成人如何看待和对待儿童的观点的总和，它涉及儿童的能力与特点、地位与权利、儿童期的意义、儿童生长发展的形式和成因、教育同儿童发展之间的关系等诸多问题。[②]"一般来说，成人如何看待儿童，就会以相应的方式对待儿童。"[③]儿童观是儿童学、教育学、心理学等学科研究的原点和出发点，儿童观研究不仅可以丰富人们对儿童的科学认识，而且可以为儿童学、教育学和心理学的研究提供一定的参考和借鉴。不同的研究视角，对儿童有着不同的理解。但"儿童"作为教育中的存在，应当被从教育的立场审视。教育学视域下的儿童观主要探讨教育情境中如何认识和教育儿童，教育者所持有的儿童观直接影响其对儿童的教育理念、教育方式、具体教育行为等，直接关系到儿童能否获得科学、健康、理想的保护和发展。儿童观是教育的基点，身为父母和教师的成人究竟应持有怎样的儿童观？这需要与教育问题联系起来加以考察。"儿童是走向健康成长，还是被扭曲、异化，甚至毁灭，这取决于成人对儿童的正确认识以及能否以此为前提为儿童成长提供适宜的社会、文化、教育条件。"[④]人类发展至今天，我们依然对儿童缺乏足够的认识与理解，这使得无论是在教育理论层面，还是在教育实践层面，都存在着深层的"儿童"的缺失。这种缺失，正是儿童教育缺乏生机、毫无个性的根源所在。

---

① [意]玛丽亚·蒙台梭利.童年的秘密(第2版)[M].马荣根，译.单中惠，校.北京：人民教育出版社，2005：155.
② 卢乐山，林崇德，王德胜，主编.中国学前教育百科全书：教育理论卷[M].沈阳：沈阳出版社，1995：14.
③ 蒋雅俊，刘晓东.儿童观简论[J].学前教育研究，2014(11)：3-8+16.
④ 蒋雅俊，刘晓东.儿童观简论[J].学前教育研究，2014(11)：3-8+16.

"新教育的基本目的就是发现和解放儿童。"①儿童,是教育的逻辑起点。了解儿童、认识儿童应是教育的必然前提与基础,研究儿童、发现儿童的生命成长奥秘应是教育学永恒的课题。教育失却了原点,也就失却了存在的坐标;教育失却了儿童,也就失却了教育的真谛。"在万物的秩序中,人类有它的地位;在人生的秩序中,童年有它的地位;应当把成人看作成人,把孩子看作孩子。"②回归教育的原点,以儿童为原点成为儿童生命呼唤的最强音。"儿童与童年,一如生命和世界,是个迷人、难舍的问号,更是一串无始无终的惊叹。"③儿童成长的本质是什么?儿童或童年具有怎样的地位和价值?成人应当怎样看待和对待儿童?深入探究儿童的生命本质,阐释和挖掘儿童观的科学内涵,可为教育观的现代转型提供必要的理论前提。"我深信一切真理、一切教育指令都应该来自学生自身,在他们身上产生出来。"④尽管想要完全了解成长中的儿童是一个永远不可能完成的课题,但若心怀虔敬,便可深入儿童世界。敬畏生命,深入童年的秘密,遵循生命的指示去认识儿童,热爱儿童,理解儿童,并为儿童服务。

写一本关于儿童观的书意味着什么?确切地说,站在研究的对象面前,从开始就知道与所掌握的线索相比,雄心显得过于庞大,常常感到自己智能的渺小。所拥有的只言片语和所获得的关于儿童的资料并不那么容易理解,它需要进行严格精确的阐释。事实上,通过历史上各个时期的成年人(立法者、教育学家、作家、画家,尤其家长、自传作家等)留下的间接线索,我们才可能尝试去重新构建过去不同时期的儿童面貌。在时间中追溯得越久远,就越担心有更多的线索转瞬即逝。因此必须承认,虽然本书的时间线是连续的,但我们所了解的却并非如此,即在用力写到了的范围之内,恐怕也有不周到、不深切的地方,有许多重要方面完全略过了,以致书中也有各种"黑洞"和尚未得到解答的问题(或许永远无法解答)。菲力浦·阿利埃斯的《儿童的世纪·旧制度

---

① [意]玛丽亚·蒙台梭利.童年的秘密(第2版)[M].马荣根,译.单中惠,校.北京:人民教育出版社,2005:116.
② [法]让-雅克·卢梭.爱弥儿——论教育(上)[M].李平沤,译.北京:人民教育出版社,2001:71.
③ 熊秉真.童年忆往[M].桂林:广西师范大学出版社,2008:1.
④ [瑞士]裴斯泰洛齐.裴斯泰洛齐教育论著选.夏之莲,等译.北京:人民教育出版社,2001:21.

儿童观

下的儿童和家庭生活》被视为儿童研究的标志性作品,是整个儿童史研究的起点,阐释了西方儿童观的演变历史,如今所有撰写儿童研究著作的学者都或多或少地参考这部先驱性作品——这是西方儿童研究的经典之作,也是研究西方儿童观的经典之作。阿利埃斯认为,16世纪到18世纪之间,油画和雕刻品种出现了特定的儿童服装,这是把儿童和成人区分开来的标志,也是中世纪与18世纪启蒙运动之间儿童身份的标志。这意味着传统社会中并无儿童意识,也就是说传统社会中不存在儿童的概念,而事实真的如此吗?中国的儿童观发展历程是否也存在着同样的轨迹?一切都需要重新建构,但首先要做的就是消除我们所传播的既有印象。追寻历史的印记,探查中西方儿童观的发展历史脉络,无论服装、游戏还是故事,其生活的各个方面使得儿童形象得以丰富并拥有了内涵,儿童的身份会逐渐凸显出来。这些观察视角中的每一个都可以发现、整理和使用新的档案资料,从中找到以前所不了解的儿童生活的符号和片段,找到拥有儿童痕迹的第一手资料,为研究解读儿童观提供全新的、更恰当的线索。我们并未打算勾勒出一部儿童观从起源到现在的连续史,但可以通过历史的痕迹解读成人对儿童的认知和态度,了解每个重要历史时期的特殊儿童观。在分散而翔实的资料论证中,在融合总体性和特殊性的结构中,了解古今中外儿童观的历史变迁。

认识儿童、理解儿童,不仅要走一段遥远的历史路程,还要穿越当下研究丛林,小心谨慎地考察儿童生活现场,综合纵向历史追寻和横向当下考量,基于生活现实构筑科学儿童观之路。"事实的真相在井底。"[①] 通过历史反思和现实考察发现,对儿童的考量应从对生命的考量开始。生命的逻辑是儿童观的逻辑起点,对人类生命的探求,成为儿童研究的必然前提与基础。以生物学、哲学、中医学、心理学、教育学等多学科的视野与层次,检视生命,由人的"类生命"进而认识儿童的"群体生命"。尤其中国传统哲学和中医学对生命认知的复杂思维和整体观念为儿童生命的考察提供了丰富的资源,更为重新阐释儿童观的合理内涵奠下了坚实的基石。从生命的视角去观察、理解和阐释儿童,发现儿童的生命规律,掌握儿童的生命特性,进而深入到生命存在的境界之中建构科学的儿童观。从历史中的儿童

---

① 刘晓东.发现伟大儿童:从童年哲学到儿童主义[M].北京:生活·读书·新知三联书店,2021:26.

观到现实中的儿童观，再到理想中的儿童观，让历史中的儿童观、现实中的儿童观展现在眼前，也让理想中的儿童观更加真实清晰——"发现伟大儿童"[①]——这就是本书的宗旨。

最大的尊重应属于儿童。每个成人对儿童生命的关怀与敬畏以及对儿童的理解与把握就是自己行动的指南，而其理解和把握会在反思中不断发展与变化，行动也会在不断深化的理解和把握中更为理性与完善。没有成人纯粹的生命兴趣，没有成人充满热情的参与，没有成人把其一生精力的一点一滴作为赌注般地投入，任何科学华丽的理论都是不可能在生命实践中获得意义的。作为成人，作为教师，永远不能忘记"为了孩子"的初心，以及自然赋予的伟大使命。儿童的生命如果得以尊重，儿童的权利如果得以保障，自然赋予儿童的潜能如果得以发挥，我们就会取得无法计量的成就——不可能有完美的理论，我们要做的就是朝着更好的目标前进：不忘初心，不辱使命！

陶金玲
2021 年初夏于静雅居

---

① 刘晓东.发现伟大儿童·从童年哲学到儿童主义[M].北京：生活·读书·新知三联书店，2021：363-364.

目 录

第一章　西方的"儿童发现"之旅 … 1
　一、儿童是"小大人"——启蒙 … 3
　二、儿童是"私有财产"——萌芽 … 8
　三、儿童有"原罪"——蒙昧 … 11
　四、儿童是"种子"——呐喊 … 13
　五、儿童是"儿童"——发现 … 21
　六、儿童是"花草树木"——召唤 … 25
　七、儿童是中心——科学化 … 32

第二章　中国儿童观的历史图景 … 37
　一、人之初，性何为？ … 39
　二、福娃抑或顽童？ … 45
　三、解放儿童之路 … 55

第三章　"儿童缺位"的教育现实 … 77
　一、家庭教育中的"拔苗助长" … 79
　二、学校教育中的"催熟造人" … 82
　三、被遮蔽的"儿童生命" … 87

第四章　多学科视野中的生命观 … 93
　一、生物学视野下的"生命" … 96

二、哲学视野下的"生命"   103

三、中医学视野下的"生命"   115

第五章　儿童的生命特性　125

一、儿童是历史的生成   127

二、儿童是整体的生成   133

三、儿童是独特的生成   138

四、儿童是经验的生成   140

第六章　儿童观的合理内涵与教育取向　155

一、儿童是身心稚嫩的个体，儿童的生命需要滋养、呵护   157

二、儿童是完整的个体，应关注儿童生命发展的和谐性、整体性   161

三、儿童是独特的个体，应促进每一个儿童的个性化发展   165

四、儿童是有生命成长规律的个体，教育应顺其自然   169

五、儿童是成长在一定环境中的个体，应为儿童提供良好的成长环境   172

六、儿童是主动发展的个体，应尊重儿童的学习方式   178

七、儿童期具有自身独特的价值，应敬畏儿童生命的历史性   184

参考文献　191

第一章

XIFANGDE ERTONG FAXIAN
ZHILU

西方的"儿童发现"之旅

远古时期，世人对于儿童的社会存在视而不见。对于原始氏族来说，由于当时生产力水平极端低下，原始人急切地希望儿童加入成人行列，因此他们并没有把儿童作为儿童看待，而仅仅把儿童当作氏族部落的未来成员，当作缩小的成人，儿童就是"小大人"。他们认为，儿童是"缩小"的大人，儿童和大人没有什么区别，即使有的话，那也只是身高和体重的不同而已。他们用成人的标准去要求儿童，儿童被期待像成人一样去行动，充当童工，充当童农，充当童商等，使之过快地生长发育。儿童的特点、儿童期的意义则被完全忽视，人们"看不到"儿童，甚至"看不到"青少年。儿童期缩减为儿童最为脆弱的时期，即尚不能自我料理的时期，甚至以儿童的说话能力或换牙作为区分儿童与成人的标志。儿童在家庭和社会中的经历极其短暂，存留在儿童的最初几年里，儿童或被当作好玩的小东西，一旦在体力上勉强可以自立，儿童就需要像成人一样生活、工作，儿童一下子就成为低龄的成年人。但儿童的死亡率极高，这会导致习惯性的漠然或极度的关心。"孩子如果在此阶段死了（这在当时是经常发生的），有人会为此悲痛，但一般情况下，这种悲伤也不会保持多久，很快被另一个小孩替代之，但后来的孩子也摆脱不了默默无闻的命运。"[①] 除了天灾，还有人祸，秘密杀婴被社会所接受，抛弃儿童的现象也非常普遍，而且发生在女孩身上的概率更高。父亲"有拒绝接受新生儿，将其抛弃、卖掉或送给别人收养以及决定女儿婚姻的权力"[②]。各种各样的惩罚也无处不在，父母可以暴力对待这些无辜的生命。儿童柔弱，极易受到暴力侵害，地位极其不利，无法保护自己免受暴力侵害。历史上，很长一段时期，人们对儿童都缺乏一个正确、深入的认知，直到近代以前，儿童都被看作是"小大人"，被看作是父母的私有财产。儿童是世界的一部分，有其自身的独特性，他们的权利与欢乐应与所有成人无异。

一、儿童是"小大人"——启蒙

古希腊时期，在斯巴达，畸形儿被认为是神的憎恶的征兆，孱弱、畸形的新

---

① ［法］菲力浦·阿利埃斯.儿童的世纪·旧制度下的儿童和家庭生活［M］.沈坚，朱晓罕，译.北京：北京大学出版社，2013：2.
② ［意］艾格勒·贝奇，［法］多米尼克·朱利亚.西方儿童史［M］.申华明，译.北京：商务印书馆，2016：51.

儿童观

生儿会被长老会遗弃,但这并非出于优生学目的。[①] 斯巴达儿童人生的最初七年在家中度过,与父母保持亲密的关系;随后男孩和女孩离开家庭,被分成不同的组(寄膳宿学校或组织),接受群体训练,男孩要成为英勇战士,女孩则应该成为圣洁勇敢的母亲。[②] 雅典儿童的初期也是在家中度过,没有严格的年龄分别,但都受到严格监督,行为举止要得体,否则就要被痛打。古希腊的儿童就像是一幅简单的人类草图,难以进一步具化儿童的形象,这是由于古希腊社会对儿童这一社会角色的忽视造成的。儿童被认为没有太大价值,因为他们身体弱小,经济上没有生产能力,智力上不成熟,道德上又无法对其进行惩罚。儿童在感受母亲的温柔疼爱时,也必须不断面对乳母讲述的童话故事带来的恐惧、"教仆"的威胁、家人的殴打以及教师的批评,对于伤害儿童的行为既无法律制裁也无道德约束。人们对于儿童问题的关注,源于认识人类自身,可以追溯到古希腊的柏拉图,其为认识儿童拉开了帷幕。

古希腊智者派创始人普罗泰戈拉提出了"人是万物的尺度",从而看出其对人的尊重。苏格拉底也突出强调对作为认知主体的人的研究,他将这种思想归结为德尔斐神庙墙上铭刻的"认识你自己"这句箴言,将对自然宇宙的认识转向对人自身的认识,使古希腊哲学发生了根本性转向。认识人类自身,从认识儿童开始。柏拉图在《理想国》中建构了一个理想儿童的形象,成为"发现儿童"的最初启蒙者。柏拉图是西方教育史上第一个提出学前教育思想的人,认为应尽早对儿童进行教育,甚至提出了优生、胎教的问题,主张利用优生、优育的方法对儿童进行选择。"凡事开头最重要,特别是生物。在幼小柔嫩的阶段,最容易接受陶冶,你要把他塑成什么型式,就能塑成什么型式。"[③] "先入为主,早年接受的见解总是根深蒂固不容易更改的。"[④] 他提出了实行儿童公育的制度,主张儿童教育应由国家负责,把0~6岁划为学前教育期,0~3岁儿童应交给国家特设的养育院由乳母养育,3~6岁儿童应到附设在神庙里的儿童场由保姆监护。"教

---

① [意]艾格勒·贝奇,[法]多米尼克·朱利亚.西方儿童史[M].申华明,译.北京:商务印书馆,2016:37.
② [意]艾格勒·贝奇,[法]多米尼克·朱利亚.西方儿童史[M].申华明,译.北京:商务印书馆,2016:37-39.
③ [古希腊]柏拉图.理想国[M].郭斌和,张竹明,译.北京:商务印书馆,1986:71.
④ [古希腊]柏拉图.理想国[M].郭斌和,张竹明,译.北京:商务印书馆,1986:73.

育是国家的大事。"① "所有三岁到六岁的孩子应该把他们集在村庄的寺庙里,一个村子里几家的孩子们应总是在一个地方会集。"② 柏拉图倡导"用体操来训练身体,用音乐来陶冶心灵"③,认为"教育有两件事:一件是体育,是为身体的;另一件是音乐,是求心灵美善的"④。他主张每个儿童,不论男女,从幼年的音乐教育和体操开始,而音乐教育应先于体操,包括讲故事、唱歌、演奏乐器、朗诵诗歌等,也鼓励儿童游戏,但强调审查并慎选故事,游戏和玩具也不要轻易变更,以免对儿童心灵造成不良影响。"眼睛所看到的,耳朵所听到的,艺术作品,随处都是;使他们如坐春风,如沾化雨,潜移默化,不知不觉之间受到熏陶,从童年时,就和优美、理智融合为一。"⑤ "幼年人所参加的游戏应使它更纳入轨道;如果游戏中缺乏纪律,儿童与之同化,要求他们长大后成为严肃而守法的人们是不可能了。"⑥ "一个儿童从小受到好的教育,节奏与和谐浸入了他的心灵深处,在那里牢牢地生了根,他就会变得温文有礼;如果受了坏的教育,结果就会相反。"⑦ "一个人从小所受的教育把他往哪里引导,却能决定他后来往哪里走。"⑧ 儿童以优秀公民标准接受层层筛选和教育,从幼年开始,儿童就参与城邦的祭祀、歌唱和舞蹈,6岁以上的男孩和女孩被分组进行教育,所学课程也有所变化。"六岁以后,男女须分开:男孩和男孩生活,女孩和女孩生活。这时他们应开始学习:男孩应向骑师请教,学习怎样用弓箭、标枪和掷弹。女孩们,如果她们不反对,即使不去练习,也应该去学习。"⑨ 柏拉图主张男女平等。"在治理邦国时,女子之为女子,或男子之为男子,没有特殊的职能,本性里的天资是一样分散于两性间的,所有男子的事业也是妇女的。"⑩ 除了知识学习和音乐、体操外,还有作为必修科目的

---

① 张法琨.古希腊教育论著选[M].北京:人民教育出版社,2007:96.
② 张法琨.古希腊教育论著选[M].北京:人民教育出版社,2007:201.
③ [古希腊]柏拉图.理想国[M].郭斌和,张竹明,译.北京:商务印书馆,1986:70.
④ 张法琨.古希腊教育论著选[M].北京:人民教育出版社,2007:202.
⑤ [古希腊]柏拉图.理想国[M].郭斌和,张竹明,译.北京:商务印书馆,1986:107.
⑥ [古希腊]柏拉图.理想国[M].郭斌和,张竹明,译.北京:商务印书馆,1986:73.
⑦ [古希腊]柏拉图.理想国[M].郭斌和,张竹明,译.北京:商务印书馆,1986:108.
⑧ [古希腊]柏拉图.理想国[M].郭斌和,张竹明,译.北京:商务印书馆,1986:140.
⑨ 张法琨.古希腊教育论著选[M].北京:人民教育出版社,2007:201.
⑩ 华东师范大学教育系,浙江大学教育系.西方古代教育论著选[M].北京:人民教育出版社,2001:47.

儿童观

实际锻炼，儿童10岁时应到乡下锻炼。对于幼小儿童的教育，柏拉图主张采用模仿的方法，"从小也就只应模仿他们适宜模仿的人物……最后成为习惯，习惯成为第二天性"[①]。柏拉图反对强迫儿童学习，主张寓教学于游戏之中，教育者需要在游戏中发现、了解儿童的天性，并要求教育的每一步都要和实际锻炼结合起来，这对后世影响深远。柏拉图认为应根据儿童的天性资质和能力而施教，20世纪伟大的教育家、哲学家杜威曾经满怀钦佩地谈及柏拉图的这一敏锐观察。

柏拉图的学生亚里士多德同样主张教育应由国家来开办与管理，认为国家重要的职能之一就是建立统一的学制。"教育应该订有规程（法制）以及教育应由城邦办理这两点已经明白论定。"[②]亚里士多德认为人具有独特性，并依据人的特性进行了儿童年龄分期，在西方教育史上第一次提出并论证了教育必须适应人的自然发展的原则。"一个人生来就是人，而不是其他动物，并且其身心必定具有某种特性。"[③]亚里士多德将人受教育的年龄按每七年一个自然阶段，共划分为三个时期：0～7岁为第一个时期，这一时期的任务是使幼儿的身体能正常地发育成长。7～14岁为第二个时期，应对儿童进行正规的集体教育，让儿童掌握读、写、算的实用知识与技能，并进行体操训练和音乐教育（音乐教育也包括文学和诗歌的阅读、咏唱、欣赏等，7～14岁儿童的心灵最易于接受音乐教育）。14～21岁为第三个时期，这一时期的任务是发展青少年的理智灵魂。和柏拉图相比较，亚里士多德更多地注意到儿童身心发展的阶段性，并根据这种心理学的考察来安排教育工作。他把第一个时期（0～7岁）又细分为两个阶段：0～5岁为前期，5～7岁为后期。亚里士多德认为，在前一个阶段，应顺应自然，以儿童的身体养护为主，并主张通过组织儿童游戏来锻炼身体。"立法者必须按照他自己的意志形成初生孩子们的体格。"[④]亚里士多德重视母亲对儿童的影响，要求母亲亲自抚养婴儿，亲自哺乳。"子息的天性多得之于其母，有如植物得之于

---

① ［古希腊］柏拉图.理想国［M］.郭斌和，张竹明，译.北京：商务印书馆，1986：98.
② ［古希腊］亚里士多德.政治学［M］.吴寿彭，译.北京：商务印书馆，1983：395.
③ 华东师范大学教育系，浙江大学教育系.西方古代教育论著选［M］.北京：人民教育出版社，2001：99.
④ 华东师范大学教育系，浙江大学教育系.西方古代教育论著选［M］.北京：人民教育出版社，2001：102-103.

土壤。"① 在第二个阶段,即5~7岁的教育中,应以习惯的培养为主。"凡在儿童身上可能培养的习惯,都应及早开始,然后渐渐加强这些训练。"② 亚里士多德强调:"在教育儿童时,我们当然应该先把功夫用在他们的习惯方面。"③ "从小就养成这样还是那样的习惯不是件小事情;恰恰相反,它非常重要,比一切都重要。"④ 在西方,"习惯成自然"这句谚语即源于亚里士多德⑤。亚里士多德的年龄分期建立在生物学原则的自然适应性基础上,考虑到了人的机体发育的生理特征。在亚里士多德看来,在每一种实体和物质中自然都赋予发展(即过渡到更完善的形式)的可能性,犹如一颗棕树的种子,虽然蕴藏着发展为一棵树的全部可能性,但是只有具备适当的条件,即适当的土壤、阳光和雨露,棕树的种子才能成为棕树。他认为人的发展与事物的发展同理,就是一个由可能性转变为现实性的过程。在人类中,这种天赋的可能性依靠教育变为现实。自然密切联系着人类"心灵"的三种本源(它的三种状态):植物的本源(繁殖、营养和生长的能力)、动物的本源(运动和感觉的能力)和理性的本源(思维的能力)。教育应当遵循着人的本性,但要把体育(植物的本源)和抑制人的动物本源(人的情欲)的德育跟发展着的理性本源(思维能力)的智育密切联系起来。亚里士多德关于儿童分期和教育的自然适应性原则的主张是简略的,但他的思想却是深刻而富有内涵的,开创了西方教育史上"教育遵循自然"理论的先河,影响了后世的许多教育家,最著名的当属夸美纽斯和卢梭。

希腊化时代,儿童健康得到了更多关注,儿科医学诞生,希波克拉底阐释了儿童牙齿疾病,亚里士多德研究了儿童生理学,索拉诺斯和加连的研究涉及育儿法问题,医学人类学中把儿童和成人区分开来。⑥ 古希腊人对于童年本质的认识并不清晰,但以柏拉图、亚里士多德为代表的儿童思想却是儿童概念的胚胎,对

---

① 华东师范大学教育系,浙江大学教育系.西方古代教育论著选[M].北京:人民教育出版社,2001:103.
② [古希腊]亚里士多德.政治学[M].吴寿彭,译.北京:商务印书馆,1983:402.
③ [古希腊]亚里士多德.政治学[M].吴寿彭,译.北京:商务印书馆,1983:413.
④ [古希腊]亚里士多德.尼各马科伦理学[M].苗力田,译.北京:中国社会科学出版社,1990:26.
⑤ 杨汉麟,周采.外国幼儿教育史[M].南宁:广西教育出版社,1998:36.
⑥ [意]艾格勒·贝奇,[法]多米尼克·朱利亚.西方儿童史[M].申华明,译.北京:商务印书馆,2016:45.

后世的儿童认知和儿童观念产生了重要而深远的影响。"对于童年的诞生，我们应当感谢希腊人的贡献。他们虽然没有创造出童年，但是他们已经走得很近了，以至于在2000年以后，当童年产生时，我们便能识别它的希腊之源。"①

二、儿童是"私有财产"——萌芽

古希腊之后的古罗马人在童年意识、童年观念上更进了一步，对儿童的重视从形容儿童的丰富词汇中得以看出。"除了paruus puer（小孩）外，还有infans（婴儿），在政治或司法语言中，这类儿童被定义为puer（儿童）。"② "生命的第一阶段就是infantia（婴儿期，幼年）：持续时间为7年。"③ "infantes（小孩子）和pueri（儿童）的区别也包括了学龄前和适龄读书儿童的区别。"④ "0~7岁的儿童被视作admodum impubes（完全幼年期），然后7~11岁为infantiae proximus（近童年期），此时他们应当知道分辨善与恶。11~14岁为pubertati proximus（近青春期）。"⑤ 在罗马有两个成年年龄，一个是法律上的，14岁男孩可以结婚；一个是政治生活中的，在满17岁之前男孩不可以进入inniores（青年）。"根据人们对公民所期待的职能不同，puritia（童年）在14岁或17岁时结束。"⑥ 一直到祈神日，家庭都是儿童唯一的社交场所。儿童祈神日（Liberalia），古代历法的三月十七日，所有16岁男孩都要身穿紫色镶边托加长袍参加集体庆祝仪式，男孩将镶边托加更换为普通托加，并抛弃保护男孩免受恶魔伤害的护身符，这些仪式标志着儿童向成人

---

① ［美］尼尔·波兹曼.娱乐至死·童年的消逝［M］.章艳，吴燕莛，译.桂林：广西师范大学出版社，2009：170.
② ［意］艾格勒·贝奇，［法］多米尼克·朱利亚.西方儿童史［M］.申华明，译.北京：商务印书馆，2016：70.
③ ［意］艾格勒·贝奇，［法］多米尼克·朱利亚.西方儿童史［M］.申华明，译.北京：商务印书馆，2016：71.
④ ［意］艾格勒·贝奇，［法］多米尼克·朱利亚.西方儿童史［M］.申华明，译.北京：商务印书馆，2016：72.
⑤ ［意］艾格勒·贝奇，［法］多米尼克·朱利亚.西方儿童史［M］.申华明，译.北京：商务印书馆，2016：73.
⑥ ［意］艾格勒·贝奇，［法］多米尼克·朱利亚.西方儿童史［M］.申华明，译.北京：商务印书馆，2016：74.

的过渡，也标志着儿童从家庭向国家的过渡。① 女孩与男孩的命运不同，女孩通过婚姻结束童年。"在整个古罗马历史中，结婚年龄都固定在12岁。然而婚姻仪式常常在这个年龄之前举行，有时婚姻在此之前就已完成。"② 女孩在结婚前天晚上会将玩偶献祭给维纳斯，脱下托加长袍，换上长裙，然后套上婚纱，像儿童祈神节一样，象征着女孩脱离童年世界。③

在古罗马，无论男孩女孩都臣服于父亲的权力和严厉，儿童是"私有财产"。儿童是父母婚姻的结晶，产生于母体，归父母所有，是父母的隶属品。父母可以左右儿童的命运，控制儿童的生活，决定儿童的一切事情，把儿童培养成为他们认为最理想的人，压服儿童，让儿童唯命是从。儿童特别是男童被认为是家庭的希望、传宗接代的工具，开始受到关心和重视，但儿童仍然被视为家庭和家族的附属品、父母的私有财产，没有独立自主的人格和地位，与其抚养人之间的关系只是一种依附关系。基于此种观念，"古罗马人热烈地爱着他们的子女，这种感情就像是汹涌的大潮一般成为他们对待儿童的首要态度"④。儿童出生即可得到被称为"第一眼礼物"的拨浪鼓和木铃，用来集中婴儿的注意力。在三四岁会有一些陶制或木制的动物玩具，男孩以坚果当作弹珠玩。玩偶象征了女孩的童年，抛弃玩偶也就意味着童年的结束。但事实上，人们喜欢孩子，还没有喜欢到要生孩子的地步，奥古斯都禁止独身和无子女夫妇接受遗产的法律也收效甚微。很多妇女也不愿意哺乳自己的孩子，儿童经常不生活在自己的家庭中，而是生活在乳母家里，抛弃子女的现象依旧不断发生且众所周知。

古罗马著名的教育家昆体良对于儿童特性的理解和感受比多数同时代人进步、深入得多，其教育思想也是基于对儿童特性的深入认识。与柏拉图一样，昆体良重视幼儿教育，也建议从3岁开始培养儿童的智力，要求父母和家庭教师关

---

① ［意］艾格勒·贝奇，［法］多米尼克·朱利亚.西方儿童史［M］.申华明，译.北京：商务印书馆，2016：76.
② ［意］艾格勒·贝奇，［法］多米尼克·朱利亚.西方儿童史［M］.申华明，译.北京：商务印书馆，2016：82.
③ ［意］艾格勒·贝奇，［法］多米尼克·朱利亚.西方儿童史［M］.申华明，译.北京：商务印书馆，2016：82-83.
④ ［意］艾格勒·贝奇，［法］多米尼克·朱利亚.西方儿童史［M］.申华明，译.北京：商务印书馆，2016：90.

儿童观

注儿童的兴趣,让学习成为一种娱乐,并强调保姆必须品德优良、言语准确。"最要紧的是要特别当心,不要让儿童在还不能热爱学习的时候就厌恶学习,以至在儿童时代过去以后,还对初次尝过的苦艾心有余悸。"①"如同新器皿一经染上气味,其味经久不变;纯白的羊毛一经染上颜色,其色久不能改。"②"我们要特别当心使孩子在学习时避免麻木不仁的教师,正如嫩弱的幼苗要避开干涸的土壤一样。"③昆体良论证了儿童的个性差异,并倡导因材施教。他认为,天性是教育的原材料,教育是铸范这个原材料的艺术。没有原材料,艺术无所作为。昆体良强调教育的统一要求必须与照顾儿童的个别差异相结合,认为要想做到因材施教,首先必须了解儿童的能力和天赋素质,掌握每个儿童特殊的天性倾向。教师要"善于精细地观察学生能力的差异,弄清每个学生的天性的特殊倾向"④。在了解了儿童之后,应当从两个方面入手因材施教:一是把握儿童不同的性格特点,采取不同的教育方法,长善救失;二是要善于使每个儿童扬长避短。"教学中适合各人的特殊情况和需要,使每个学生能发挥各自的长处。"⑤昆体良认为教育应培植各人的天赋特长,最应注意的是不能让儿童扬短而避长,放弃能胜任的事去做不能胜任的事。"教学要能培植各人的天赋特长,要沿着学生的自然倾向最有效地发挥他的能力。"⑥昆体良强调学校生活应该是学习和游戏的交替过程,反复告诫要防止儿童负担过重,因为越出儿童的能力之上的东西是不能进入他的头脑的。昆体良举例说:"如果我们取一个紧口瓶子(我们可以将它比作儿童的智力),企图猛烈地将大量的水灌进去,而不允许一滴一滴地慢慢流进去,结果将如何呢?无疑,大

---

① [古罗马]昆体良.昆体良教育论著选[M].任钟印,选译.北京:人民教育出版社,1989:15.
② [古罗马]昆体良.昆体良教育论著选[M].任钟印,选译.北京:人民教育出版社,1989:11.
③ [古罗马]昆体良.昆体良教育论著选[M].任钟印,选译.北京:人民教育出版社,1989:74.
④ [古罗马]昆体良.昆体良教育论著选[M].任钟印,选译.北京:人民教育出版社,1989:89.
⑤ [古罗马]昆体良.昆体良教育论著选[M].任钟印,选译.北京:人民教育出版社,1989:190.
⑥ [古罗马]昆体良.昆体良教育论著选[M].任钟印,选译.北京:人民教育出版社,1989:89.

量的水将倒在瓶子外面，最后，瓶中的水将比慢慢地灌进去的水更少。"①这个紧口瓶子的比喻后来被夸美纽斯在《大教学论》中引用，他认为："有些人教学生时，不是学生能吸收多少就教多少，而是他们自己愿意教多少就教多少，这种行为是十足的愚蠢，因为才能需要支持而不能负担过重。教师也如同医生，他是自然的仆役而不是自然的主人。"②但普鲁塔克则认为，儿童不是一个需要填满的罐子，而是一颗需要点燃的火种。

昆体良对儿童和儿童教育的精辟见解与现代儿童观非常相近，引领了当时社会对儿童的关注，颂扬儿童的著述似乎达到顶峰，无论是文献还是建筑，几乎到处可见。对儿童的关注也成为引导皇帝博爱行为的一个重要组成部分，图拉真创建了旨在帮助自由贫民养育子女的"儿童津贴"，皇帝的妻子也创建保护孤女的机构，"罗慕路斯禁止家庭中的父亲杀死不满3岁的儿童"③。皇权的伟大品德通过儿童表现出来，儿童应当获得尊重和宠爱这两种人类自然的情感。④来自于希腊化时代的博爱哲学观点、对人口的担忧、家庭的亲密关系和昆体良儿童观念的汇聚所产生的是一种能够唤起真正的儿童情感的儿童形象，虽然虚幻，但也是儿童意识的萌芽，是人类和时代更新的象征。

三、儿童有"原罪"——蒙昧

5~15世纪的欧洲封建社会，罗马帝国灭亡后的西欧迈入中世纪时期，进入一个漫长的所谓蒙昧的黑暗时代，古希腊、古罗马刚刚萌发出来的童年意识和童年特性认知开始被遮蔽、被遗忘。"直到12世纪前后，中世纪的艺术还未涉及儿

---

① [古罗马]昆体良.昆体良教育论著选[M].任钟印，选译.北京：人民教育出版社，1989：24.
② [捷]夸美纽斯.大教学论·教学法解析[M].任钟印，译.北京：人民教育出版社，2006：127.
③ [意]艾格勒·贝奇，[法]多米尼克·朱利亚.西方儿童史[M].申华明，译.北京：商务印书馆，2016：72.
④ [意]艾格勒·贝奇，[法]多米尼克·朱利亚.西方儿童史[M].申华明，译.北京：商务印书馆，2016：91-92.

儿童观

童，也没有表现他们的意愿。"①儿童形象在艺术上的缺失，是儿童在这个世界上没有地位的表现。偶尔出现在画作中的小孩没有儿童自身的特点，只是身材缩小的成人。"没有任何儿童的特征：只是个子上画小了一点，身材与成年人有所区别。"②"约在13世纪，出现了几种类型的孩子形象，这些类型似乎有点接近现代人对儿童的感觉。"③这些"孩子形象"主要是外表如年轻人的裸婴，意味着"儿童进入到图像世界中"④。在当时真实的生活中，童年被看作是一个稍纵即逝的过渡阶段。对儿童的热爱仅局限于童年耶稣身上，对儿童的情感与母爱联系在一起。从14世纪开始，"裸婴"形象增多并越来越多样化："它的命运和繁荣见证了对儿童的情感在集体意识方面的进步，对儿童的特殊注意在13世纪还是孤立的现象，在11世纪时却完全不存在。"⑤童年仅仅是毫不重要的过往，在中世纪看不到儿童肖像画，看不到真实儿童处在童年这一特定生命时期的肖像，只有对基督儿童的崇拜。因为，真实的儿童"生而有罪"，并不被人喜欢。

中世纪，人们的儿童观是儿童生而有罪。这种儿童观认为，儿童一生下来，就充满罪恶，成人应该对他们严加管束、制约，可以责骂、鞭打儿童。奥古斯丁提出，体罚是儿童教育中不可缺少的手段，要使生来邪恶的儿童喜爱学习，戒尺和皮鞭等惩罚工具是必需的。奥古斯丁的童年记忆成了当时儿童处境的真实写照："我们喜欢游戏，为此我们挨打，甚至于遭受那些自己也很爱玩的老师的责罚。大人懒散就要算作是正经事，而如果儿童懒散，那么这些大人们就要责罚儿童。"⑥儿童承受了各种肉体的、精神的折磨，遭受成人的轻视，任何带有创新乃至尝试意识的行为都会受到指责，人格被严重摧残。被约束与惩戒，是中世纪儿童的真

---

① [法]菲力浦·阿利埃斯.儿童的世纪·旧制度下的儿童和家庭生活[M].沈坚，朱晓罕，译.北京：北京大学出版社，2013：51.
② [法]菲力浦·阿利埃斯.儿童的世纪·旧制度下的儿童和家庭生活[M].沈坚，朱晓罕，译.北京：北京大学出版社，2013：51.
③ [法]菲力浦·阿利埃斯.儿童的世纪·旧制度下的儿童和家庭生活[M].沈坚，朱晓罕，译.北京：北京大学出版社，2013：53.
④ [法]菲力浦·阿利埃斯.儿童的世纪·旧制度下的儿童和家庭生活[M].沈坚，朱晓罕，译.北京：北京大学出版社，2013：53.
⑤ [法]菲力浦·阿利埃斯.儿童的世纪·旧制度下的儿童和家庭生活[M].沈坚，朱晓罕，译.北京：北京大学出版社，2013：54-55.
⑥ 吴元训.中世纪教育文选[M].北京：人民教育出版社，2005：5.

实写照。

儿童到了7岁,婴孩期结束,成年跟着开始了,这中间没有过渡阶段。即便是孩童时期,也是混迹于成人之间,没有属于自己的世界。"那时没有分离的童年世界。儿童跟成人一样做同样的游戏,玩同样的玩具,听同样的童话故事。他们在一起过同样的生活,从不分开。"①成人丝毫不避讳在儿童面前谈论成人生活秘密,甚至公然放纵打闹。"中世纪没有儿童成长发展的概念,也没有学习需要具备必要前提和循序渐进的概念,更没有学校教育是为进入成人世界做准备的概念。"②"中世纪的孩子身处一个以口语沟通的世界里,生活在一个跟成人一样的社会范围,没有分离机构加以限制。他们有机会接触该文化中几乎一切的行为方式。"③可以说,中世纪的儿童是被遗忘的儿童,他们的童年无处安身。"没有识字文化,没有教育的观念,没有羞耻的观念,这些都是中世纪童年不存在的原因所在。"④

尽管在中世纪,"生而有罪"的儿童观念一统天下,但依然有微弱的声音发出:"一个著名的教育制度却正在把人变成牲口。告诉我,如果在你的庭院中种一棵树,你紧紧地把它捆起来,不给它生长枝叶的地方,结果会是什么呢?"⑤尽管这样喃喃自语式的微弱声音不能影响全社会,却预示了历史的进步,微弱低语必将汇集成滔滔呐喊,儿童意识将在有识之士的振臂高呼中被唤醒。

四、儿童是"种子"——呐喊

16世纪,文艺复兴运动对人权的倡导,使人们从全新的角度来审视儿童,在儿童观上有了一个大的飞跃。中世纪的儿童意识和儿童教育极端扭曲人性,

---

① [美]尼尔·波兹曼.娱乐至死·童年的消逝[M].章艳,吴燕莛,译.桂林:广西师范大学出版社,2009:178.
② [美]尼尔·波兹曼.娱乐至死·童年的消逝[M].章艳,吴燕莛,译.桂林:广西师范大学出版社,2009:177.
③ [美]尼尔·波兹曼.娱乐至死·童年的消逝[M].章艳,吴燕莛,译.桂林:广西师范大学出版社,2009:177.
④ [美]尼尔·波兹曼.娱乐至死·童年的消逝[M].章艳,吴燕莛,译.桂林:广西师范大学出版社,2009:179.
⑤ 刘晓东.儿童教育新论[M].南京:江苏教育出版社,1998:6.

儿童观

被认为"生而有罪"的儿童遭受鞭笞、体罚。针对扭曲人性的儿童教育,尊重儿童和反对体罚首先成为一些教育家的强烈要求,亚里士多德提出的根据儿童的天性进行自然教育的主张被重新提出,并付诸实践。维多里诺举办的"快乐之家",注重儿童的个性发展,要求教师的教导应跟随自然,成为儿童接近自然、充满欢乐的地方。莫尔的《乌托邦》、康帕内拉的《太阳城》、拉伯雷的《巨人传》、伊拉斯谟的《愚神颂》等,无不是人文主义者的教育梦想。伊拉斯谟认为要研究孩子的自然能力和才智,不要想象他们的兴趣与成人的一样,不要指望他们具有小大人一样的举止。他明确指出,用恐怖的手段来使儿童弃恶,把自由的儿童奴隶化,是极其荒谬的奴性做法,对待儿童应该充满爱和温柔,应采用符合儿童天性的自由教育。蒙田是一个自然的人文主义者,提出了培养"完人"的教育目标:"我们所训练的,不是心智,也不是身体,而是一个完整的人,我们决不能把二者分开。"① 他重视游戏和体育的价值,要求教师研究儿童的个别差异,因人施教。"一开始就应该按照他所教育的孩子的能力施教,使他的能力表现出来,让他对许多东西都学一点,然后独立地作出选择和区别,有些时候给他开条路,有些时候要让他自己去开路。"② "要懂得如何支持儿童的行动,在多大程度上屈从他们的行动,又该如何指导他们的行动,这是一种高贵的精神的标志,也是一种坚毅的精神的结果。"③ 蒙田强烈反对成人的权威、专横,斥责教师对儿童的鞭打和惩罚是危险的。"要是看到学校和教室里点缀着绿色的树枝和花卉,而不是血淋淋的桦树枝,那该多好呢?"④ 他渴望自然快乐的学校:"在学校里到处悬挂快乐、花神和美丽、温雅、欢喜等神的肖像。儿童利益所在的地方,也应有他们的娱乐。"⑤ 蒙田告诫成人:"绝不要揽起你的孩子天性的责任,让他们凭运气按自然和人类的规律发展吧。"⑥ 蒙田主张教育应遵循自然的思想直接影响了夸美纽斯和卢梭。夸美纽斯加入了尊重儿童天性的呼吁,发出

---

① 华东师范大学教育系,浙江大学教育系,编.西方古代教育论著选[M].北京:人民教育出版社,1985:396.
② 吴元训.中世纪教育文选[M].北京:人民教育出版社,2005:405.
③ 吴元训.中世纪教育文选[M].北京:人民教育出版社,2005:405.
④ 吴元训.中世纪教育文选[M].北京:人民教育出版社,2005:425.
⑤ 吴元训.中世纪教育文选[M].北京:人民教育出版社,2005:425.
⑥ [法]蒙田.我知道什么呢——蒙田随笔集[M].辛见,沉晖,译.上海:上海三联书店,1988:142.

了尊重儿童的最强呐喊,提出了"种子"说,开启了自然教育的真正历史旅程。

夸美纽斯在其著作《大教学论》的开篇中就写道:"人是造物中最崇高、最纯粹、最卓越的。"① 他认为匹塔克斯"认识你自己"的名言"有益于真理,对我们具有重要意义"②。夸美纽斯呼吁:"但愿这句名言不是镌刻在神庙的门上,而是印在书籍的扉页上,不是铭刻在所有人的舌头上、耳朵上和眼睛上,而是铭刻在他们心中!但愿一切从事年轻人教育的人能做到这点,使他们能学会理解这项任务和他们自己的长处的神圣性,使他们竭尽全力圆满地实现他们的神圣使命。"③ 夸美纽斯提出了著名的"种子论",认为在人的身上自然地播有知识、道德和虔信的种子,通过教育便可以把它们发展出来。"来到这世上的人的头脑可以被恰当地比作一粒种子或者果核。"④ "种子一旦种入土中,就在土里生根,发芽出土,然后,由于内在的力量,长出枝叶,这些幼芽就枝繁叶茂,开花结果。因此,没有必要从外部注入任何东西,只需要人自己所固有的蜷缩在内部的东西伸展出来,显现出来,只需要注意每一个个别的成分。"⑤ "虔信的种子天然地存在于人的身上。"⑥ "知识、德行和虔信的种子自然地深植在我们身上,但实际的知识、德行和虔信并没有给我们,必须靠祈祷、教育和行动才能得到这些。"⑦ "事实上,只有通过恰当的教育,人才能成为人。"⑧ 夸美纽斯在《母育学校》的献辞中敬告父母、保护人、教师及一切负责管教儿童的人们,

---

① [捷] 夸美纽斯.大教学论·教学法解析[M].任钟印,译.北京:人民教育出版社,2006:26.
② [捷] 夸美纽斯.大教学论·教学法解析[M].任钟印,译.北京:人民教育出版社,2006:26.
③ [捷] 夸美纽斯.大教学论·教学法解析[M].任钟印,译.北京:人民教育出版社,2006:27.
④ [捷] 夸美纽斯.大教学论·教学法解析[M].任钟印,译.北京:人民教育出版社,2006:41.
⑤ [捷] 夸美纽斯.大教学论·教学法解析[M].任钟印,译.北京:人民教育出版社,2006:41.
⑥ [捷] 夸美纽斯.大教学论·教学法解析[M].任钟印,译.北京:人民教育出版社,2006:46.
⑦ [捷] 夸美纽斯.大教学论·教学法解析[M].任钟印,译.北京:人民教育出版社,2006:51.
⑧ [捷] 夸美纽斯.大教学论·教学法解析[M].任钟印,译.北京:人民教育出版社,2006:51.

儿童观

儿童是非常珍贵的财宝。他把儿童比作"种子",要求人们关心儿童、爱护儿童。"儿童是无价之宝。"①"对于父母,儿童应当比金、银、珍珠和宝石还珍贵。"②"儿童比黄金更为珍贵,但比玻璃还脆弱。它是易于被震荡和受伤的甚至成为不可补偿的损伤。"③夸美纽斯告诉成人,不是成人守护了儿童,而是成人因着儿童得到庇护。"凡是家庭有孩子的人们,那就会肯定在他们家里会出现天使的显现;凡是双手抱持小孩的人,可以确信他也在抱持天使;无论何人在为深夜黑暗所笼罩的情况下睡在一个婴儿的身旁,他会感到一种慰藉,借此可以得到保护,使黑暗鬼怪无所施其伎俩。这些事情的重要性是何等的伟大啊!"④夸美纽斯还借用路德之言阐明儿童的纯洁、无罪:"我们并未扶养我们的儿女,而是他们扶养我们。"⑤他热情颂扬儿童:"儿童们给予我们的正像一面镜子。"⑥夸美纽斯从新人类观(即肯定人的价值、尊严、地位,讴歌人的体魄、智慧、力量)推导出新儿童观,对儿童价值的肯定唤起了人们对儿童作为个体的"人"的重视,颠覆了儿童被看成"生而有罪"的生灵的观念,由此在西方教育史上树起了一面光辉的旗帜,成为西方教育从神学化向人本化过渡的一个重要标志,为后世"儿童的发现"开辟了道路。

夸美纽斯认为:"为了解救沉沦的人类,除了年轻一代的教育以外,天底下再没有更可靠的办法了。"⑦"教育的确对一切人都是需要的"⑧,主张"所

---

① [捷]夸美纽斯.夸美纽斯教育论著选[M].任钟印,选编.任宝祥,等译.北京:人民教育出版社,2005:12.
② [捷]夸美纽斯.夸美纽斯教育论著选[M].任钟印,选编.任宝祥,等译.北京:人民教育出版社,2005:15.
③ [捷]夸美纽斯.夸美纽斯教育论著选[M].任钟印,选编.任宝祥,等译.北京:人民教育出版社,2005:35.
④ [捷]夸美纽斯.夸美纽斯教育论著选[M].任钟印,选编.任宝祥,等译.北京:人民教育出版社,2005:16.
⑤ [捷]夸美纽斯.夸美纽斯教育论著选[M].任钟印,选编.任宝祥,等译.北京:人民教育出版社,2005:17.
⑥ [捷]夸美纽斯.夸美纽斯教育论著选[M].任钟印,选编.任宝祥,等译.北京:人民教育出版社,2005:17.
⑦ [捷]夸美纽斯.大教学论·教学法解析[M].任钟印,译.北京:人民教育出版社,2006:18.
⑧ [捷]夸美纽斯.大教学论·教学法解析[M].任钟印,译.北京:人民教育出版社,2006:54.

有男女儿童都应该上学"①:"不仅是富人和有权势的人的孩子,而是一切孩子,不分男女,不分出身高贵或出身平民,不分富裕或贫穷,而是生活在一切城市和小镇、村落和小村庄的孩子,都应该上学。"②他强调教育不仅与一人有关,而且与很多人有关,不仅仅是与许多个个人有关,而且与许多城镇、许多省区、许多王国有关。总之,是与全人类有关。夸美纽斯允诺一种教育体制:"一切年轻人都受教育。"③"这种教育的实施没有体罚,没有严酷,没有强迫,尽可能温和而愉快,持最自然的态度。"④"这种教育不是虚假的,而是真实的;不是肤浅的,而是彻底的。"⑤"这种教育不是劳累的,而是轻松的。"⑥他倡导尊重儿童、了解儿童,认为"所有儿童的天赋能力并不是同等的"⑦。"要学习的一切学科要这样安排,使之适应学生的年龄。凡是他们不能理解的,都不要给他们学习。"⑧他依据儿童年龄特点,把人从出生到成年接受教育的过程分为四个时期,每期六年,各有相应的学校进行教育,分别是母育学校、国语学校、拉丁语学校和大学。"整个时期必须划分为四个明显的阶段:婴儿期、儿童期、少年期和青年期。每期六年,每期有一种专设的学校。"⑨"每个家庭有一所母育学校,每个村庄有一所国语学校,每座城市有一所文科中学,各个

---

① [捷]夸美纽斯.大教学论·教学法解析[M].任钟印,译.北京:人民教育出版社,2006:65.
② [捷]夸美纽斯.大教学论·教学法解析[M].任钟印,译.北京:人民教育出版社,2006:65.
③ [捷]夸美纽斯.大教学论·教学法解析[M].任钟印,译.北京:人民教育出版社,2006:79.
④ [捷]夸美纽斯.大教学论·教学法解析[M].任钟印,译.北京:人民教育出版社,2006:79.
⑤ [捷]夸美纽斯.大教学论·教学法解析[M].任钟印,译.北京:人民教育出版社,2006:79.
⑥ [捷]夸美纽斯.大教学论·教学法解析[M].任钟印,译.北京:人民教育出版社,2006:80.
⑦ [捷]夸美纽斯.夸美纽斯教育论著选[M].任钟印,选编.任宝祥,等译.北京:人民教育出版社,2005:28.
⑧ [捷]夸美纽斯.大教学论·教学法解析[M].任钟印,译.北京:人民教育出版社,2006:106.
⑨ [捷]夸美纽斯.大教学论·教学法解析[M].任钟印,译.北京:人民教育出版社,2006:234.

儿童观

王国或每个省有一所大学。"[①] 他还描绘了快乐学校的模样:"学校本身应是一个愉快的场所,不管从外表和内部来看都具有吸引力。从内部看,教室应当明亮清洁,墙上应装饰有图画。这些图画既有名人画像、地图、历史进程表,又有其他装饰。从外部看,应当有一片开阔的场地供散步和游戏(这对于儿童是绝对必要的),还应当有附属的花园,不时允许学生到花园中去,在那里饱览树木、花卉和各种植物。"[②]——这也正是当今校园的参照。夸美纽斯还巧妙地运用树木生长的各个阶段比喻不同时期的教育:"受父母亲切照看的6岁的孩子好比已小心栽种的幼苗,已经生根,开始生长嫩芽。到12岁时,他们像未成熟的树,长满了树枝和幼芽,尽管它将怎样生长还不确定。18岁时在语言和人文学科上已受到很好的教导,好像繁花盛开的树,叫人看着闻着都很高兴,同时有结出果实的希望。最后,24岁或25岁的青年,他们已受过完全的大学教育,就像挂满果实的树,需要时即可采摘、享用。"[③] 他认为每一个发展阶段及相应教育机构都有自己专门的教育任务,同时各阶段又存在着联系:每前一阶段都是为后一阶段打基础的,每后一阶段又是前一阶段的合乎逻辑的发展,最终实现教育所要达到的目的。夸美纽斯认为学校才是培养人才的最佳场所,同伴的影响也是非常重要的,因而他也是西方教育史上第一个提出班级授课制的教育家。夸美纽斯普及初等教育的主张曾在德国的一些诸侯国变成教育立法,哥达公国的《学校方法》即是对夸美纽斯国语学校计划的模仿。[④] 夸美纽斯拟定了西方教育史上第一个从学前教育到大学教育的单轨学制,后来更发展为一个系统的终身教育体系,成为近现代单轨学制及终身教育的先驱者。

夸美纽斯提议母乳喂养,应让儿童吮取其生母的奶汁,并相信精神快乐是人生命的泉源,因而提醒父母应当给予儿童快乐和爱抚。"任何适于或能使儿童愉

---

① [捷] 夸美纽斯.大教学论·教学法解析[M].任钟印,译.北京:人民教育出版社,2006:235.
② [捷] 夸美纽斯.大教学论·教学法解析[M].任钟印,译.北京:人民教育出版社,2006:122.
③ [捷] 夸美纽斯.大教学论·教学法解析[M].任钟印,译.北京:人民教育出版社,2006:236.
④ [捷] 夸美纽斯.大教学论·教学法解析[M].任钟印,译.北京:人民教育出版社,2006:9.

快的事无论如何是不应予以拒绝的。"①他举例说明儿童快乐和游戏的重要性:"儿童一岁时,用摆动摇篮、抱着轻轻摇动、轻声唱歌、玩拨浪鼓、带到广场或花园中运动,乃至接吻和拥抱等方式来振奋他们的心灵。然而,这些事也必须耐心细致地去做。在他们二至四岁时,应以适于他们的各种游戏,或与其他儿童的共同游戏、跑跳、彼此的追逐、音乐、任何适于他们看的东西如画片等来活跃其心灵。"②夸美纽斯强调早期教育的重要性,认为人的最有成效的教育是在幼年时期。"人最容易在年轻时形成,若非这个年龄,就不能正确地形成。"③"一切产生的事物的本性就是,在它柔嫩时易于弯曲和塑造,当它长结实以后,就不易改变了。"④他通过列举蜡、幼苗、母鸡孵蛋等实例说明尽早教育。"要想一棵树长年茁壮生长,最好栽培幼苗。"⑤"在人身上,只有在年轻时吸收的东西才是持久的。"⑥"在幼年时期就铸造人达到智慧的规范,这是深谋远虑的。"⑦"树刚一出土时就长出以后要成为主要树枝的幼芽。正是在最初的学校里,我们必须在人身上播下一切知识的种子。"⑧为此,其撰写了历史上第一部学前教育专著《母育学校》,详细列举了儿童"百科全书"式启蒙教育的学习科目,编写了世界上第一部图文并茂、生动有趣的儿童教材——《世界图解》——这或许是夸美纽斯最伟大的作品,甚至歌德在少年时期都拜读过此书⑨。《世界图解》描绘了一个"看得

---

① [捷]夸美纽斯.夸美纽斯教育论著选[M].任钟印,选编.任宝祥,等译.北京:人民教育出版社,2005:36.
② [捷]夸美纽斯.夸美纽斯教育论著选[M].任钟印,选编.任宝祥,等译.北京:人民教育出版社,2005:36.
③ [捷]夸美纽斯.大教学论·教学法解析[M].任钟印,译.北京:人民教育出版社,2006:56.
④ [捷]夸美纽斯.大教学论·教学法解析[M].任钟印,译.北京:人民教育出版社,2006:57.
⑤ [捷]夸美纽斯.大教学论·教学法解析[M].任钟印,译.北京:人民教育出版社,2006:22.
⑥ [捷]夸美纽斯.大教学论·教学法解析[M].任钟印,译.北京:人民教育出版社,2006:58.
⑦ [捷]夸美纽斯.大教学论·教学法解析[M].任钟印,译.北京:人民教育出版社,2006:59.
⑧ [捷]夸美纽斯.大教学论·教学法解析[M].任钟印,译.北京:人民教育出版社,2006:237.
⑨ [德]武尔夫.教育人类学[M].张志坤,译.北京:教育科学出版社,2009:15.

儿童观

见的世界",试图为儿童展示一幅关于世界作为一个有意义的整体的图画,一切呈现的图像和概念都不是介绍事物目前的状态,而是要说明它们之间的联系——一个主题式的关系世界,这也可以说是当今幼儿园主题教学的雏形。"幼年儿童要求优良教育极为迫切,缺它的话,他们必将迷失方向。"[1] 母育学校包括儿童生活的头六年,是为儿童以后所要学习的一切奠定基础,是前后衔接的统一学制系统的第一个必不可少的阶段。夸美纽斯在教育史上第一次从普及教育的角度和儿童心理发展的连续性与阶段性的角度,提出学前阶段教育的重要性,认为在母育学校里所应进行的是"播种"的教育。"任何人在幼年时代播下什么样的种子,那他老年就要收获那样的果实。"[2] 夸美纽斯的精彩观念表明了童年是一个敏感而具有决定性的时期,它奠定了未来的基础,所有的介入都要特别小心谨慎。值得注意的是,夸美纽斯的母育学校虽然还不是现代意义上的幼儿教育机构,而是家庭条件下的学前教育,但《母育学校》一书勾画了幼儿教育机构的雏形,成为福禄培尔创建幼儿园的主要依据。夸美纽斯不愧为"教育史上的哥白尼",几乎所有18世纪及19世纪教育理论的萌芽都可在他的著作中发现。他不仅是"教育科学的真正奠基人",也是"发现儿童"的呐喊者,更是世界幼儿教育的真正奠基者——其在幼儿教育方面的卓越贡献,似乎还未引起幼教界的高度重视,如此丰碑式的幼教鼻祖却被"遗忘",但愿笔者的历史追寻,也能为其呐喊以正名。

继亚里士多德之后,夸美纽斯提出了自然适应性教育法则,孜孜以求和自然相适应的教育。"秩序是把一切事物教给一切人们的教学艺术的主导原则。"[3] "教导的恰切秩序应当从自然去借来。"[4] 夸美纽斯强调教育活动必须"小心地注视自然的作用"[5],并模仿自然,通过透视自然,以自然为师。"我们的格言应当是:凡事都要跟随自然的领导,去观察能力发展的次第,要使我们的方法依据这种顺序的原则。"[6] 由此,夸美纽斯强调儿童应顺天性而发展。基于"教育适应自然"

---

[1] [捷] 夸美纽斯.夸美纽斯教育论著选[M].任钟印,选编.任宝祥,等译.北京:人民教育出版社,2005:5.
[2] [捷] 夸美纽斯.夸美纽斯教育论著选[M].任钟印,选编.任宝祥,等译.北京:人民教育出版社,2005:22.
[3] [捷]夸美纽斯.大教学论[M].傅任敢,译.北京:教育科学出版社,1999:76.
[4] [捷]夸美纽斯.大教学论[M].傅任敢,译.北京:教育科学出版社,1999:76.
[5] [捷]夸美纽斯.大教学论[M].傅任敢,译.北京:教育科学出版社,1999:76.
[6] [捷]夸美纽斯.大教学论[M].傅任敢,译.北京:教育科学出版社,1999:28.

的思想，夸美纽斯论证并阐述了启发诱导原则、量力性原则、循序渐进原则、因材施教原则等教学原则以及相应的教学方法。尽管夸美纽斯的自然适应性原则不是以科学严谨的儿童身心发展研究与分析为根据，而是由更普遍的规律性或基本原理引申出来的，但其关于儿童和儿童教育的观点植根于他的博识与乐观，代表了一个美好世界的教育梦想，其教育梦想贯穿于整个近代史，直至今日无数的教育工作者仍在沿着他所指引的方向前行。

正是因为以夸美纽斯为代表的人文主义教育家和思想家的大声疾呼和严厉批判，才唤醒了人们的儿童意识，儿童不再是"生而有罪"，而是纯洁、无罪，需要成人悉心关怀、照顾的"种子"，儿童概念逐渐独立出来，使童年和成人世界逐渐有了分别，儿童生活与成人生活逐渐分离，儿童在家庭内部成为了一个主体，艺术作品中的儿童形象也越来越丰富，儿童有了自己专门的服装和一些专用的家具，游戏被视为儿童锻炼的重要体验，人们爱看小孩的神态，爱用童言稚语，体现出将儿童作为活生生的人加以关爱的倾向。

五、儿童是"儿童"——发现

继夸美纽斯之后，探索儿童身心发展特点、研究教育教学规律，成为教育理论关注的重点。在西方思想史上具有崇高学术地位的洛克大力倡导"白板说"，彻底否定了"生而有罪"的儿童观。洛克认为儿童刚生下来的时候，其心灵就像一块白板，成人可以将其任意塑造成各种各样的东西；儿童就像是一张白纸，洁白无瑕，成人可以在上面画最新最美的图画；儿童生来是没有原罪的，是纯真无瑕的，儿童就像是一个空容器，成人可将各种知识经验灌输进去。他的这种儿童观反映了自由资本主义时期儿童在自由、民主、平等、博爱的社会思潮中所处的地位，反映了人性解放的现实。他论证了"天赋人权"原则，要求尊重儿童的人格、尊重儿童的权利，强调研究儿童的一般心理特征和个性特征对教育方法的重要意义，坚持认为教学方法必须考虑儿童的特殊需要、兴趣和能力，并根据自己对儿童年龄特征和心理特点的观察，精辟论述了教育儿童的具体方法，丰富和发展了文艺复兴以来人文主义教育家"教育遵循自然"的方法。"上帝在人类的精神上面印上了各种特性，这些特性正同他们的体态一样，稍微改变一点点是可以的，但是很难把他们完全改变成一个相反的样子。"① 由于"不可改移的本性"，洛克建议教育者应在儿童年幼还不会装模作样掩饰自己的时候去观察和研究他们的天性和才能，然后采取不同的方法以教育儿童。尽管洛克忽视了儿童的主观能动性，但他呼吁遵循自然的教导，反对体罚，主张激励和竞争，应将教育变成一种娱乐。"把身体上与精神上的训练相互变成一种娱乐，说不定就是教育上的最大秘诀之一。"②"'自然'自己所作为的比我们指导它去作为的不但好很多，而且精确得多。"③ 深受洛克思想影响的卢梭，对教育问题的讨论大多基于洛克提出的问题，或是提出异议，或是修正和发展。卢梭关于"天赋人权"、尊重儿童权利以及教育适应自然等主张是对洛克有关思想的详尽发挥。

"我们对儿童是一点也不理解的：对他们的观念错了，所以愈走就愈入歧途。"④ 卢梭主张尊重和研究儿童，强调应将儿童当作"儿童"。"大自然希望儿童在成人以前就要像儿童的样子。如果我们打乱了这个次序，我们就会造成一些早熟的果实，它们长得既不丰满也不甜美，而且很快就会腐烂；我们将造成一些年纪轻轻的博士和老态龙钟的儿童。"⑤ "在人生的秩序中，童年有他的地位；应当把成人看作成人，把孩子看作孩子。"⑥ 卢梭首次发现了儿童的特性，把童年看作人生的一个特殊发展时期，认为儿童有着不同于成人的特殊需要，尤其是有着不同于成人的特殊精神生活的需要。"儿童是有他特有的看法、想法和感情的；如果想用我们的看法、想法和感情去代替他们的看法、想法和感情，那简直是愚蠢的事情。"⑦ 卢梭呼吁成人要爱护儿童，让稚嫩天真的儿童享受稍纵即逝的童年时光，强调儿童期的重要意义。"人啊！为人要仁慈，这是你们的头一个天职：对任何身

---

① ［英］约翰·洛克.教育漫话［M］.傅任敢，译.北京：人民教育出版社，1985：61.
② ［英］约翰·洛克.教育漫话［M］.傅任敢，译.北京：人民教育出版社，1985：197.
③ ［英］约翰·洛克.教育漫话［M］.傅任敢，译.北京：人民教育出版社，1985：72.
④ ［法］让－雅克·卢梭.爱弥儿——论教育（上）［M］.李平沤，译.北京：人民教育出版社，2001：2.
⑤ ［法］让－雅克·卢梭.爱弥儿——论教育（上）［M］.李平沤，译.北京：人民教育出版社，2001：88.
⑥ ［法］让－雅克·卢梭.爱弥儿——论教育（上）［M］.李平沤，译.北京：人民教育出版社，2001：71.
⑦ ［法］让－雅克·卢梭.爱弥儿——论教育（上）［M］.李平沤，译.北京：人民教育出版社，2001：57.

份、任何年龄的人，只要他不异于人类，你们对他都要仁慈……要爱护儿童，帮他们做游戏，使他们快乐，培养他们可爱的本能。你们当中，谁不时刻依恋那始终是喜笑颜开、心情恬静的童年？"① "你们为什么不让天真烂漫的儿童享受那稍纵即逝的时光，为什么要剥夺他们绝不会糟蹋的极其珍贵的财富？他们一生的最初几年，也好像你们的最初几年一样，是一去不复返的，你们为什么要使那转眼即逝的岁月充满悲伤和痛苦呢？"② 他强调要尊重儿童，倡导成人多给儿童自由。"要尊重儿童，不要急于对他作出或好或坏的评判。"③ "多给孩子们真正的自由，少让他们养成驾驭他人的思想；让他们自己多动手，少要别人替他们做事。"④ 卢梭认为儿童首先是人，有人的一般本性；其次，儿童有不同于成人的特性，而且每个阶段、每个儿童又有其特殊性。"每一个年龄，人生的每一个阶段，都有它适当的完善的程度，都有它特有的成熟时期。"⑤ 卢梭发现了独立意义上的儿童，发现了儿童期的价值，发现了教育中活生生的、各具特色的、具体的儿童，确立了儿童在教育中的主体地位，吹响了儿童天性解放的历史号角，把重视儿童、遵循自然推上了一个新的境界，完成了儿童观的革命，成为"发现儿童"的历史转折点，并使教育发展方向发生了根本的转变，世人常将其著作《爱弥儿》视作"儿童的发现"。

卢梭猛烈批判传统专制的儿童观念和儿童教育扼杀了儿童的天性，主张从儿童的需求、儿童的兴趣、儿童的经验等角度出发考虑教育的行为，认为真正的教育是发展儿童的自然本性。"他要强使一种土地滋生另一种土地上的东西，强使一种树木结出另一种树木的果实；……他不愿意事物天然的那个样子，甚至对人也是如此，必须把人像练马场的马那样加以训练；必须把人像花园中的树木那样，照他喜爱的样子弄得歪歪扭扭。"⑥ "他的天性将像一株偶然生长在大路上的树

---

① ［法］让-雅克·卢梭.爱弥儿——论教育（上）[M].李平沤，译.北京：人民教育出版社，2001：70.
② ［法］让-雅克·卢梭.爱弥儿——论教育（上）[M].李平沤，译.北京：人民教育出版社，2001：70.
③ ［法］让-雅克·卢梭.爱弥儿——论教育（上）[M].李平沤，译.北京：人民教育出版社，2001：117.
④ ［法］让-雅克·卢梭.爱弥儿——论教育（上）[M].李平沤，译.北京：人民教育出版社，2001：57.
⑤ ［法］卢梭.爱弥儿（上）[M].李平沤，译.北京：商务印书馆，1978：202.
⑥ ［法］让-雅克·卢梭.爱弥儿——论教育（上）[M].李平沤，译.北京：人民教育出版社，2001：1.

苗，让行人碰来撞去，东弯西扭，不久就弄死了。"① 卢梭继夸美纽斯之后再次提出并强调了教育中的自然适应性原则，"回归自然，发展天性"为其主要的教育思想。"如果你想永远按照正确的道路前进,你就要始终遵循大自然的指引。"② 卢梭把"自然"又称为"原始的倾向"或"内在的自然"，认为儿童的发展由"自然"控制，必须让儿童按"自然"的进程去发展，要求教育适应人的内在自然发展的要求。也就是说，儿童在生长发展过程中，有其节律性、阶段性，教育应遵循儿童发展的自然进程，适应其本性。"每个人的心灵有它自己的形式，必须按它的形式去指导他；必须通过它这种形式而不能通过其他的形式去教育，才能使你对他花费的苦心取得成效。"③ 他要求教育者考虑儿童的年龄特征、个别差异以及性别特征，在此基础上决定教育的程序、内容与方法。"你必须好好地了解你的学生之后，才能对他说第一句话，先让他的性格的种子自由自在地表现出来，不要对它有任何束缚，以便全面地详详细细地观察它。"④ 卢梭根据儿童发展的自然进程，将儿童教育划分为四个阶段⑤：第一个阶段婴儿期（0~2岁），着重进行身体养护。凡是违反儿童天性，妨害儿童身体发育，限制儿童心灵自由的教育，均应避免。鼓励家长把儿童放到乡村的大自然环境中，给予充足的户外活动。"大自然是有增强孩子的身体和使之成长的办法的,我们绝不能违反它的办法。"⑥ 第二个阶段儿童期（2~12岁），着重进行感官教育，鼓励儿童多看、多摸、多嗅，多接触自然事物；"由于所有一切都是通过人的感官而进入人的头脑的。……所以说，我们最初的哲学老师是我们的脚、我们的手和我们的眼睛。"⑦ 第三个阶段少年期（12~16岁），着重进行智育和劳动教育，主张以儿童的经验为基础，独立观察和研究大自然中的各种事物。"以世界为唯一的书本，以事实为唯一的

---

① ［法］让-雅克·卢梭.爱弥儿——论教育（上）[M].李平沤，译.北京：人民教育出版社，2001：1.
② ［法］卢梭.爱弥儿（下）[M].李平沤，译.北京：商务印书馆，1978：536.
③ ［法］卢梭.爱弥儿（上）[M].李平沤，译.北京：商务印书馆，1978：97.
④ ［法］卢梭.爱弥儿（上）[M].李平沤，译.北京：商务印书馆，1978：97.
⑤ 周采.外国教育史[M].上海：华东师范大学出版社，2008：231.
⑥ ［法］让-雅克·卢梭.爱弥儿——论教育（上）[M].李平沤，译.北京：人民教育出版社，2001：81.
⑦ ［法］卢梭.爱弥儿（上）[M].李平沤，译.北京：商务印书馆，1978：149.

教材。"① 第四个阶段青年期（16~20岁），着重进行道德、宗教、情感教育。②卢梭主张以儿童为本位进行教育，遵循儿童的自然天性，极力强调给予儿童自由，重视儿童生活的权利。毫无疑问，卢梭的儿童观奠定了"儿童本位"的坚实基础，具有重要的里程碑意义。

卢梭首次发现了儿童的特性，把儿童看作人生发展的一个特殊时期，认为儿童有着不同于成人的特殊需要。尽管卢梭对儿童特性的洞察，缺少儿童心理发展的科学阐明或揭示，多是基于其直觉，"但是，他的关于教育根据受教育者的能力和根据研究儿童的需要以便发现什么是天赋能力的主张，听起来是现代一切为教育进步所做的努力的基调。他的意思是，教育不是从外部强加给儿童和年轻人某些东西，而是人类天赋能力的生长。从卢梭那时以来教育改革家们所最强调的种种主张，都源于这个概念"③。童年概念是文艺复兴的伟大发明之一，也是最具人性的一个发明。人们将卢梭的名字与"儿童的发现"紧密联系在一起，其儿童观引起了教育领域中一次深远的革命，具有划时代的意义，被誉为新教育和旧教育的分水岭。

六、儿童是"花草树木"——召唤

18世纪法国教育家卢梭开创了西方现代儿童观的发展道路，发现了儿童的价值，认为儿童是独立意义上的人，提倡一种自然化的儿童观，使对儿童的尊重和教育发生了前所未有的变革，使教育发展方向发生了根本的转变，为教育找到了出发点，开始了自然化儿童观念的践行之旅，并发出了对科学儿童观的召唤。德国的教育家巴泽多受《爱弥儿》影响，决心实践卢梭的自然教育观。1774年，巴泽多在德绍创办"泛爱学校"，第一次将卢梭顺应儿童天性发展的思想付诸实践。德国哲学家康德不仅称赞巴泽多的工作是"快速的革命"，他还以花木生长为例，论证教育必须重视儿童自然的发展，要求保育阶段应完全让儿童顺应自然。

受卢梭的影响，瑞士著名的教育家裴斯泰洛齐认为儿童像世界上最娇嫩的植

---

① ［法］卢梭.爱弥儿（上）［M］.李平沤，译.北京：商务印书馆，1978：217.
② 周采.外国教育史［M］.上海：华东师范大学出版社，2008：231-235.
③ ［美］约翰·杜威.学校与社会·明日之学校［M］.赵祥麟，任钟印，吴志宏，译.北京：人民教育出版社，1994：221.

儿童观

物一样，需要温暖、养料和保护，但每一个人都具有一些自然所赋予的潜在的力量和才能，并且都具有渴求发展的倾向。他把天赋能力比喻成一粒树种，它隐藏着树的全部属性，是树的精髓，它依靠自己的力量长成大树。"人的能力在他的一生中不断发展，这和树的情况是一样的。……一棵树各自独立的部分通过其机体生命的无形灵魂，以其天赋的有序的统一精神共同工作，以完成共同的功能，即生产果实，人也是如此。"① 教育就在于顺应儿童的自然发展进程，以发展人的一切天赋力量和才能。裴斯泰洛齐把正确的教育比喻为"园丁的艺术"，强调教育艺术与自然的结合。"成千上万棵树木在园丁的照料下开花、成长。园丁对树木的实际生长并不能有所作为，生长的原理存在于树木本身。……他既没有提供生命也没有提供呼吸。他只是看守着，以防任何外部力量的伤害或干扰。他关照着让人们的发展沿着与其发展的法则相一致的轨道进行。但是，他必须充分地认识人类心智的特殊构造，这一构造适于将人的各种能力结合起来以实现他最终的使命。"② 因此，他与夸美纽斯、卢梭一样，将教育适应自然作为最根本的教育原则。"我长期探寻一切教学艺术的共同的心理根源，因为我确信只有通过这个共同的心理根源，才可能发现一种形式，在这种形式中，人类的教养是经由大自然自身的绝对规律来决定的。"③ 裴斯泰洛齐主张教育应以心理学规律作为依据，提出："我试图将人类的教学过程心理化。"④ 裴斯泰洛齐提出的"教育心理学化"，意在强调教育要符合儿童心理的发展，是非凡、深刻而又独创的见解。"智力和才能的发展要有一个适合人类本性的、心理学的、循序渐进的方法。"⑤ "教育应当被提高到一种科学的水平，教育科学必须起源于并建立在对人类本性最深刻的认识基础上。"⑥ "我在寻觅人类智力发展就其真正本性而言所必须服从的那些规

---

① ［瑞士］裴斯泰洛齐.裴斯泰洛齐教育论著选［M］.夏之莲，等译.北京：人民教育出版社，1992：321.
② ［瑞士］裴斯泰洛齐.裴斯泰洛齐教育论著选［M］.夏之莲，等译.北京：人民教育出版社，1992：327.
③ 任钟印.西方近代教育论著选［M］.北京：人民教育出版社，2001：250.
④ ［瑞士］裴斯泰洛齐.裴斯泰洛齐教育论著选［M］.夏之莲，等译.北京：人民教育出版社，1992：189.
⑤ 张焕庭.西方资产阶级教育论著选［M］.北京：人民教育出版社，1979：191.
⑥ ［瑞士］裴斯泰洛齐.裴斯泰洛齐教育论著选［M］.夏之莲，等译.北京：人民教育出版社，1992：330.

律。我认为它们一定跟物质自然的规律一样,并且相信从中能找到一条普遍的心理化的教学方法的可靠线索。"① 基于自然主义教育思想,裴斯泰洛齐把人的"天性"看作儿童的身心发展规律,呼吁教育应当以此为出发点,首次从理论上明确提出应当自觉地从心理学的角度探讨教育与儿童发展的关系,第一个打出了"教育心理学化"的旗帜。"我深信一切真理、一切教育指令都应该来自学生自身,在他们身上产生出来。"② "我长期地寻找一个所有这些教学手段的共同的心理根源,因为我深信,只有这样,才可能发现通过自然法则本身决定人类发展的形式。"③ 而"这种形式是建立在人的心理的一般组织之上的"④。他认为,只有使教学过程本身与儿童的心理的自然发展相一致,才能使儿童的天性及能力得到和谐的发展。裴斯泰洛齐第一个明确提出"教育心理学化",虽然还没有对儿童的心理及其发展做出真正科学的解释,但已深刻地认识到教育科学应该起源于并建立在对人的心理探索基础上,是对科学儿童观的召唤,为教育走向科学化作出了重要贡献,由此掀起了"教育心理学化"运动,激励着后人不断沿着他所开创的道路前进。

曾用两年时间跟随裴斯泰洛齐学习的福禄培尔,被称为裴斯泰洛齐教育思想的直接继承者。自幼丧母的福禄培尔度过了一个没有幸福和快乐的童年,但也正因童年失去母爱,使得福禄培尔后来产生了要把欢乐给予其他儿童的想法。他希望所有儿童都能有一个幸福和快乐的童年,并为这个理想而奋斗终生。福禄培尔把人的教育所涉及的年龄范围划分为幼儿期和少年期两个大的阶段,幼儿期又进一步划分为婴儿期和幼儿期两个阶段。婴儿期即初生儿期(0~3岁),应关注儿童的身体养护和感官发展。幼儿期即儿童早期(3~6岁),"应该培养儿童在自然中生活,和自然一起生活,和自然界真正的、不讲话的事物一起生活,使它成为儿童生活中的主流"⑤。少年期即学生期,儿童7岁左右进入该时期。福禄培尔

---

① [瑞士]裴斯泰洛齐.裴斯泰洛齐教育论著选[M].夏之莲,等译.北京:人民教育出版社,2001:79.
② [瑞士]裴斯泰洛齐.裴斯泰洛齐教育论著选[M].夏之莲,等译.北京:人民教育出版社,2001:21.
③ 赵荣昌,张济正.外国教育论著选[M].南京:江苏教育出版社,1990:131.
④ 赵荣昌,张济正.外国教育论著选[M].南京:江苏教育出版社,1990:131.
⑤ 张焕庭.西方资产阶级教育论著选[M].北京:人民教育出版社,1979:322.

儿童观

强调幼儿期生活的重要性,认为幼儿期是整个人类发展的自然和神圣的起点。如果忽视了这个起点,便如建立空中楼阁。"人的整个未来生活,直到他将要离开人间的时刻,其根源全在于这一生命阶段……主要取决于他在这一年龄阶段的生活方式……"① 福禄培尔在接受裴斯泰洛齐的自然适应性原则基础上,论证了自然是有规律的,教育应遵循儿童生长的规律。福禄培尔要求教育"小心翼翼地追随本能",他以栽种植物、饲养动物作类比,认为人们在栽种植物、饲养动物时,必须遵循其生长规律,根据其生长需要提供适当的环境,以保持其完美地发育和健康地成长。儿童的生长也与动植物一样,有其特点、规律和需要,教育唯有遵循儿童生长规律,才能使儿童健康地发展。② 福禄培尔依据夸美纽斯的《母育学校》,1837 年在德国的勃兰根堡建立了一所教育机构,专收 3~7 岁的儿童。直到 1840 年 6 月 28 日,他才正式把自己创办的幼儿教育机构命名为"幼儿园",这标志着世界上第一所幼儿园的诞生。"幼儿园"的具体和完整的思想在它的名称上体现出来,那就是"儿童的花园"。因此,幼儿园的基本思想要求它应该是儿童进入的花园。③ 福禄培尔之所以用"幼儿园"来命名幼儿教育机构,那是因为他把幼儿的教育活动场所比作花园,把幼儿比作花草树木,把幼儿教师比作园丁,把幼儿的发展比作培植花草树木的过程。福禄培尔曾这样说:正如在一个花园中,在一个有技能和有智慧的园丁照料下,根据自然法则而栽培的幼苗正在生长一样,在我们的花园里,我们的幼儿园里,儿童得到培养。④ 称之为"幼儿园",与通常称为"幼儿学校"的类似机构是不相同的。幼儿园并不是一所学校,在其中的儿童不是受教育者,而是发展者。⑤ 儿童生活在幼儿园就像花草生活在园林中一样,自由绽放。我们所做的努力以及所有真正的教育的目的,就是要使一个人有可能作为一个整体的人从幼儿期起就得到自由和独立的发展,同时作为一

---

① [德]福禄培尔.人的教育[M].孙祖复,译.北京:人民教育出版社,2001:39.
② [德]福禄培尔.人的教育[M].孙祖复,译.北京:人民教育出版社,2001:9.
③ S S F FLETCHER AND J WELTON(ed.). Froebel's chief writings on education. London: Edward Arnold & Co., 1912: 237.
④ ALEXANDER B HANSCHMAN. The kindergarten system. London: Swansonneoschein, 1897: 119.
⑤ H COURTHOPE BOWEN. Froebel and education through self-activity. New York: Seribner, 1897: 3.

个个体与整体生活协调一致。①因此,在福禄培尔看来,幼儿园就是"儿童的花园",就是儿童快乐幸福的标志。福禄培尔强调游戏在幼儿教育中的作用,认为儿童的游戏是最纯洁、最神圣的活动,"给人欢乐、自由、满足、内部和外部的平静,与整个世界的安宁"②。他呼吁家长和教师要保护和指导儿童的游戏,并为儿童研制了一套称为"恩物"的游戏玩具。"培养它、哺育它吧,母亲!保护它、关心它吧,父亲!用一个真正懂得人类本性的人的平静而敏锐的眼光来看,在这一时期的儿童自发选择的游戏中显示出他未来的内心生活。这一年龄阶段的各种游戏是整个未来生活的胚芽,因为整个人的最纯洁的素质和最内在的思想就是在游戏中得到发展和表现的。"③人们称赞"福禄培尔不愧是一位真正的预言家",甚至认为"现代教育思想的所有的最好的倾向,都在福禄培尔的言行中达到了顶点"④。福禄培尔首创了"没有书本的学校"——幼儿园,被世人誉为"幼儿园之父"。在长期的幼儿教育实践中,他建立起了较为完备的近代学前教育理论体系,其幼儿园教育实践和理论引发了19世纪后半期的幼儿园运动,使得福禄培尔"幼儿园"模式成为一种主要的幼儿教育机构,并在世界上一直沿用至今。

有"德国的裴斯泰洛齐"之称的第斯多惠提出了"全人类教育"⑤思想,主张所有儿童,不分社会地位、财产和宗教信仰都能上学,强调教育的民主性和儿童的自动性,认为应协调发展人的各种能力,把儿童培养成为身心和谐发展的"全人",具有终身追求真、善、美并为之服务的自动性。第斯多惠明确地提出了把心理学作为教育科学的基础,强调教育必须遵循儿童不同年龄阶段身心发展的特点和个性差异,并号召教师仔细研究儿童。"在人的教育中,一切都决定于:不要发生任何违反一般人和个别人的本性的事情,而且一切都是按照这种本性产生的。"⑥"教学规律不是独立存在的,而是由人的天资这一特点来决

---

① M LILLEY, FRIEDRICH FROEBEL. A selection from his writings. Cambridge: Cambridge University Press, 1976: 94.
② 张焕庭.西方资产阶级教育论著选[M].北京:人民教育出版社,1979:322.
③ [德]福禄培尔.人的教育[M].孙祖复,译.北京:人民教育出版社,2001:39.
④ V. R. 塔尼加,S. 塔尼加.教育思想家(英文版)[M].新德里:大西洋出版发行公司,1980:45.
⑤ 单中惠.西方教育思想史[M].北京:教育科学出版社,2007:275.
⑥ 夏之莲.外国教育发展史料选粹(上)[M].北京:北京师范大学出版社,1999:710.

定的。"① "我们认为人的天资就是一个人本身能力和活动可能性的基础。也可以说天资是发展能力和力量的胚胎。"② 因此,教师必须全面深入地了解儿童,依据儿童不同的天资施以不同的教育。他强调教育要紧密结合人的天性,将教育遵循人的自然发展规律誉为教育的首要原则。"教学必须符合人的天性及其发展的规律。这就是任何教学的首要的、最高的规律。"③ "你要倾听和遵从自然的声音,准确地遵循自然所指示的道路。"④ 他要求教学要适应儿童的年龄特征和个别差异。"我们必须倾听大自然的呼唤,忠实地遵循大自然所指出的方向。人只有和大自然结合才会幸福。……不相信人的天性便不可能有符合自然发展规律的好教学法。因此我们在教学技巧上也要来探求天性,然后再运用到天性上去。"⑤ 他强调:"自然适应性原则在教育学的天地中是永恒的,它是辉煌的、永不熄灭、永不改变自己状态的指路明灯,它是极,是轴心,一切其他的教育和教学法的规则都围绕着它来旋转,而且都趋向着它。"⑥ 基于人与文化的密切关联,第斯多惠提出了"文化适应性原则",为教育的自然适应性原则进行了必要的补充。"遵循文化的教学原则仅次于遵循自然规律的教学原则。"⑦ "遵循文化与遵循自然两条原则越是协调一致,生活的形象就越显得美好和纯朴。"⑧ 在第斯多惠看来,人的自然本性的发展必然受到文化的影响,教育就应当适应这种社会文化的状况和要求。"在任何教育中必须注意我们时代和社会阶层的风俗习惯,我们所生存的时代的精神,我们民族的民族性。"⑨ "任何一位教育家都没有像第斯多惠这样高度地评价、热烈地论述过这个原则。任何一个人在解决教育和教学的具体问题时都没有像第斯多惠这样善于应用这个原则。"⑩ 由此可见,教育的自然

---

① [德]第斯多惠.德国教师培养指南[M].袁一安,译.北京:人民教育出版社,2001:76.
② [德]第斯多惠.德国教师培养指南[M].袁一安,译.北京:人民教育出版社,2001:76.
③ 张焕庭.西方资产阶级教育论著选[M].北京:人民教育出版社,1979:352.
④ 张焕庭.西方资产阶级教育论著选[M].北京:人民教育出版社,1979:352.
⑤ [德]第斯多惠.德国教师培养指南[M].袁一安,译.北京:人民教育出版社,2001:100-101.
⑥ 夏之莲.外国教育发展史料选粹(上)[M].北京:北京师范大学出版社,1999:709.
⑦ [德]第斯多惠.德国教师培养指南[M].袁一安,译.北京:人民教育出版社,2001:169.
⑧ [德]第斯多惠.德国教师培养指南[M].袁一安,译.北京:人民教育出版社,2001:169.
⑨ 赵荣昌,张济正.外国教育论著选[M].南京:江苏教育出版社,1990:286.
⑩ 夏之莲.外国教育发展史料选粹(上)[M].北京:北京师范大学出版社,1999:713.

适应性原则在第斯多惠那里达到了顶峰,"顺应天性而使然"的西方教育呈现了华丽的转身。自此以后,教育学著作中一般鲜有"自然适应性原则"这一术语,而是直接运用生理学、心理学等学科知识来论证和阐释教育规律,从而使"自然适应性原则"的合理思想因素为更加科学的理论所替代,将教育要遵循儿童自身发展规律的思想提高到一个新的阶段。

裴斯泰洛齐、福禄培尔、第斯多惠等教育家践行卢梭的自然化儿童观,把儿童看作"花草树木",认为儿童和生长发展是按自然法则运行的,儿童期的存在是自然规律,极力反对束缚儿童自由、扼杀儿童天性。他们提出教育者的作用就像是"园丁",活动室就像是儿童的"花园",每个儿童的成熟都有内部的时间表,在恰当的时间学习特别的任务,而不能强迫儿童去学习。要求尊重儿童具有的纯洁美好、独立平等的自然本性,不应用成人的标准去对待儿童,儿童应该像个"儿童",要倍加珍惜童年的生活。这种自然化的儿童观由自然类比推导而来,缺乏心理学依据。在裴斯泰洛齐的"教育心理学化"的召唤下,赫尔巴特完成了教育学和心理学在理论上的结合,使得自然化的儿童观走向科学。

赫尔巴特是德国第一个用文字传播裴斯泰洛齐教育思想的人,也是最早宣称心理学是一门科学的人。赫尔巴特在对他所教的三个儿童的个性和需要进行研究的过程中,体验并认识到了心理学对于教育学的价值,并开始研究教育学中的心理学问题。就在此间,他与裴斯泰洛齐结下忘年之交,并于1799年专程到布格多夫访问了这位充满爱心的伟大教育家。裴斯泰洛齐要使教育心理学化的思想给了赫尔巴特以极大的启迪,使之开辟教育科学之路的努力有了真正的起点。赫尔巴特认为,教育方法的确定必须依据心理学,教育学作为一门科学,必须以心理学为基础。基于对儿童心理的研究,赫尔巴特特别关注儿童的兴趣,将"多方面兴趣"作为其教学论的理论前提和基础。赫尔巴特从其观念、兴趣、统觉等心理学思想中寻找其教学论的理论依据,首次提出了心理学是一门科学,并将其教学论建立在心理学基础之上。这是赫尔巴特的一个极为重大的理论贡献。他认为教育者的首要科学就是心理学,第一次把心理学作为基础理论来阐明教育学问题。"教育者的首要科学,虽然不是全部科学,是心理学,人类活动的全部可能性的概要,均在心理学中从因到果地陈述了。"[1] 赫尔巴特最先将心理学与哲学、生理学分开,把从心理学研究中得出并加以发

---

[1] 张焕庭.西方资产阶级教育论著选[M].北京:人民教育出版社,1979:266.

展的各种理论运用到教育科学中，依据其统觉心理学提出了形式教学阶段理论。赫尔巴特强调知、情、意、行的内在联系，使各个教学环节与各种必要的心理活动巧妙、有机地配合，使整个教学形成严密的科学外壳，试图建立一种明确、规范的教学程序模式。同时，赫尔巴特还告诫教育工作者不仅要学习心理学，还应随时观察和分析研究儿童的个性，从儿童的个性出发尽可能安排多样化的教学活动以适应儿童的个别差异，决不可将教育方法绝对化。赫尔巴特依据心理学论点来阐释教学阶段理论，考虑到了儿童学习时的心理状态，揭示了儿童在教学过程中认识事物的规律，初步实现了"教育心理学化"，打破了从柏拉图、亚里士多德到夸美纽斯、洛克、卢梭、裴斯泰洛齐等人以苍白无力的自然类比法来推导和建立教育适应自然思想的局限，第一次真正使裴斯泰洛齐的"我要使教育心理学化"的伟大目标由空想走向科学，被誉为"科学教育学之父"，为科学儿童观的建立奠定了坚实的基础。值得注意的是，也应该看到赫尔巴特思想的保守性和局限性，尽管他主张对儿童要权威和慈爱相结合，但认为儿童有不服从的烈性，必须采取威胁、监督、命令和惩罚的手段对儿童进行管理。不过，赫尔巴特对儿童管理与教育关系的阐释值得后人深思："满足于管理本身而不顾及教育，这种管理乃是对心灵的压迫，而不注意儿童不守秩序行为的教育，连儿童也不认为它是教育。"[1]

七、儿童是中心——科学化

"教育心理学化"运动要求教育必须依据儿童的身心特点和个性差异，呼吁教育科学必须以心理学为基础。"教育心理学化"运动催发了空前的儿童研究盛况，尊重儿童的呼声日益高涨，儿童被尊为"神圣者"的时代将会到来。因此，爱伦·凯在1900年时就预言"20世纪将成为儿童的世纪"[2]，预示着了解儿童特点、尊重儿童个性、保护儿童天性的儿童中心观念将成为社会共识。杜威、皮亚杰、蒙台梭利等著名学者基于现代生物学、心理学、哲学和教育学理论，以科学方法研究儿童的生理、心理，揭示儿童生理、心理发展的规律，创立了各具特色的儿童发展理论，为科学地认识儿童丰富的心理世界作出了贡献，并为科学化的儿童观和教

---

[1] [德]赫尔巴特.普通教育学·教育学讲授纲要[M].李其龙，译.北京：人民教育出版社，1989：23.
[2] 单中惠.西方教育思想史[M].北京：教育科学出版社，2007：367.

育革新提供了科学依据和方法论的基础。

杜威是一位"自然主义"哲学家,批评赫尔巴特所谓的"教学心理学化"是教师的心理学化,而不是儿童的心理学化。杜威认为儿童是起点、是中心,而且是目的,要求教师应考虑儿童的个性特征,使每个学生都能发展他们的特长,尊重儿童在教育活动中的主体地位。杜威强调正确的教育必须从研究儿童心理开始,并以此作为教育的出发点。"我认为教育过程有两个方面:一个是心理学的,一个是社会学的。它们是平行并重的,哪一方面也不能偏废。否则,不良的后果将随之而来。这两者,心理学方面是基础的。儿童自己的本能和能力为一切教育提供了素材,并指出了起点。"① 杜威倡导以"儿童中心"取代"教师中心",认为教师应该是儿童生活、生长和经验改造的启发者和诱导者,应彻底改变压制儿童自由和窒息儿童发展的传统教育。杜威注重学科知识和儿童经验的协调一致,提出了教育即生长、教育即生活、教育即经验继续不断的改组,实现了逻辑和心理的一致,大大推动了教育心理学化的发展。20世纪前后,杜威向全世界宣告:"现在,我们教育中将引起的改变是重心的转移。这是一种变革,一种革命,是哥白尼在天文学中从地球中心转移到太阳中心一类的革命。在这里,儿童变成了太阳,教育的一切措施要围绕他们而组织起来。"② 杜威的宣告为西方现代儿童观的发展奠定了理论基础,像灯塔一样照亮了新教育之路,即使人类历史进入了21世纪,仍然是教育前行的指路明灯。

受杜威教育思想的启示,皮亚杰也提出教育科学应以儿童心理学为基础。皮亚杰获得生物学博士学位,他将"顺应""同化""适应""平衡"等生物学概念改造为心理学的基本范畴,使之成为解释认知结构发展的有效手段,研究生命发展的生物学成为了皮亚杰探索认知发展的物质性工具。皮亚杰强调:"心理发生只有在它的机体根源被揭露以后才能为人所理解。"③ 他凭借其在生物学、哲学、心理学和逻辑学等领域精湛的研究,为认识论提供了一种发生的视角,"把一般的哲学认识论改造成了个体知识生长的发生认识论"④,创立了发生认识论,重点

---

① [美]约翰·杜威.杜威全集·早期著作(第5卷 1895—1898)[M].杨小微,罗德红,等译.上海:华东师范大学出版社,2010:64.
② [美]约翰·杜威.民主主义与教育[M].王承绪,译.北京:人民教育出版社,1990:15.
③ [瑞士]皮亚杰.发生认识论原理[M].王宪钿,等译.北京:商务印书馆,2011:64.
④ 李其维.论皮亚杰心理逻辑学[M].上海:华东师范大学出版社,1990:14.

儿童观

探讨了儿童认知发展的规律。皮亚杰的发生认识论超越了经验论和唯理论的界限，批判地继承了将近200年前康德所作的综合，代之以一个动态的建构过程。[①] 正如英海尔德的评论："他的认识论可称之为建构主义的认识论，即认识论不是由客体（经验论），也不是由主体预先决定的（先天论），而是逐渐构成的结果。"[②] 皮亚杰的发生认识论阐释了儿童认知发展规律，奠定了教育心理学化的心理学基础，成为儿童教育与研究的根本依据和理论基点，为无数学者所阐释和再阐释，并被运用、渗透到教育研究的各个领域，对教育的发展产生了重大而深远的影响，至今仍然闪耀着智慧的光芒。

意大利幼儿教育家蒙台梭利精通生理学，认为儿童在出生之前便孕育了一种"心理胚胎"，并具有种子般发芽、生长的"内在潜力"。儿童身上这一自然发展的神奇力量，促使他们不断发展，使他们的生命如一幅潜能不断彰显和展开的画卷，其丰富性是未可限量的。儿童在出生之前已经孕育了一种"心理胚胎"，也就是一幅心理发展的蓝图，它的发展必须依靠吸收其周围环境中的营养，犹如一颗种子在温暖的阳光照耀下及在充分的水分、肥料灌溉下破土、发芽、生长一样。因而，儿童不是成人和教师灌注的容器，也不是可以任意塑造的蜡和泥，他们是具有生命力的、能动的、发展着的活生生的人。蒙台梭利呼吁教师去了解那尚未被认识的儿童，并把儿童从所有的障碍物中解放出来。"人已经发明了飞行，发现了原子能，但他还未能发现自己。"[③] 她把教育的基本目的定位为对儿童的"发现和解放"[④]，因为童年的秘密隐藏在儿童自身，儿童成长的秘密隐藏在天性中，所以教育是对儿童的发现或者说教育要发现儿童。[⑤] 蒙台梭利一语中的，道出了教育的根本。

蒙台梭利提倡尊重和热爱儿童，强调儿童个性的自由发展，认为儿童是独立的、不断发展着的完整个体，童年构成了人的一生中最重要的一部分，儿童时期

---

① 刘大椿.科学哲学［M］.北京：人民出版社，1998：34.
② ［瑞士］J.皮亚杰，B.英海尔德.儿童心理学［M］.吴福元，译.北京：商务印书馆，1980：194.
③ ［意］玛丽亚·蒙台梭利.童年的秘密（第2版）［M］.马荣根，译.北京：人民教育出版社，2005：前言.
④ ［意］玛丽亚·蒙台梭利.童年的秘密（第2版）［M］.马荣根，译.北京：人民教育出版社，2005：116.
⑤ 杨日飞.教育与儿童的自然发展［D］.南京：南京师范大学，2011.

是人一生发展的最重要的时期,并宣称"儿童是成人之父"[①],成人应从儿童思维、活动、话语等中寻求灵感和启示。"我们成人依赖儿童。就儿童的活动领域而言,我们是他的儿子和扈从,正如在我们的特殊工作领域他是我们的儿子和扈从一样。在一个领域成人是主人,但在另一个领域儿童是主人。无论儿童和成人都是国王,但他们是不同王国的统治者。"[②]之后,儿童被推崇至极,人们认为儿童是智者、圣人,具有伟大的奇思妙想、诗性精神和哲学发问,如华兹华斯、马修斯、科尔伯格等教育家大大称赞儿童是"哲学家""思想家"。由此可见,自20世纪初,儿童的地位、儿童的权利被提到了至高无上的位置。人们对儿童顶礼膜拜,强调儿童是成人之父,呼吁"以儿童为师""向儿童学习",把对儿童的崇拜推向极致,从根本上奠定了成人从内心对儿童产生尊敬的基础。

儿童观念对应于一种对儿童特殊性的意识,这种特殊性可以将儿童与成人做基本的区分。"儿童的发现"是对人类生命本性的探知,通过了解对生命的态度,可以了解对儿童的态度。传统社会看不到儿童,儿童在家庭和社会中的经历极其短暂,微弱的存活率让儿童侥幸逃过夭折,活过"溺爱"期,便被过早地投入成年人群,人们对儿童的感觉如同画作中的"小大人",鞭打、忽视与儿童常伴,童年仅仅是毫不重要的过往。在艺术作品中,儿童形象变得越来越多,人们先发现了儿童的灵魂,然后才发现儿童的身体。在夸美纽斯等贤人志士尤其是教育家们的奔走呼号下,人们由对画中"裸婴"的崇敬引申出对儿童的喜爱。从17世纪开始,人们逐渐把目光投向了儿童,家庭由此开始围绕着孩子来组织,给予孩子重要的地位,使得儿童逐渐摆脱了默默无闻的状况,独立的儿童画像日益增多,而且普及起来,西方的儿童形象越来越清晰起来,成为儿童被逐渐发现和加以关爱的见证:发现儿童的身体,发现儿童的姿态,发现儿童的幼稚可爱,儿童天真无邪的观念成为一种共识。社会从接受秘密杀婴过渡到对儿童生命越来越迫切的尊重,人们开始承认儿童的人格,赋予儿童的特殊性以诗意和亲情。儿童由没有自己的特别的服饰逐渐过渡到有了自己年龄特有的服装,人们从此都会感觉到儿童的存在。儿童服装的专门化,尤其是男孩服装的专门化,意味着成人对

---

① [意]玛丽亚·蒙台梭利.童年的秘密(第2版)[M].马荣根,译.北京:人民教育出版社,2005:49.

② [意]玛丽亚·蒙台梭利.童年的秘密(第2版)[M].马荣根,译.北京:人民教育出版社,2005:191.

儿童观

儿童态度的重大变化,已经认识到将儿童区分开来的必要性。把儿童服装与成人服装加以区别,表现出一种对儿童的关怀。"这是有关儿童情感的形成过程中非常重要的、带有标志性意义的时期,此种儿童观念让儿童成为与成人世界分离的社会。"[1] 但男孩是最早受到专门对待的儿童:"儿童情感的觉醒得益最早的是男童,而女童在更长的时间中一直处在传统的生活方式里,这种生活方式将她们与成年妇女混为一体。"[2] 从 14 世纪起,分层次的学院将入学儿童从年龄混杂的大杂烩社会中剥离出来,而 15 世纪的年级的建立决定了学生内部的进一步划分。[3] 17 世纪初,年级成员的年龄还不完全一致,年龄的同质性是 19 世纪末才出现的特征,这是经过长期经验摸索并在实践中逐渐得到确认的,体现了人们对儿童年龄分期的深入关注。历经人文主义教育家、启蒙时代的医生、最早的民族主义者的持续影响,游戏被甄选、正式引入教育科目和规定之中,并进行有效控制。游戏如此演变源于起初同属于全社会的游戏依据年龄和社会地位而专门化,体现出人们对儿童道德、健康和公共利益的关怀。儿童拥有了特属的游戏、玩具以及独立的房间,拥有了自己的专属物品、空间和生活,使得儿童真正与成人区分开来。一代代教育家们通过对儿童的道德关怀和心理探索,努力地深入到儿童的精神世界中,主张所有与儿童有关的都需要认真对待,不仅关心儿童的未来,也关心儿童的真实存在。儿童获得了成人的关注、爱护和尊重,这种儿童观念逐渐普及并被社会大众所接受,并在 19 世纪末 20 世纪初大获全胜,这是由教育学家们、心理学家们、精神病医师、精神分析师们等先行者的理论转化为社会共识的。回溯先行者们的观点,尽管具有鲜明的时代烙印,既有非理性、不科学的一面,但也有较为合理科学的因素,经过长期的发展,他们最终使自己的观点赢得了胜利,成了今天我们通行的观点。通过追寻西方儿童观进步的足迹,探索其儿童发现之旅,可以进行科学理性的分析,批判性地加以继承和借鉴,将有利于正确地认识现实中的儿童。

---

[1] [法]菲力浦·阿利埃斯.儿童的世纪·旧制度下的儿童和家庭生活[M].沈坚,朱晓罕,译.北京:北京大学出版社,2013:90.
[2] [法]菲力浦·阿利埃斯.儿童的世纪·旧制度下的儿童和家庭生活[M].沈坚,朱晓罕,译.北京:北京大学出版社,2013:94.
[3] [法]菲力浦·阿利埃斯.儿童的世纪·旧制度下的儿童和家庭生活[M].沈坚,朱晓罕,译.北京:北京大学出版社,2013:212.

第二章

中国儿童观的历史图景

"童年的生活不是'小儿科'。童年的成长过程，小的关乎一个人的一生；大的关乎一个国家民族的童年成长和教育形态，以至该国家民族民众日后的文化素质和生存价值。"[①] 在中国文化背景下，通过条分缕析历代留下的有关儿童和童年的宝贵记录，独辟蹊径，另开新路，作为追究、重建过去儿童世界的起点，再现一个消逝的中国儿童历史图景。其虽不能代表中国历史上的儿童生涯，但所呈梗概也可感受中国不同时代的童年所经，并为中国儿童观研究构建一个全新的历史坐标。

一、人之初，性何为？

探寻中国人眼里的"儿童是什么"，不是枝枝节节所能解决得了的。中国的人性论不仅作为一种哲学思想居于中国文化的核心，并且是中华民族精神形成的原理和动力，是了解中华文化和中华民族的一个起点，也是一个终点。中国历史上的儿童观念，只有在人性论背景下加以厘清，才可能得到比较深刻而正确的解释。

许慎《说文解字》六下生部，"生"之本义为"象草木生出土上"，故作动词用则为自无出有之出生，作名词用则为出生以后之生命。"性"字乃由"生"字孳乳而来。徐复观依据有关"性"字早期的典籍加以归纳，认为"'性'之原义，应指人生而即有之欲望、能力等而言，有如今日所说之'本能'"[②]。"性"是形声兼会意字，"性"与"生"实质是相通的：生为具体的生命，性为此具体生命之先天禀赋。因此，中国的人性论是对人的生命的根源、道德的根源的基本看法。"人性论，乃由追求人之本性究系如何而成立的。"[③] 人类认识自己，除了认识作为"类"的人，无论宏观上还是微观上也都包含着对儿童的认识。作为"人之初"的儿童，"其性何为"自然体现了成人对儿童的认知。对人性的探讨是中国古代教育的出发点，也是认识儿童的原点。"自来论性者，并非专为研究性而研究性，而是为讨论修养、教育、政治，不得不讨论性。应如何施教，应如何为政，须先

---

① 张倩仪.再见童年：消逝的人文世界最后回眸[M].北京：世界图书出版公司北京公司，2012：7.
② 徐复观.徐复观全集·中国人性论史·先秦篇[M].北京：九州出版社，2014：6.
③ 徐复观.徐复观全集·中国人性论史·先秦篇[M].北京：九州出版社，2014：54.

看人之本来状态如何，于是便提起性的问题。"① 中国古代思想家和教育家们将人性作为教育的基础，以性识人，以性论教，充分显现了中国先哲们的睿智。

孔子第一个提出"性相近也，习相远也"②，开创了人对自身研究的先河，具有发端意义。孔子肯定了人与人之间有着相近的共同本性，认为是后天的影响造成了人与人之间的差异。孔子认为"仁"是人性所固有的，内在于每一个人的生命之内，"仁是对于人之所以为人的最根本的规定，亦即认为仁是作为生命根源的人性"③。"为仁由己"④（《论语·颜渊》）如"有能一日用其力于仁矣乎？我未见力不足者"⑤。孔子把"仁"看作人性的基础，认为只要努力，人人都能达到个人修养的最高境界"仁"。"仁远乎哉？我欲仁，斯仁至矣。"⑥孔子以仁为人生而即有、先天所有的人性，而仁的特质又是不断突破生理限制，作无限的超越。由此可见，孔子的"性相近"是以"仁"为基础的，其"性"自然是善的。基于"性相近"人性观，孔子提出了"有教无类"的教育思想，主张无论贫富贵贱皆应受教育，其平等教育观念体现了人生而平等的思想。

孔子之后，关于人性问题，曾发生过激烈的争论，出现了世硕的人性有善有恶论和告子的性无善无不善论。世硕说："人性有善有恶，举人之善性，养而致之则善长；恶性，养而致之则恶长。如此，则情性各有阴阳，善恶在所养焉。"⑦世硕认为人生来就有的善恶本性要表现出来，关键在于所"养"，即后天的教育培养。告子提出"生之谓性"⑧和"食色,性也"⑨的观点，认为先天生来的本能为"性"，后天学习养成的习惯为"非性"。他主张性无善无恶论，"性，犹湍水也，决诸东方则东流，决诸西方则西流。人性之无分于善不善也，犹水之无分于东西也。"⑩认为人性是随环境的影响而变化的，同湍水是靠人力引导而流动的道

---

① 张岱年.中国哲学大纲［M］.北京：中国社会科学出版社，1982：250-251.
② 孔子.论语·阳货［M］.程昌明，译注.太原：山西古籍出版社，1999：188.
③ 徐复观.徐复观全集·中国人性论史·先秦篇［M］.北京：九州出版社，2014：90.
④ 孔子.论语·颜渊［M］.程昌明，译注.太原：山西古籍出版社，1999：125.
⑤ 孔子.论语·里仁［M］.程昌明，译注.太原：山西古籍出版社，1999：34.
⑥ 孔子.论语·述而［M］.程昌明，译注.太原：山西古籍出版社，1999：75.
⑦ 王充.白话论衡·论衡·本性篇［M］.陈建初，等译.长沙：岳麓书社，1997：103.
⑧ 孟轲.孟子·告子上［M］.梁海明，译注.太原：山西古籍出版社，1999：167.
⑨ 孟轲.孟子·告子上［M］.梁海明，译注.太原：山西古籍出版社，1999：168.
⑩ 孟轲.孟子·告子上［M］.梁海明，译注.太原：山西古籍出版社，1999：167.

理是一样的，人为善为恶关键在于如何加以教育引导。世硕的人性有善有恶论和告子的性无善无不善论，皆强调了环境和教育对人发展的影响，与西方的环境决定论有类似之处。

孟子提出了性善论。"口之于味也，目之于色也，耳之于声也，鼻之于臭也，四肢之于安佚也，性也。有命焉，君子不谓性也。仁之于父子也，义之于君臣也，礼之于宾主也，智之于贤者也，圣人之于天道也，命也。有性焉，君子不谓命也。"① 孟子认为，人性是内在于人的生命的先天规定性。"人性之善也，犹水之就下也。人无有不善，水无有不下。今夫水，搏而跃之，可使过颡；激而行之，可使在山。是岂水之性哉？其势则然也。人之可使为不善，其性亦犹是也。"② 孟子认为人性善如同水下流一样是其本性所为，只有外力方能使水逆流而上，也只有改变本性才能使人不善。"恻隐之心，人皆有之；羞恶之心，人皆有之；恭敬之心，人皆有之；是非之心，人皆有之。恻隐之心，仁也；羞恶之心，义也；恭敬之心，礼也；是非之心，智也。仁义礼智，非由外铄我也，我固有之也，弗思耳矣。"③ 孟子认为人性本善，为先天所固有。在孟子看来，人之为人就在于"人性本善"，因此教育应"存心养性""求其放心"，恢复人的先天的善性，以达到"尽心、知性、知天"的境界。由此可见，孟子基于"性本善"而恢复本性的教育主张与西方教育家卢梭的儿童教育观念是如此相像，似乎是跨古今、越中外的思想穿越。

与孟子的"性善论"相反，荀子主张"性恶论"。"凡性者，天之就也，不可学，不可事。"④ 荀子从人的自然属性出发，认为人性非后天所得，是自然生成的。"生之所以然者谓之性。性之和所生，精合感应，不事而自然，谓之性。"⑤ 荀子认为"性"既包括耳目口鼻等感官功能的生理之性，如"目可以见，耳可以听……"⑥；又包括人与外界事物接触时的自然反应，即心理之性，"目好色，耳好声，口好味……"⑦。荀子认为人性本恶。"饥而欲食，寒而欲暖，劳而欲息，好利而恶害，

---

① 柯继民.四书五经·孟子·尽心下[M].哈尔滨：黑龙江人民出版社，2003：316.
② 孟轲.孟子·告子上[M].梁海明，译注.太原：山西古籍出版社，1999：167.
③ 孟轲.孟子·告子上[M].梁海明，译注.太原：山西古籍出版社，1999：171.
④ 荀况.荀子·性恶[M].谢丹，书田，译注.呼和浩特：远方出版社，2004：183.
⑤ 荀况.荀子·正名[M].谢丹，书田，译注.呼和浩特：远方出版社，2004：169.
⑥ 荀况.荀子·性恶[M].谢丹，书田，译注.呼和浩特：远方出版社，2004：183..
⑦ 荀况.荀子·性恶[M].谢丹，书田，译注.呼和浩特：远方出版社，2004：184.

是人之所生而有也，是无待而然者也，是禹、桀之所同也。"① 由此可见，荀子把人的生理欲求与心理欲求，视作性恶的根源。荀子认为"人之性恶，其善者伪也"②。"性者，本始材朴也。伪者，文理隆盛也。无性，则伪无所加；无伪，则性不能自美。性伪合，然后成圣人之名，一天下之功于是就也。"③ 荀子曾给教育下了一个定义，所谓"教育"就是"以善先人者，谓之教"④，强调必须通过善的教育从根本上加以改造，抑恶扬善。值得注意的是，荀子的"性恶论"与西方的"原罪说"似乎有共通之处，而实则不然。荀子的"人之初恶"主要表现为生理性驱动，而西方的"原罪说"则是出于宗教目的，是以"灵魂原罪"之名对儿童作了彻底的否定。

汉代的董仲舒认为："如其生之自然之质谓之性。性者，质也。"⑤ 把人性看作人天生就具有的自然资质、素质。"天地之所生，谓之性情。性情相与为一瞑。情亦性也……身之有性情也，若天之有阴阳也。言人之质而无其情，犹言天之阳而无其阴也。"⑥ 他认为天赋人性有性情，其中的"性"是指精神方面的属性，以仁、义、礼、智为内容；"情"是人的肉体方面的特征，它以人的情感和欲望为内容。"善如米，性如禾。禾虽出米，而禾未可谓米也。性虽出善，而性未可谓善也。米与善，人之继天而成于外也，非在天所为之内也。……故曰：性有善质，而未能为善也。"⑦ 董仲舒认为人有善质，需继天为教以成善。董仲舒将人性分为三种：一是"圣人之性"，不教自善；二是"斗筲之性"，难教为善；三是可为善亦可为恶的"中民之性"。⑧ 王充也把人性分为三种，有生来就善的人，是中人以上的人；有生来就恶的人，是中人以下的人；有无善无恶，或善恶混杂的人，是中人。王充认为极善极恶的人，其本性不易改变，而中人之性则可通过教育使之定型。"夫中人之性，在所习焉。习善而为善，习恶而为恶也。"⑨ 在人性论上，王充强调

---

① 荀况.荀子·非相[M].谢丹，书田，译注.呼和浩特：远方出版社，2004：32.
② 荀况.荀子·性恶[M].谢丹，书田，译注.呼和浩特：远方出版社，2004：183.
③ 荀况.荀子·礼论[M].谢丹，书田，译注.呼和浩特：远方出版社，2004：155.
④ 荀况.荀子·修身[M].谢丹，书田，译注.呼和浩特：远方出版社，2004：10.
⑤ 董仲舒.春秋繁露·深察名号[M].凌曙，注.北京：中华书局，1975：362.
⑥ 董仲舒.春秋繁露·深察名号[M].凌曙，注.北京：中华书局，1975：367.
⑦ 董仲舒.春秋繁露·实性[M].凌曙，注.北京：中华书局，1975：373.
⑧ 姜国柱，朱葵菊.中国人性论史[M].郑州：河南人民出版社，1997：247.
⑨ 王充.白话论衡·论衡·本性篇[M].陈建初，等译.长沙：岳麓书社，1997：105.

了后天的环境教育对人性形成的作用。在人性的问题上，傅玄既不赞同孟子的性善论，也不认可荀子的性恶论，而是认为人性既有善的因素，又有恶的因素，有善有恶才是人性的完整涵义。人性中善的因素和恶的因素不是固定不变的，可变性是人性的最大特点。"人之性如水焉，置之圆则圆，置之方则方，澄之则淳而清，动之则流而浊。"① 傅玄认为后天环境对人性的影响，犹如容器决定着水的形状，决定着人性向善抑或向恶的转化。"习以性成，故近朱者赤，近墨者黑。"② 傅玄有关人性有善有恶和可变的观点，一定程度上阐明了儿童发展的未确定性和后天教育影响的重要性。

唐代韩愈进一步完善了性三品说，提出了人的性情三品说。"性也者，与生俱生也。情也者，接于物而生也。性之品有三，而其所以为性者五。情之品有三，而其所以为情者七。"③ 他认为人性是先天固有的，而情由接触外物而生。性包括仁、义、礼、智、信，即"五德"；情的具体内容是喜、怒、哀、惧、爱、恶、欲，即"七情"。韩愈把性与情并提，并以性为情的基础，情由性而产生，性通过情而显露。他提出性三品说，认为上品为善性，下品为恶性，中品则可以通过引导而达上达下。性与情品级对应，即"性之于情视其品"④，或"情于性视其品"⑤。依据人性品级，韩愈认为"上者可教而下者可制"⑥。董仲舒、王充、韩愈对人性有了更加深入的认识和阐发，将人性进行了划分，并明确提出因性施教的主张，体现了对生命认识的进步。同时，韩愈的人性论为后来宋儒提出气质之性、天理人欲之说开辟了道路。

张载认为人性分为"天地之性"和"气质之性"。"天地之性"是人所普遍具有的先验善性，而"气质之性"则是"形而后有"⑦，并因人而异，便如"天下无两物一般"⑧。朱熹对张载的性二元论观点作了进一步论证，提出"性即理"。"人之有生，性与气合而已。然即其已合而析言之，则性主于理而无形，气主于形而

---

① 孙培青.中国教育史[M].上海：华东师范大学出版社，1992：247.
② 孙培青.中国教育史[M].上海：华东师范大学出版社，1992：247.
③ 韩愈.韩昌黎集·原性[M].上海：商务印书馆，1933：64.
④ 韩愈.韩昌黎集·原性[M].上海：商务印书馆，1933：64.
⑤ 韩愈.韩昌黎集·原性[M].上海：商务印书馆，1933：64.
⑥ 韩愈.韩昌黎集·原性[M].上海：商务印书馆，1933：65.
⑦ 王夫之.张子正蒙注·诚明篇[M].北京：北京古籍出版社，1956：9.
⑧ 张载.张载集[M].北京：中华书局，1978：23.

有质。"① 这就是说，天命之性加上气质之性，才形成了具体的人。朱熹区分天命之性和气质之性，是要在理论上解决中国思想史性善性恶的争论。他认为只有严格区分天命之性和气质之性，人性问题的各种争论才能得到圆满的解决。"性者，心之理，情者，性之动，心者，性情之主。"② 这就是所谓"心统性情"。朱熹认为明确了心统性情，也就解决了心、性、情的善恶问题。"心如水，性犹水之静，情则水之流。"③ 正如位于源头的水是清的，人性在源头上也是善的。随着源头的水不断流动，它就容易受到环境的污染而变浊。朱熹可谓中国古代人性论集大成者，对于人性的解释比过去严密、完整，从宋代晚期一直到清末为止的近700年中，其人性论始终是代表统治阶级的官方御用哲学，占有不可动摇的权威地位。他认识到人性差异的根源，主张"存天理、灭人欲"，为当时的教育找到了理论依据，并一直沿承后世至清末为止。

王廷相反对程朱理学和陆王心学，指出人性是一种精神活动，是"形气"的属性。人性首先是人的感知、思维器官的功能。"皆人之知觉运动为之而后成也。"（《家藏集·横渠理气辩》，王廷相）但人性还必须有其社会内容。伦常关系是在有了人、有了人类社会后，才反映进人性的；而遵循礼仪，人性善的表现，是通过教育实现的。"凡人之性成于习。"（《家藏集·答薛君采论性书》，王廷相）王廷相阐明了人性先有自然属性，然后才有其社会内容，具有一定的科学意义。他认为与生俱来的人性形同毛坯，人不是生而能、生而善的。"生也、性也、道也，皆天命也，无教则不能成。"（《雅述·上》，王廷相）王廷相继承了中国古代人性理论中唯物主义的成分，继王安石之后提出"凡人之性成于习"，后来王夫之进一步提出"习成而性与成"的命题。王夫之认为人性不是一成不变的，而是处在不断的变化发展过程之中，提出了人性"日生日成"的著名论断。"性者生也，日生而日成之也。"④ "夫性者，生理也。日生则日成也。……性屡移而异。……故善来复而无难，未成可成，已成可革。性也者，岂一受成侀，不受损益也哉？"⑤ 人性不是与生俱来、固定

---

① 朱熹.朱子语类·卷五·性理三[M].黎靖德，编.武汉：崇文书局，2018：75.
② 朱熹.朱子语类·卷五·性理二[M].黎靖德，编.武汉：崇文书局，2018：62.
③ 朱熹.朱子语类·卷五·性理二[M].黎靖德，编.武汉：崇文书局，2018：62.
④ 王夫之.尚书稗疏·尚书引义[M].长沙：岳麓书社，2010：299.
⑤ 王夫之.尚书稗疏·尚书引义[M].长沙：岳麓书社，2010：299.

不变的，而是在后天的不断变化过程中逐渐形成的。因此，教育可以继善成性，使之为善。"道之不息于既生之后，生之不绝于大道之中，绵密相因，始终相洽，节宣相允，无他，如其继而已矣。……滋之无穷之谓恒，充之不歉之谓诚，持之不忘之谓信，敦之不薄之谓仁，承之不昧之谓明，凡此者，所以善也。则君子之所以为功于性者，亦此而已矣。继之则善矣，不继则不善矣。"（《周易外传·卷五》，王夫之）教育也可以改变青少年时期因"失教"而形成的"恶习"，只是变恶为善须花费大力气才能成功。"人不幸而失教，陷入于恶习，耳所闻者非人之言，目所见者非人之事，日渐月渍于里巷村落之中，而有志者欲挽回于成人之后，非洗髓伐毛，必不能胜。"（《俟解》，王夫之）王夫之提出的人性"日生日成"可变论，更接近现代科学意义上的生命生成阐释，也更能反映"人之初"的儿童生命特性，使中国古代人性论发展到最高水平。

"天命之谓性，率性之谓道，修道之谓教。"[①] 中国古代先哲们对于人性的争论与探寻，无不源于对人本质的认识。同时，以此作为教育的依据，体现了先哲们的智慧。从人性角度看待教育问题，即是从人性角度看待儿童。在对人的"类"生命认知中，虽然"儿童"一词并没有浮现，但从"人之初"与"人性"的讨论中，多有触及儿童的痕迹，人们会很自然地由对人性的探讨追究到人生最初发生的时刻，为理解中国传统儿童观提供了思想基础。

二、福娃抑或顽童？

人之初，性何为？性本善还是性本恶？当抽象的中国传统哲学争论照进大众、照进现实，儿童是小天使还是小恶魔？是福娃还是顽童？中国大众文化中的传统儿童观念便清晰、具体起来。在西方的儿童发现之旅中，"儿童"形象似乎在文艺复兴之后才逐渐清晰起来。而在中国文化与生活中，儿童自古以来都是家庭的中心、生活的主题——日日绕膝，不管是童真吉祥的福娃，抑或"三天不打上房揭瓦"的顽童。传统中国童年生活的形态，为理解大众视野中的儿童观提供了思考的余地。

---

① 柯继民. 四书五经·中庸 [M]. 哈尔滨：黑龙江人民出版社，2003：15.

儿童观

（一）福娃

多子多福，作为中华民族传统观念，可谓源远流长。《国风·周南·螽斯》："螽斯羽诜诜兮，宜尔子孙振振兮。螽斯羽薨薨兮，宜尔子孙绳绳兮。螽斯羽揖揖兮，宜尔子孙蛰蛰兮。"[①] 蝈蝈张开翅膀，成群结队地飞翔，发出嗡嗡的声响，当聚集在一起的时候，密密麻麻的。螽斯的子孙太多了，家族真是兴旺，世世代代绵延不绝，全家聚在一起真是太和睦、快乐了。在这首诗里，全篇都在围绕着"螽斯"来说，从它的飞行、声响和聚集的状态，无不在赞叹"螽斯"子孙数量多。"螽斯"繁殖能力强，用"螽斯"喻人，一语双关，达到物情相融、浑然一体的境界，反映了先民们对于多子多福的文化心理追求。在《国风·周南·桃夭》中写道："桃之夭夭，有蕡其实。之子于归，宜其家室。"[②] 桃树繁茂，果实丰硕。女子出嫁，幸福一家。由此可见，早在西周时期人们对新婚女子的美好祝福便是"多子多福"，这也许就是一直沿用至今的新婚祝福语"早生贵子"的渊源和出处。此外，石榴在中国传统文化中，也有着"多子多福"的深刻象征意义。据《北齐书魏收传》记载，文宣帝太子娶魏收之女为妃，魏收之妻献石榴两枚，文帝问其意，魏笑曰：恭喜陛下，石榴多子，太子新婚，此喻王室兴旺，多子多福。文帝听后大喜，重赏魏收。后人以石榴喻"榴开百子""子孙满堂"，是婚房陈设和婚嫁用品的常用吉祥图案，并用"枣""花生""桂圆""栗子"等作喜庆用品，寓意"早生贵子"，以祝吉新婚夫妇"多子多福"。

多子多福是中国自古以来的大众文化心理，人们将儿童作为子孙和乐、吉祥欢庆的象征。一提到儿童，人们的内心便会变得柔软，滋生爱怜。中国很早已有绘画婴孩的传统，到了唐宋时期技巧渐趋成熟，宋代更是婴孩题材画作的黄金时期，使之成为中国绘画中极受欢迎的画类，并被广泛应用于家庭生活物品。人们以儿童生活为题材，用文字、韵律、色彩描绘儿童的嬉戏、玩耍（如《百子图》《婴戏图》《货郎图》等），以慈惠的视角呈现出儿童的稚萌形象和童真生活，表达着人们对儿童和人世的希冀与祝福。如《百子图》，一种画着众多小孩、祈求多子多孙的画。古代有许多"百子图"流传至今，代表作有明代缂丝艺术瑰宝《百子图》和清代郎世宁画作《百子图》。百子图，又叫百子迎福图、百子嬉春图、百子戏春图，

---

① 李捷，主编.诗经[M].于夯，译注.太原：山西古籍出版社，1999：3.
② 李捷，主编.诗经[M].于夯，译注.太原：山西古籍出版社，1999：4.

表祝福、喜庆之意。画面上有100位栩栩如生的童子，他们或颦或喜，或博弈抚琴，或玩耍谈天，形态各异，生动传神，还辅之以葫芦、牡丹、仙鹤、麒麟等喻意吉祥的吉物珍禽。自古以来，结婚之时新娘的嫁妆中，有百子图的被褥，用来蕴涵喜庆和祝福，同时祝愿新娘早得贵子、子孙满堂、阖家和美。

婴戏图是描绘儿童游戏时的画作，又称"戏婴图"，是中国人物画的一种，以婴孩为主要绘画对象，以表现童真为主要目的，画面丰富，形态有趣。与西方绘画不同的是，婴戏图中的男孩、女孩皆为婴童，绝非"尺寸小的成人"。画面上的儿童钓鱼、玩鸟、蹴球、赶鸭、抽陀螺等，或玩耍，或嬉戏，千姿百态，妙趣横生。儿童在嬉戏中表现出的生动活泼的姿态、专注喜悦的表情、稚拙可爱的模样，不仅让人心生怜爱，更能感受到童稚世界的无忧无虑。婴戏图以男女婴童嬉戏于庭作为福慧人生的表征，"儿女绕膝"成为大众追求的人生美事。婴戏图从简单的一两个幼童形象发展到百多个幼童，神态各异，象征着多子多福、生活美满，成为瓷器等生活物品和婚嫁用品常见的祥和装饰图案。

年画是中国特有的民间美术形式，大都用于新年时张贴，含有祝福新年吉祥、喜庆之意。在年画中，活泼好动、逼真可爱的儿童形象成为象征吉祥的"福娃"，配以鹿、鹤、凤凰等瑞兽祥禽和莲花、牡丹等花卉，以及摇钱树、聚宝盆等虚构品，通过隐喻、象征或谐音等手法表示吉利祥瑞的意义，常见的有《天官赐福》《连年有余》《富贵满堂》等。年画"福娃"衣纹清晰，眉清目秀，天真烂漫，娇憨传神，惹人喜爱，被赋予丰富的社会憧憬和人生梦境，形成了祈求人寿年丰、吉祥如意、招财进宝的祈福迎祥娃娃，在民间年画中占有很大比例，表达了人们多子多福、家庭和美的良好愿望，最受百姓喜爱。由此可见，儿童与童年具有了"福瑞祥和"的象征性意义，"福娃"成为中国传统观念中的理想儿童，并被神化为宗教中的"金童玉女"形象，体现了人们对儿童的喜爱，表达了百姓对于美好生活的向往。

带着亲友对新婚夫妇"早生贵子"的祝福和期盼，医生的"喜脉"诊断无疑是家庭的喜报，受孕后的女子会受到全家人的优待与呵护。中国是世界上最早提出并实施胎教的国家，自古便有"胎教"的传统。"古者圣王，有'胎教'之法，怀子三月，出居别宫，目不邪视，耳不妄听，音声滋味，以礼节之。"①

---

① 颜之推.颜氏家训［M］.梁海明，译注.太原：山西古籍出版社，1999：9.

儿童观

古时候的圣王，有"胎教"的做法，怀孕三个月，出去住到别的房子里，眼睛不能斜视，耳朵不能乱听，听音乐吃美味，都要按照礼仪加以节制。"目不视恶色，耳不听淫声，口不出敖言，能以胎教。"（《史记·列女传·周室三母》，刘向）孕妇不看丑恶的东西，不听邪恶的声音，不说傲慢不逊的话语，自觉地实施胎教，孩童就会天资极高、聪慧明圣、智力超群。汉代学者贾谊在《新书·胎教》中写道："周妃后妊成王于身，立而不跛，坐而不差，笑而不喧，独处不倨，虽怒不骂，胎教之谓也。"[①]意思是成王的母亲在怀孕时站立时身体正直，坐不偏倚，笑时轻柔，即使有怒气也不口出恶言，独处时也不懈怠放任，这就是胎教的做法。古代医生也从医学角度提出了诸多胎教建议："欲子端正庄严，常口谈正言，身行正事。"（《诸病源候论·妊娠候》，巢元方）"调心神，和惰性，节嗜欲，庶事清静。"（《备急千金要方·养胎》，孙思邈）"立胎教，能令人生良善、长寿、忠效、仁义、聪明、无疾，盍须十月好景象。"（《妇人大全良方·总论》，陈自明）如此胎教，孩童将来必会是一名聪明智慧、忠诚贞良之人。由此可见，孩童还未出生，便承载了人们对其寄予的厚望和期盼。

十月怀胎，一朝分娩，儿童的出生给家庭带来了喜悦，人们以各种仪式欢迎着儿童的到来，也以祈福的方式见证着儿童的成长。

（1）报喜。婴孩出生当天，家人便会告知亲朋好友母子平安，并且拜祭祖先，放鞭炮庆贺，此过程称为"报喜"。

（2）送祝米。娘家准备鸡蛋、米酒等营养物品，待产后第三天前往看望"坐月子"的女儿，祝福母子平安，俗称"送祝米"。

（3）满月酒。满月酒是婴孩出生后一个月而设立的酒宴，邀请亲朋好友参与见证，为婴孩祈祷祝福。亲朋好友多会送鸡蛋等营养品，婴孩家人将染成红色的鸡蛋作为伴手礼回赠出席宴会的来宾，俗称"吃满月蛋"或吃"红蛋"，寓意圆圆满满、吉庆欢喜。

（4）百岁宴（百日宴）。百岁宴又称百日宴，是在婴孩出生后100天时举行的宴会。亲朋好友会为婴孩准备新衣裤、手推车、摇篮等婴儿用品，以及刻有"长命百岁""长命富贵"等祝福语的银手镯、长命锁等银饰品[②]，寓意锁住富贵、长

---

① 贾谊.贾谊集·新书·胎教[M].上海：上海人民出版社，1976：176.
② 民间有银饰品可以辟邪驱晦之说。

命百岁,表达对婴孩辟邪驱晦、健康成长、长命百岁、平安富贵的祝福。

(5)抓周儿。抓周儿又称"试儿",在婴孩周岁日举行。"抓周儿"仪式用来检验婴孩天赋和卜测未来前途,以测卜其志趣、前途和将要从事的职业。"江南风俗,儿生一期,为制新衣,盥浴装饰,男则用弓矢纸笔,女则用刀尺针缕,并加饮食之物,及珍宝服玩,置之儿前,观其发意所取,以验贪廉愚智,名之为试儿。亲表聚集,致宴享矣。"[①]江南的风俗,孩子出生一周年,要给缝制新衣,洗浴打扮,男孩就用弓箭纸笔,女孩就用刀尺针线,再加上饮食,还有珍宝和衣服玩具,放在婴孩面前,看他动念头拿什么,用来测试他是贪还是廉、是愚还是智,这叫试儿。聚集姑舅姨等亲属,招待宴请,以庆婴孩周岁。如果抓了印章,则谓长大以后官运亨通;如果抓了文具,则谓长大以后好学,必有锦绣文章;如抓算盘,则谓长大以后善于理财,财源滚滚。如若抓剪、尺之类的缝纫用具或铲子、勺子之类的炊事用具,则谓长大善于持家;如若先抓了吃食、玩具,也谓之"命好,有口福有享乐"。总之,抓周儿就是家人在婴孩一周岁之际,对婴孩的祝愿和祈福,表达长辈们对婴孩的前途寄予厚望。

(6)开蒙礼。开蒙礼源自中国古代私塾教育入学的礼教行为,儿童开始入学识字称为"开蒙"。"开蒙礼"是人生第一礼,是人生成长中的一个重要标志。当日孩童都要穿上整齐衣服,提一灯笼,上写"状元及第",并带一根葱,取其谐音,意为"又聪又明"。老师首先为学童整理衣冠,寓意"先正衣冠,后明事理"。拜师启智,破蒙授业,孩童行拜师之礼,并击鼓明志。孩童击打"鸣志鼓",击打声音越响亮,说明志向越远大、信心越坚定,越有可能成功。老师用毛笔蘸朱砂在学童额头正中点上红痣,即为"聪明记",又称"开天眼",意为朱砂启智,让孩童成为眼明、心明的聪明学童。同时,老师还要赠送智慧签,教化学童,教孩童开笔写字,用毛笔写下一个"人"字。以此希望孩童在人生的启蒙阶段,学会做人,即所谓"蒙以养正圣功也"[②]。

(7)成年礼。成年礼又称"成丁礼""成年式",古时男孩成年实行冠礼,女孩成年实行笄礼,男子"二十而冠"[③],女子"十有五而笄"[④]。成年礼是旧时儿

[①] 颜之推.颜氏家训[M].梁海明,译注.太原:山西古籍出版社,1999:56.
[②] 易经[M].梁海明,译注.太原:山西古籍出版社,1999:22.
[③] 礼记[M].程昌明,译注.呼和浩特:远方出版社,2004:52.
[④] 礼记[M].程昌明,译注.呼和浩特:远方出版社,2004:53.

童跨入成年阶段时举行的仪式,儿童从此作为成年人参与各项社会活动,并承担相应家庭责任和社会责任。"成人之者,将责成人礼焉也。责成人礼焉者,将责为人子、为人弟、为人臣、为人少者之礼行焉。将责四者之行于人,其礼可不重欤?"① 因此,冠礼就是"以成人之礼来要求人的礼仪"。自婴孩刚刚出生至举行成年礼,每一次的仪式都承载了成人满满的爱,更承载了成人深深的祝福和希冀,"东方人特有的温情像温暖的太阳一样给儿童许多感情的营养"②。

在中国,父母对子女的爱是深厚的。儿童拥有自己专属的衣服鞋帽,如虎头鞋(见图2-1)③、虎头帽④、虎围嘴等(民间常以虎来作为孩子的伴生物,除具驱邪镇定作用外,还有祝福婴孩虎头虎脑、虎虎有生之意),婴孩的小肚兜上常有"连生贵子""麒麟送子""凤穿牡丹""连年有余"等吉祥图案。此外,儿童还有自己专属的玩具如布老虎(见图2-2)、拨浪鼓(见图2-3)、泥人阿福(见图2-4)等以及其他生活用品,其装饰图案和寓意大多都是趋吉避凶、吉祥幸福的主题,贮满了成人对儿童平安幸福、健康成长的期盼与祝福。

图2-1 虎头鞋

图2-2 布老虎

图2-3 拨浪鼓
(万事如意)

图2-4 泥人阿福

---

① 礼记[M].程昌明,译注.呼和浩特:远方出版社,2004:205.
② 刘晓东.儿童教育新论[M].南京:江苏教育出版社,1998:52.
③ 虎头鞋是中国传统手工艺品之一,是一种童鞋,因鞋头呈虎头模样,故称虎头鞋。
④ 虎头帽以老虎为形象,是中国传统儿童服饰中比较典型的一种童帽样式。

"望子成龙、望女成凤"是每一个中国父母的渴望,为了把初生摇篮中的婴儿抚育、塑造成理想的"金童玉女",自西周时期始,人们就为儿童规划了有条不紊的教育之道:"子能食食,教以右手。能言,男唯女俞,男鞶革,女鞶丝。六年,教之数与方名。七年,男女不同席,不共食。八年,出入门户及即席饮食,必后长者,始教之让。九年,教之数日。十年,出就外傅,居宿于外,学书计,衣不帛襦袴,礼帅初,朝夕学幼仪,请肄简谅。十有三年,学乐,诵诗,舞勺。成童,舞象,学射御。二十而冠,始学礼,可以衣裘帛,舞《大夏》,惇行孝弟,博学不教,内而不出。"① 当孩童能自己吃饭时,就教他使用右手进食。当孩童学着说话时,就教男孩说"唯",教女孩说"俞"。给男孩佩戴皮革制作的小囊,给女孩佩戴丝制作的小囊。孩童到了六岁,教他们识字和辨别方向。到了七岁时,男孩、女孩不能同席而坐,不在一起吃饭。八岁时,教孩童出门、进门,以及坐到席位上吃饭,一定要让年长的在先、自己在后,从此教他们学会谦让。九岁的时候,教他们如何计算日期。十岁的时候,男孩就要拜师求学,住宿在外,学习写字和记事,穿不用帛裁制的短袄和套裤,遵循以前所学的一些礼节,每天学习幼仪,学习老师所写的课文,学习诚信的语言。十三岁时,学习音乐,诵读《诗经》,学习舞勺。十五岁时,学习《象》舞,学习射箭驾车。二十岁时行加冠礼,开始学习礼,这时可以穿皮衣及帛制的衣服,学习《大夏》舞。"女子十年不出,姆教婉娩听从。执麻枲,治丝茧,织纴组紃。学女事以共衣服。观于祭祀,纳酒浆笾豆菹醢,礼相助奠。十有五年而笄,二十而嫁。"② 女孩到了十岁就不再出门,由女师教导她们言语要婉顺、容貌要柔媚、听从长者教诲。教她们纺麻织布、养蚕缫丝、织造缯帛丝带、学习女工,以供制作衣服。让她们观看祭祀仪式,学习怎样捧入酒、浆、笾、豆、菹、醢等祭品和祭器,按照祭礼的规定帮助大人放置好祭品和祭器。到了十五岁时行笄礼,二十岁时出嫁。依循此既定教育轨迹,男孩才能"成龙"、女孩才会"成凤",男孩、女孩才能成长为成人期盼的、具有完满理想人格的"金童玉女"。但男孩与女孩的受教育之道是不同的,人们致力于男孩的书香入仕培养以光耀门楣,而对女孩则是贤妻良母的培养模式,一切皆为出嫁。由此可见,中国传统文化中的男尊女卑思想根深蒂固,重男轻女的

---

① 礼记[M].程昌明,译注.呼和浩特:远方出版社,2004:52.
② 礼记[M].程昌明,译注.呼和浩特:远方出版社,2004:53.

性别歧视由来已久。

"中国人对生命不朽的追求似乎比西方人更为狂热。有的皇帝、道人、老百姓谋求仙丹，希望找到不老药、不死药，达到个体'我'的不朽。由于子女是父母身体和精神的后代，是家族权力和财产的继承者，所以，人们认为生儿育女是延续生命、追求不朽的另一种方法。"①子女是父母的生命延续，养儿可以防老；子孙是家族的基因延续，养儿可以传宗接代、光耀门楣。多子多福，儿童是希望，给家庭带来福瑞；多子多福，儿童是福娃，给成人带来慰藉。儿童在成人的祈福、关怀中成长，福娃以自己的童真、无忧而护佑、治愈着成人。子孙和合是家庭的憧憬，也是中国传统文化之愿景。福娃，是中国古代人们对"人之初、性本善"的理解，是人们在一种社会理想人格的憧憬和召唤中对儿童所进行的理解。福娃，是中国古代人们望子成龙、望女成凤的心理表达，承载了家族、父母的生物基因传承和社会价值期望。在福娃身上，深刻体现着中国社会及其文化的基本特征、价值观念和总体追求。

（二）顽童

在中国五千年多子多福的慈幼主流下，儿童享受着成人的各种"宠溺"，但同时也存在着责打现象，现实可谓"冰火两重天"。

"福娃"是整个社会文化对儿童与人世的希冀与幻想，是中国先民集体编织的社会憧憬和人生梦境，是理想的儿童与童年所能带有的象征性意义。当理想的儿童形象被塑造出来时，随之而来的是许多父母师长的失望，因为他们发现自己的孩子或学生并非那么"可爱"。"三天不打，上房揭瓦"是中国民间广为流传的顽童写照：顽皮的孩子，不是赶鸡就是撵狗，搞得鸡犬不宁，父母几乎每天都要对其暴揍一顿。偶尔不打，儿童的顽皮便会变本加厉，四处惹是生非，甚至上房揭瓦。可爱的儿童似乎又有着一个小"恶魔"的灵魂，惹人烦，讨人嫌。逮鸟、斗蟋蟀、耍刀枪、粘知了、捉蜻蜓、灌屎壳郎、掏苇柞子、摸鱼、捉泥鳅、拉家雀、掏蛐蛐儿……这些都是儿童典型的童年生活经历，其中打架、搞破坏也是自然难免。没有顽皮的童年记忆似乎是不完美的，没有责打的童年似乎是有缺憾的。每一个儿童似乎都曾因为嘴馋、贪吃而偷食过，偷桃摘李，抱着偷来的瓜被追得疯跑；每一个儿童似乎也

---

① 刘晓东.儿童教育哲学［M］.南京：江苏凤凰教育出版社，2018：58.

都曾因为好奇冒险过,上树掏鸟蛋,下河摸鱼虾,受伤、被蜇也是常有的事。但好吃、好奇是儿童的天性,正如童年沈从文的内心写照:"我生活中充满了疑问,都得我自己去找寻解答。我要知道的太多,所知道的又太少,有时便有点发愁。就为的是白日里太野,各处去看,各处去听,各处去嗅闻。"① 有的儿童会因为活泼而捣蛋,有的儿童也会因为叛逆而故意破坏。明代仇英《摹宋人画册》中的《村童闹学图》就生动描绘了儿童的顽皮景象:茅草房中的一个学堂,老师伏在讲台上睡觉,学童们开始在教室与院子里"大闹天宫",有的踢桌子,有的蹬凳子……院子里有个童子正在画着熟睡的先生的画像,他身边的另一个童子则身披着一幅写满狂草的书法卷轴,头上戴着一只小茶壶,手拿先生的戒尺,嘴上画着小胡子,扮作一位作法的老道。儿童顽劣难管,令师长头痛,让父母束手无策。从孩童的顽劣中,仿佛能看到"人之初,性本恶"的影子。

《礼记》中记载:"夏楚二物,收其威也。"② 传统中国人普遍相信打的作用,"棍棒之下出孝子""不打不成人,不打不成才""打是亲,骂是爱,气极了,拿脚踹"等观点也在民间广为流传。成人的责骂和追打似乎成了中国孩子的童年标配,中国父母把孩子当作自己的私有财产,也把打骂孩子当作自己的一项基本权利。顽童调皮捣蛋,除了家长自备的"拳脚"和身边随手拾来的鸡毛掸子等物件,家中往往还有专用责罚工具"家法"。中国人有"人前教子"的传统观念,有时成人会对儿童的顽劣行为进行当众"家法伺候",以儆效尤,这会让儿童遭受身心的双重打击。打骂儿童不仅是家长的权利,也是古代教师的特权,以打为教自古有之,直至近代私塾,学生挨打也是常事。李宗仁在回忆录中写道:"先生桌上必备有一块长方形木板,叫做戒方。学生如不守规矩,或背书不出,先生就用戒方打头或手心,打破打肿,都是司空见惯的事。""同学中被斥责、被罚跪,事极寻常。"郭沫若详细描述了私塾教师的责罚:"他的刑具是一两分厚三尺来长的竹片。非正式的打法是隔着衣裳隔着帽子的乱打,正式打法是打掌心屁股。这打屁股的刑罚是再野蛮也没有了。小小的犯人要把板凳自己抬到大成至圣先师孔老二的神位面前,自己恭而且敬挽起衣裳,脱下裤裆,把两个屁股露出来,让大

---

① 张倩仪.再见童年:消逝的人文世界最后回眸[M].北京:世界图书出版公司北京公司,2012:65.
② 礼记[M].程昌明,译注.呼和浩特:远方出版社,2004:76.

儿童观

成至圣先师孔老二的化身拿起竹片来乱打。儿童的全身的皮肉是怎样地在那刑具之下战栗哟！儿童的廉耻心、自尊心，是怎样地被人蹂躏到没有丝毫的存在了哟！……我们还要受各种各样的刑罚。罚站，罚跪土地。"[1] 打得最多的是手心，不少老师喜欢打头，打屁股则是最严重的。"那在发蒙以后怕已经有一两年了，先生是爱用细竹打人的时候。小小的一个头脑打得一面都是包块，晚上睡的时候痛得不能就枕，便只好暗哭。"[2] 教师"扑作教刑"，由李宗仁、郭沫若等人的私塾挨打记忆可见一斑。张治中、沈从文、蒋梦麟等也无一能免受教师责打之苦。[3] 即便逃学会受到家长和教师的双重责罚，但依然深深吸引着沈从文。"我的心总得为一种新鲜声音，新颜色，新鲜气味跳。我得认识本人生活以外的生活。我的智慧应当从直接生活上吸收消化，却不需从一本好书一句好话上学来。似乎就这样一个原因，我在学塾中，逃学纪录点数，在当时便比任何一人都高。"[4] 由此可见，中国传统文化是成人本位的，父母、老师可以随意打骂儿童，无视儿童的身心健康与天性，更无视儿童的人格与尊严。尽管多是非故意虐待，但在这成人的打骂中，有多少儿童的身心健康被伤害？又有多少好奇被扼杀？更有多少儿童在未发现学问的重要之前就给吓跑了？

从《百子图》《货郎图》《婴戏图》、年画等艺术作品和家居用品中可爱孩童的嬉戏形象，到儿童的实际生活；从孩童的游戏、玩具、家具、衣服、鞋帽、发髻装扮，到种种童年记忆；从家庭育儿规矩，到儿童成长仪式；不论是直接的影像信息，还是经过曲折方法转换后的象征性、典范性呈现，无不显现了中国历史上一个多重面貌的儿童形象和集"溺爱"与"高压"于一体的儿童观念。儿童之处境，童年之内容，为社会环境和文化习惯所营造而成。福娃被宠溺，源于"多子多福"；顽童被责打，源于对儿童天性的无知。中国世俗生活中"冰火两重天"的儿童观念与态度，恰恰从正反两面反映了成人将儿童视为家庭、父母的私有财产和家族兴旺的途径与工具，体现了成人对儿童的"主宰"和"高控"。儿童在

---

[1] 郭沫若. 郭沫若作品经典·我的童年 [M]. 北京：中国华侨出版社，2000：35-37.
[2] 郭沫若. 郭沫若作品经典·我的童年 [M]. 北京：中国华侨出版社，2000：35-37.
[3] 张倩仪. 再见童年：消逝的人文世界最后回眸 [M]. 北京：世界图书出版公司北京公司，2012：44.
[4] 张倩仪. 再见童年：消逝的人文世界最后回眸 [M]. 北京：世界图书出版公司北京公司，2012：65.

社会生活中的地位低下,"长者为尊"的文化习俗又使成人有意无意地从身体到精神压迫着儿童。在成人的高压辖制之下,发育成长中的孩童身心被双重绑架,没有任何自主的余地,更无自动、自发可言,循着成人的规划开始自己的人生。"过犹不及",对儿童的神化和妖魔化,都不是儿童的真实存在。宠溺不是理智的育儿之法,打骂也不是正确的教育之道。对于世俗的狂热与冷漠,智者们也在不断发出呐喊,催促人们反省对待儿童之道,以唤起民众对儿童正确的认识、理智的爱和科学的养育。

三、解放儿童之路

先贤们深切关怀人性,为儿童呐喊,希望成人反省对待儿童的方法及引导儿童的态度。在一代代先贤的前仆后继中,儿童之际遇,童年之意涵,由过去而晚近,经历了从高压辖制到松绑解放,从以成人为中心逐渐转换为尽量以儿童为中心的对待方式。

(一)生命照护中的儿童认知

中国幼科医学起源很早,在出土的4000年前商代殷墟甲骨文中就有了"龋"(龋齿)"蛊"(寄生虫病)和"贞子疾首"的小儿疾病记载。在《史记·扁鹊仓公列传》《五十二病方》《黄帝内经》《伤寒杂病论》中也都有关于小儿生长发育、体质特点和疾病预防与诊治的记述。南北朝时期就有了儿科、产科的分科,并出现了儿科医学著作,如王末钞的《小儿用药本草》、徐叔响的《疗少小百病杂方》等。不过,中古时期的儿科颇具巫医色彩。隋唐时期,在太医署内由医博士教授医学,其中专设少小科,促进了儿科的专业发展。隋代巢元方在《诸病源候论》中提出了"不可暖衣……宜时见风日……常当节适乳哺"[①]等正确的小儿养育观。唐代孙思邈《备急千金要方》《千金翼方》将妇人、小儿方列于卷首,从初生养护至伤寒杂病分九门专论小儿。流行于唐末宋初的《颅囟经》是相传最早的儿科专著,书中阐释婴幼儿体质特点、小儿脉法和疾病诊治方法。北宋钱乙被誉为"儿科之圣",其《小儿药证直诀》也被尊为中国幼科鼻祖,比西方最早的儿科著作

---

① 汪受传. 中医儿科学[M]. 北京:中国中医药出版社,2007:2.

儿童观

要早 300 多年。"小儿经方,千古罕见,自乙始别为专门,而其书亦为幼科之鼻祖,后人得其绪论,往往有回生之功。"(《四库全书·目录提要》,纪昀)后中医儿科发展迅速,名医辈出,幼科医学和幼科医生在整个医界备受尊重,在金元时期曾掀起了一个百家争鸣的发展高潮。明嘉靖年间,吏部尚书许瓒向朝廷呈进幼科医书《婴童百问》,获得了朝廷的大力推广。《婴童百问》汇集数百年幼科医学成果,以婴童各证,设为百问,有论、有验、有方,包括婴幼童的养护与疾病治疗两大部分,简洁易懂,可以为学医者、行医者提供参考,也可为普通民众提供帮助,对于婴幼童养护知识的普及和幼科专业的推广起到了巨大的推进作用。后其他医家也尝试利用歌、赋、口诀等方式,以利于口耳相传,促进了儿童养护和医学知识的推广和传播。宋明以来,印刷术的普及与发展,对儿童养护和幼科知识的广泛传播,也具有不可磨灭的贡献。

传统中国幼科医书,数量浩瀚,内容丰富,涵盖各类婴幼儿保健及幼科疾病的分析、讨论和治疗,有论、有方、有案,是传统婴幼儿健康研究和幼科医学发展的珍贵资料。其中,新生儿照护当冠其首,拯救了成千上万新生儿的生命,可谓是保护中国新生儿健康的福音。在对健康新生儿进行妥善照护的同时,也挽救了难产、早产或其他残障、病变的高危新生儿的生命,使得以前毫无存活希望的婴儿有了前所未有的生机,大大降低了其夭折率。随着新生儿照护的发展,新生儿照护知识大量普及,逐渐成为一种改善婴童健康的社会力量,大大改善了中国新生儿的生存和健康环境。此外,在幼科医学中,哺乳也是一项重要的内容,主要包括正确的哺乳方法、对乳母的种种要求与禁忌以及乳儿的生理和心理状况分析。幼医教导乳母正确乳养婴童,包括哺乳前的准备、哺乳姿势、哺乳规律以及乳汁的温度、流速、新鲜度等哺乳细节。"凡乳母,乃血气化为乳汁,则吾谓善恶悉由血气而生。喜怒、饮食,一切禁忌,并宜戒慎。若纵性恣意,因而乳儿,则令儿感生疾病也。"[①] 幼医认为乳汁出自母体,与母亲的生理和心理状况紧密相关。乳母的饮食、情绪、体温、健康等方面的变化,都会反映在乳汁上,继而影响乳儿的健康、安危,因此乳母的日常饮食及情绪都应有所约束。"初生芽儿,藉乳为命。乳哺之法,不可不慎。夫乳者,荣血之所化也。至于乳子之母,尤宜

---

① 熊秉真. 幼医与幼蒙:近世中国社会的绵延之道[M]. 新北:联经出版事业股份有限公司,2018:201.

谨节。"① 传统中国大众将婴儿视为脆弱且易受伤害的生命体，非常重视对婴儿的哺乳之道，对乳母的选择也是繁复严格，层层建议，可见维护婴童生命之苦心，对于保全婴儿生命健康、绵延人口，具有重大的意义。

儿童出生以后，生长发育迅速，在传统幼科中有"变蒸"之说，阐明婴儿在出生后的五百多天里的生长变化。"凡儿生三十二日一变，六十四日再变，变且蒸；九十六日三变，一百二十八日四变，变且蒸；一百六十日五变，一百九十二日六变，变且蒸；二百二十四日七变，二百五十六日八变，变且蒸；二百八十八日九变；三百二十日十变，变且蒸。积三百二十日小蒸毕后，六十四日大蒸，蒸后六十四日复大蒸，蒸后一百二十八日复大蒸。凡小儿自生三十二日一变，再变为一蒸，凡十变而五小蒸又三大蒸，积五百七十六日，大小蒸都毕，乃成人。"② 婴儿初生后的发育生长，一般以三十二天作为一个发育周期，需要十个周期，三百二十天初步长成，之后还要经过一百二十八天的发育，才彻底完备。变蒸，变，是反应轻微的变化；蒸，是反应强烈的变化，要发热、咳喘等。每变一次，婴儿的性格和智识就更进一步，能看出明显变化。变蒸学说阐释了婴儿身体发育遵循一定的规律，先快后慢，并说明了婴儿变蒸原因。"小儿所以变蒸者，是荣其血脉，改其五脏，故一变竟辄觉情态有异。其变蒸之候，变者上气，蒸者体热。"③ 儿童成长发育，是一持续而复杂的现象，但在幼科医学里都有对儿童生长发育的详细阐述，还确定了正常儿童的生长发育标准，并对照健康儿童的身心发育标准，来衡量儿童发育异常，进行疾病诊治。"凡生后六十日瞳子成，能咳笑应和人。百日任脉成，能自反复，百八十日尻骨成，能独坐。二百一十日掌骨成，能匍匐。三百日膑骨成，能独立。三百六十日膝骨成，能行。此其定法，若不能依期，必有不平之处。"④ 孩童出生后发育六十多天，能识别人物，会和你笑，也会咳嗽了；一百天，任脉发育成，肚子肌肉有力，可以翻身；一百八十天，坐骨、骶骨发育

---

① 熊秉真.幼医与幼蒙：近世中国社会的绵延之道[M].新北：联经出版股份有限事业公司，2018：209.
② 熊秉真.幼医与幼蒙：近世中国社会的绵延之道[M].新北：联经出版股份有限事业公司，2018：233-234.
③ 熊秉真.幼医与幼蒙：近世中国社会的绵延之道[M].新北：联经出版股份有限事业公司，2018：234-235.
④ 熊秉真.幼医与幼蒙：近世中国社会的绵延之道[M].新北：联经出版股份有限事业公司，2018：253.

儿童观

成熟，能够独立坐稳；两百一十天，手掌骨骼发育成，可以匍匐爬行；三百天，髌骨发育好了，能站立；三百六十天即一周岁，膝关节发育成熟，就可以走路了。这是基本的发展规律，如果不能依期发展，孩童身体定有疾病，应抓紧看医生。由此可见，中国传统幼科医学不仅关注儿童疾病的诊治，也注重对健康儿童的生理、心理研究，集儿童卫生学、心理学与医学研究于一体，是儿童研究之瑰宝。

传统中医幼科，经隋唐、两宋到元、明、清的发展，专门知识越来越专业化和普及化，已有足够的深度与内涵，这与中国传统重视传宗接代密切相关。基于多子多福的子嗣传统，各家庭都重视儿童的存活，关注儿童的健康医疗，这无疑是中医幼科发展和普及的社会基础。中医幼科医生是协助儿童成长的专职人员，不仅照顾儿童的身体健康，还照顾儿童的心理健康，希求儿童心神安宁、好吃好睡、会笑会玩。幼医因其职业关怀、服务本质和对儿童祸福之考虑，显示了一种以儿童为中心的特征。对襁褓中婴儿的照管、幼儿的营养、病儿的康复等具体而迫切的需要，使得幼医须以被照管者为中心，了解儿童的需要、感受，处置儿童的疾病、健康、身体、器具，以求达成照护的目的。基于医学专业性方面的认识和考虑，幼医对儿童的照护比常人更为清楚，照顾主张比普通父母更为科学，可以为父母、教师提供有益的教养指导。人们对儿童各阶段发展的认识与规划，以及对婴幼儿生理及心理的了解，主要来源于幼医的宣传与指导。幼科医生不仅守护了儿童的生命健康，使婴幼儿存活的机会大大增加，还将健康知识韵语口诀化，使之广传民间，推广了儿童生命健康的观念和知识，引领了大众对儿童身心发展的认识和相对科学的儿童养护与教育。中国传统中医幼科的发展，是中国儿童认知和儿童保育的重要里程碑，虽与现代儿童心理学不同，但其对儿童的研究和认知却是中国大众认识儿童的基础和来源，更是中国传统扶幼文化的基本背景。幼医照护着中国古代儿童的生命与健康，为中国儿童争取了宝贵的生存环境，直接影响了中国大众对待儿童的态度，与幼教、幼蒙殊途同归，"为中国历史上重新'发现婴幼儿与童年'，奠下了第一块坚实的基石"[①]。

---

① 熊秉真.幼医与幼蒙：近世中国社会的绵延之道[M].新北：联经出版事业股份有限公司，2018：3.

（二）因材施教中的儿童发现

"力不同科，古之道也。"① 孔子认为应根据学生的不同能力而进行不同的教育。在教育实践中，孔子让学生"各言尔志""各言其志"②。同时，"听其言而观其行"③"视其所以，观其所由，察其所安"④，并"退而省其私"⑤，因而对其弟子了如指掌："柴也愚，参也鲁，师也辟，由也喭"⑥；"由也果""赐也达""求也艺"⑦；"师也过，商也不及"⑧；"求也退""由也兼人"⑨。颜回能"闻一知十"，子贡只能"闻一知二"。孔子在准确了解学生的基础上，因材而教，使其弟子成为"贤才君子"。"德行：颜渊、闵子骞、冉伯牛、仲弓。言语：宰我、子贡。政事：冉有、季路。文学：子游、子夏。"⑩ 因此，程颐说："孔子教人，各因其材。"⑪ 朱熹就此批注："圣贤施教，各因其材。小以成小，大以成大，无弃人也。"⑫ 后人简称为"因材施教"。虽然孔子本人并没有直接提出"因材施教"，但他却是有史以来最早将因材施教原则运用于教学过程的教育家。孔子将因材施教作为教育原则贯彻于日常的教育工作中，不愧为"万世师表"。

墨家代表人物墨翟要求"量力"而教，强调在施教时要考虑学生的力之所能及。"深其深，浅其浅，益其益，尊其尊。"⑬ 孟子主张"教亦多术"。"君子之所以教者五：有如时雨化之者，有成德者，有达财（材）者，有答问者，有私淑艾者。"⑭《学记》中要求教师应该知道学习失败的原因所在："学者有四失，教者必知之。人之学也，或失则多，或失则寡，或失则易，或失则止。此四者，心

---

① 孔子．论语·八佾[M]．程昌明，译注．太原：山西古籍出版社，1999：26．
② 孔子．论语·先进[M]．程昌明，译注．太原：山西古籍出版社，1999：121．
③ 孔子．论语·公冶长[M]．程昌明，译注．太原：山西古籍出版社，1999：44．
④ 孔子．论语·为政[M]．程昌明，译注．太原：山西古籍出版社，1999：14．
⑤ 孔子．论语·为政[M]．程昌明，译注．太原：山西古籍出版社，1999：13．
⑥ 孔子．论语·先进[M]．程昌明，译注．太原：山西古籍出版社，1999：117．
⑦ 孔子．论语·雍也[M]．程昌明，译注．太原：山西古籍出版社，1999：56．
⑧ 孔子．论语·先进[M]．程昌明，译注．太原：山西古籍出版社，1999：116．
⑨ 孔子．论语·先进[M]．程昌明，译注．太原：山西古籍出版社，1999：119．
⑩ 孔子．论语·先进[M]．程昌明，译注．太原：山西古籍出版社，1999：111．
⑪ 程颐．河南程氏遗书（卷十九）[M]．朱熹，编．北京：商务印书馆，1935：276．
⑫ 朱熹．四书章句集注·论语集注（卷十三）[M]．北京：中华书局，1983：362．
⑬ 王赞源．墨经正读·大取[M]．上海：上海科学技术文献出版社，2011：185．
⑭ 柯继民．四书五经·孟子·尽心上[M]．哈尔滨：黑龙江人民出版社，2003：305．

之莫同也，知其心，然后能救其失也。"① "多、寡、易、止，虽各有失，而多者便于博，寡者易以专，易者勇于行，止者安其序，亦各有善焉，救其失，则善长矣。"②作为教师，应该"教也者，长善而救其失者也"③。秦汉时期的徐干强调，"导人必因其性，治水必因其势，是以功无败而言无弃也"(《中论·贵言·第六》，徐干)。郑玄将孔子的"求也退，故进之；由也兼人，故退之"④概括为"各因其人之失而正之"⑤，在注释经籍中有关"因材施教"的言论时，多提出自己的见解，并使其系统化、具体化，使"因材施教"进一步原则化。尽管此前的因材施教观念主要针对成人教育，但这为后世的儿童发现奠定了思想基础。

汉代的贾谊继承了孔子"少成若天性，习惯成自然"的思想，强调早期教育的重要性，认为当婴幼儿的赤子之心尚未受到外界熏染时，先入为主，对他实施教育，就会收到最佳的效果。"心未滥而先谕教，则化易成也。"⑥"自为赤子，而教固已行矣。"⑦同时，贾谊认为早期教育是整个人生教育的最重要阶段，一个人幼时接受的教育，往往决定了其日后的成长道路，稍有不慎，就会失之毫厘，差之千里。因此，他强调："君子慎始。"⑧提出对儿童要教养结合，除进行道德教育和知识学习外，还要健养其身体。主张量力而教，并呼吁根据儿童不同的年龄特征恰当地转换教育方法。"人主太浅则知暗，太博则业厌；二者异失同败，其伤必至。故师傅之道：既美其施，又慎其齐；适疾徐，任多少；造而勿趣，稍而勿苦，省其所省，而堪其所堪，故力不劳而身大盛，此圣人之化也。"⑨教育要紧随儿童的接受能力和发展水平，教学内容过少过浅则不能最大限度地发展儿童的智力；过博过深，儿童无法接受，则又容易养成厌学情绪。作为一个好的教师，既要主动地对儿童进行道德和知识教育，又要身体力行，为人师表。教学的快慢要适合儿童的发展水平，内容的多少要根据儿童的接受能力。既要引导前进，但又不能

---

① 礼记·学记[M].程昌明，译注.呼和浩特：远方出版社，2004：79.
② 礼记·学记[M].程昌明，译注.呼和浩特：远方出版社，2004：79.
③ 礼记·学记[M].程昌明，译注.呼和浩特：远方出版社，2004：79.
④ 孔子.论语·先进[M].程昌明，译注.太原：山西古籍出版社，1999：118-119.
⑤ 孙培青.中国教育史[M].上海：华东师范大学出版社，1992：221.
⑥ 吴云，李春台.贾谊集校注·保傅[M].天津：天津古籍出版社，2010：161.
⑦ 吴云，李春台.贾谊集校注·保傅[M].天津：天津古籍出版社，2010：161.
⑧ 贾谊.贾谊集·新书·胎教[M].上海：上海人民出版社，1976：176.
⑨ 贾谊.贾谊集·新书·容经[M].上海：上海人民出版社，1976：106.

强制。对儿童应有严格的要求，适时地检查，但又不至于使其感到压力过重。"习与智长，故切而不愧；化与心成，故中道若性。"①贾谊强调根据儿童身心发展的程度来确定教育要求和采用相应的教育方法，是具有一定科学性的。其对儿童教育的关注，使得"儿童"开始出现在教育视野中，成为中国教育史上"儿童发现"的启蒙。

继贾谊之后，颜之推再次强调儿童早期教育的重要性，主张"教妇初来，教儿婴孩"，认为幼儿时期是教育的最佳期，对儿童的教育应自幼儿能感知外界事物时便开始进行。"人生小幼，精神专利。长成已后，思虑散逸。固须早教，勿失机也。"②他写出了中国第一部系统完整的家庭教科书《颜氏家训》，也算是中国最早的儿童教育专著，书中针砭教育时弊，并依据儿童的身心发展特点阐述了儿童教育的原则和方法。颜之推批评当时宠溺儿童和以打为教的现象："吾见世间，无教而有爱，每不能然；饮食运为，恣其所欲，宜诫翻奖，应呵反笑，至有识知，谓法当尔。骄慢已习，方复制之，捶挞至死而无威，忿怒日隆而增怨，逮于成长，终为败德。"③他主张父母对子女应"威严而有慈"④，将慈爱与严教有机地结合起来。"当及婴稚识人颜色、知人喜怒，便加教诲，使为则为，使止则止，比及数岁，可省笞罚。"⑤在婴孩能够识人脸色、懂得喜怒时，就应该对其加以教导训诲，让做就做，让止就止，等到长大几岁，就可省免鞭打惩罚。同时，颜之推告诫父母要均爱勿偏，对子女应一视同仁。"人之爱子，罕亦能均，自古及今，此弊多矣。"⑥根据儿童的身心特点，颜之推还提醒家人注意自身对儿童的模范作用，主张为儿童创设良好的成长环境。"人在少年，神情未定，所与款狎，熏渍陶染，言笑举动，无心于学，潜移暗化，自然似之。"⑦"是以与善人居，如入芝兰之室，久而自芳也；与恶人居，如入鲍鱼之肆，久而自臭也。墨子悲于染丝，是之谓矣。君子必慎交游焉。"⑧颜之推的家教思想对世人影响深远，《颜氏家训》被人们视为家训的鼻

---

① 吴云，李春台.贾谊集校注·保傅[M].天津：天津古籍出版社，2010：162.
② 颜之推.颜氏家训·勉学[M].檀作文，译注.北京：中华书局，2007：110.
③ 颜之推.颜氏家训[M].梁海明，译注.太原：山西古籍出版社，1999：11.
④ 颜之推.颜氏家训[M].梁海明，译注.太原：山西古籍出版社，1999：9.
⑤ 颜之推.颜氏家训[M].梁海明，译注.太原：山西古籍出版社，1999：56.
⑥ 颜之推.颜氏家训[M].梁海明，译注.太原：山西古籍出版社，1999：13.
⑦ 颜之推.颜氏家训[M].梁海明，译注.太原：山西古籍出版社，1999：58.
⑧ 颜之推.颜氏家训[M].梁海明，译注.太原：山西古籍出版社，1999：58-59.

祖、家教的规范。"篇篇药石,言言龟鉴,凡为人子弟者,可家置一册,奉为明训。"①颜之推针砭儿童教育之时弊,主张根据儿童年龄特点进行教育,具有里程碑式的历史意义,成为中国教育史上"儿童发现"的指引者。

隋唐时期,韩愈"因材而用"的思路扩大了因材施教的外延,以形象的比喻说明了因材施教、因材而用的重要性。"吁,子来前!夫大木为栋,细木为桷,欂栌、侏儒,椳、闑、扂、楔,各得其宜,施以成室者,匠氏之工也。玉札、丹砂、赤箭、青芝、牛溲、马勃、败鼓之皮,俱收并蓄,待用无遗者,医师之良也。登明选公,杂进巧拙,纡馀为妍,卓荦为杰,校短量长,惟器是适者,宰相之方也。"②宋代胡瑗善于根据学生的兴趣、爱好、特长来组织教学,其创设分斋教学的思想基础正是因材施教。南宋著名理学家朱熹总结发展了孔子"因材施教"的教育思想,结合自己的教育实践,基于对儿童心理特征的初步认识,把一个人的教育划分为"小学"和"大学"两个阶段,并分别提出了两者既有区别、又有联系的任务、内容和方法。朱熹认为小学儿童"智识未开",思维能力弱,主张"知之浅而行之小者",小学教育应力求浅近、具体,以"教事"为主,强调让儿童在日常生活中,通过具体行事,在实际活动中得到锻炼,养成一定的行为习惯,学到初步的文化知识技能。"古者小学,教人以洒扫、应对、进退之节,爱亲、敬长、隆师、亲友之道。"③在朱熹看来,小学教育是大学教育的基础,大学教育是小学教育的扩充和深化,并特别重视蒙养阶段的基础教育作用。"大学之序,特因小学已成之功。"④"不习之于小学,则无以收其放心,养其德性,而为大学之基本。"⑤朱熹认为:"人之幼也,知思未有所主。"⑥依据儿童的心理特点,应先入为主,及早施教。"必使其讲而习之于幼稚之时,使其习与智长,化与心成,而无扞格不胜之患也。"⑦朱熹以故事、韵文等方式编辑《小学》《童蒙须知》《学则》《训蒙斋规》作为童蒙教材,要求儿童教育应形象、生动,使儿童乐于接受,这对于激发儿童的

---

① 颜之推.颜氏家训集解[M].上海:上海古籍出版社,1980:1.
② 韩愈.韩昌黎集·进学解[M].上海:商务印书馆,1933:78.
③ 孙培青.中国教育史[M].上海:华东师范大学出版社,1992:390.
④ 唐淑,钟昭华.中国学前教育史[M].北京:人民教育出版社,1993:48.
⑤ 唐淑,钟昭华.中国学前教育史[M].北京:人民教育出版社,1993:48.
⑥ 孙培青.中国教育史[M].上海:华东师范大学出版社,1992:390.
⑦ 孙培青.中国教育史[M].上海:华东师范大学出版社,1992:390.

学习兴趣、养成儿童良好的生活习惯与学习习惯具有积极的意义。朱熹是继孔子之后的又一大教育家，其教育思想深深影响了后世的儿童教育观念，也引发了以儿童喜闻乐见的歌谣、韵文方式编撰童蒙教材的热潮。

明代的王守仁认为儿童正处在一个重要的发展时期，儿童的精力、身体、智力等方面都在不断发展中，精气日足，筋力日强，聪明日开，主张根据儿童的发展状况和个性特点来量力施教，"随人分限所及"发展他的才能和专长。"我辈致知，只是各随分限所及。……与人论学，亦须随人分限所及。"① 如同树刚刚萌芽，只能用少量的水浇灌；萌芽再长，便又加水。"若些小萌芽，有一桶水在，尽要倾上，便浸坏他了。"② 王守仁呼吁教育者不仅要考量儿童认知发展的共性，还要关注个体发展差异，针对每个人的个性差异，因材施教，就像良医之治病，对症下药。"夫良医之治病，随其病之虚实、强弱、寒热、内外，而斟酌、加减、调理、补泄之，要在去病而已。"③ "因人而施之，教也，各成其材矣，而同归于善。"④ 王守仁因材施教、各成其材的思想，承认了个性化发展的必要性，对抹杀儿童个性的传统教育是一个有力的批判。王守仁还揭露和批判当时的儿童教育不顾儿童的身心特点，实施粗暴的体罚教育手段，"鞭挞绳缚，若待拘囚"⑤。用鞭责打，用绳缚绑，对待儿童就像对待囚犯一样，使得儿童"视学舍如囹狱而不肯入，视师长如寇仇而不欲见"⑥。王守仁的揭露与批判切中时弊，入木三分，是继颜之推之后又一棍棒教育反对者和疾呼者，成为了中国教育史上"儿童发现"的先驱。

王夫之亦提倡教学应"深知其心""因人而进""因材而授"。王夫之指出，儿童之间存在着个别差异，"质有不齐""志量不齐"、德性不同、知识不等，教师应首先熟悉、了解学生。"始则视其质，继则问其志，又进而观其所勉与其所至，而分量殊焉。"⑦ 在此基础上根据儿童的实际情况，有针对性地施教，即"因人而进"。"必知其人德性之长而利导之，尤必知其人气质之偏而变化之。"⑧ "顺其所易，矫

---

① 孙培青.中国教育史[M].上海：华东师范大学出版社，1992：434.
② 孙培青.中国教育史[M].上海：华东师范大学出版社，1992：434.
③ 唐淑，钟昭华.中国学前教育史[M].北京：人民教育出版社，1993：57.
④ 唐淑，钟昭华.中国学前教育史[M].北京：人民教育出版社，1993：57.
⑤ 唐淑，钟昭华.中国学前教育史[M].北京：人民教育出版社，1993：55.
⑥ 孙培青.中国教育史[M].上海：华东师范大学出版社，1992：433.
⑦ 孙培青.中国教育史[M].上海：华东师范大学出版社，1992：480-481.
⑧ 孙培青.中国教育史[M].上海：华东师范大学出版社，1992：480.

其所难，成其美，变其恶，教非一也，理一也，从人者异耳。"[1]"君子之教因人而进之，有不齐之训焉。"[2]就是说，虽然具体教学方法各不相同，但道理是一样的，就是因人而异。如果不顾儿童的个别差异，采取"一概而施"，将会造成躐等之失，教学难以成功。颜元主张："人之质性各异，当就其质性之所近，心志之所愿，才力之所能以为学，则易成圣贤，而无龃龉捍格、终身不就之患。"（《四书正误·卷六·孟子下》，颜元）他认为人具有个别差异性，如果能够依据每个人的质性、心志和才力进行教育，则人人可成圣贤。戴震也表达了同样的观点，并认为不因人施教如同杀人。"因材质而进之以学，皆可至于圣人。""不别其性，则杀人也。"（《孟子字义疏证》，戴震）郑观应强调"别类分门，因材施教"（《盛世危言·女教》，郑观应），才能有利于儿童的发展。由此可见，了解儿童，因材施教，促进每一个儿童的个性化成长已成为教育家们共同的愿望。

"因材施教"由孔子倡导实施，得到了历代教育家的关注，并对其进行充实和完善，其间经历了一个漫长的发展过程，成为儿童教育的一项基本原则。"因材施教"的关键是研究儿童、认识儿童，并将研究儿童、认识儿童作为教育的起点。在"因材施教"思想的引导下和践行中，人们逐渐发现了儿童，教育视角逐渐由成人转向儿童，成为一股扭转中国传统儿童观念的重要力量。

（三）道法自然中的儿童尊重

"人法地，地法天，天法道，道法自然。"[3]老子认为，道、天、地、人都是自然存在的，人效法大地，大地则依法于天，天则效法道，以道为其运行的依规，道则以自然为归。换言之，自然是贯穿于人、地、天、道之中的，是极根本、极普遍的原则。"自"的甲骨文 有两义：一指"鼻子"，一指"自己"。"自"字在《老子》中频繁出现，多指"自己"。《广雅·释话》："然，成也。"《礼记·大传注》："然，如是也。""然"字在《老子》中也均作"如是"即"如此"讲。"自然"亦即为"自己的本来样子"。"道法自然"也就是"道效法其本来自性"。"道"是宇宙生命自然运行的总法则。"道"的运行就是自然而然。"人法地，地法天，

---

[1] 孙培青.中国教育史[M].上海：华东师范大学出版社，1992：480.
[2] 孙培青.中国教育史[M].上海：华东师范大学出版社，1992：480.
[3] 老聃.老子[M].梁海明，译注.太原：山西古籍出版社，1999：44.

天法道，道法自然。"①包含了人→地→天→道→自然的逻辑论证次序，由此可引申出人的行为处事法则为"顺其自然"，"道法自然"即"人法自然"。老子从论述自然之道出发，以道法自然为核心，倡导"处无为之事、行不言之教"②。万物的生成变化本来就是一个自然而然的过程，任何外力的参与和干预都是不必要的。只有顺其自然，让事物自由发展，才是唯一合理的"有为"，即"为无为，事无事"③。"不言之教"是指顺应本性的潜移默化，任凭其自由生长发展，以顺其自然的"无为"而"自化"，使人趋向谐和。老子的"道法自然"意在追求天人合一、顺其自然的教育境界，奠定了中国的自然人本教育思想基础。

  庄子是老子思想的后继者，他反对人为的教育，重视自然的教育，强调任其自然。"修④道理之数，因天地之自然，则六合不足均也。"⑤这是说，只要遵循事物的普遍法则，根据天地本来的样子去对待事情，认识和处理天下事物也不难。汉初的黄老之学在教育上提倡"任性当分"，提出"因性而教"，即施教应顺人性而为之，并指出了对人的生理条件和要求的关注，强调对人的个性的尊重，反对过于压抑人性。魏晋南北朝时期的嵇康认为当时的教育是以提倡"名教"的幌子来进行的违反人性的、虚伪的教育，主张教育要符合自然发展的规律，提出了"越名教而任自然"的观点，强调只有遵循本性而非强迫的教育，才能使人获得更好的发展。柳宗元强调"顺木之天，以致其性"，主张教育顺性而教，才能收到最佳效果。在《种树郭橐驼传》一文中，柳宗元借郭橐驼的口来阐述自己的教育主张："能顺木之天以致其性焉尔。凡植木之性，其本欲舒，其培欲平，其土欲故，其筑欲密。既然已，勿动勿虑，去不复顾。其莳也若子，其置也若弃。则其天者全，而其性得矣。"⑥人的成长具有规律性，教育要遵循儿童自然发展的内在天性，即"顺木之天"，关注儿童的生命发展需求，才能让儿童得到"硕茂早实以蕃"的结果，也就是"以致其性"。"他植者则不然，根拳而土易，其培之也，若不过焉则不及。

---

① 老聃.老子[M].梁海明，译注.太原：山西古籍出版社，1999：44.
② 老聃.老子[M].梁海明，译注.太原：山西古籍出版社，1999：5.
③ 老聃.老子[M].梁海明，译注.太原：山西古籍出版社，1999：113.
④ 修即"循"字之讹，转引自任继愈.中国哲学史（第二册）[M].北京：人民出版社，1966：57.
⑤ 陈广忠.淮南子·原道训[M].北京：中华书局，2012：15.
⑥ 柳宗元.柳宗元选集·种树郭橐驼传[M].吴文治，选注.北京：人民教育出版社，1998：110.

儿童观

苟有能反是者，则又爱之太恩，忧之太勤，旦视而暮抚，已去而复顾，甚者爪其肤以验其生枯，摇其本以观其疏密，而木之性日以离矣。虽曰爱之，其实害之；虽曰忧之，其实仇之，故不我若也。"①柳宗元借树喻人，强调树人如同树木，揭露当时的教育者违背儿童的生命规律、无视儿童的发展需求，批判以爱之名行害儿童之实，呼吁教育者应了解儿童的生命成长规律和发展需求，教育要顺其自然，不可揠苗助长、动辄体罚，体现了其朴素的自然教育观念。

明代的李贽主张"童心"，认为童心是"真心"，提倡"随其资性，一任其道"，主张重视发展儿童的个性，强调因材施教，让每个儿童都得到充分的发展。②王守仁以草木比喻儿童的性情，提出儿童教育必须顺应儿童的天性。"大抵童子之情，乐嬉游而惮拘检，如草木之始萌芽，舒畅之则条达，摧挠之则衰痿。"③儿童性情好动，喜欢嬉戏玩耍，而害怕受拘束和禁锢，就像草木刚刚萌芽，顺应其自然生长则茂盛，若人为摧折则枯萎。王守仁主张教育应根据儿童的生理、心理特点，从积极方面入手，顺导儿童性情，促其自然发展。"今教童子，必使其趋向鼓舞，中心喜悦，则其进自不能已；譬之时雨春风，沾被卉木，莫不萌动发越，自然日长月化。"④顺导儿童性情进行教育，就如同时雨春风滋润草木一样，日长月化，生意盎然。反之，如果教育违背儿童生命的自然特性，压抑儿童的生命，儿童就如同遭遇冰霜的花木，"生意萧索，日就枯槁"⑤。因此，教育必须遵循儿童的生命规律，顺其自然而为之。由此可见，中国的"道法自然"与西方自然主义教育具有异曲同工之妙！

"自然"是指事物自身固有的、是其所是的根据和自身活动的内在根源，"自然"之法便是天地之道。探索宇宙之"自然"，认识人之"自然"，把握儿童之"自然"，中国先哲孜孜以求于"循自然而教"。"道法自然"言说了对天、地、人之"自然"的敬畏，更彰显了对儿童生命的尊重。

---

① 柳宗元.柳宗元选集·种树郭橐驼传［M］.吴文治，选注.北京：人民教育出版社，1998：110.
② 刘晓东.儿童精神哲学［M］.南京：南京师范大学，2003：1.
③ 唐淑，钟昭华.中国学前教育史［M］.北京：人民教育出版社，1993：54.
④ 唐淑，钟昭华.中国学前教育史［M］.北京：人民教育出版社，1993：55-55.
⑤ 唐淑，钟昭华.中国学前教育史［M］.北京：人民教育出版社，1993：55

（四）中西融合中的儿童本位

1840年鸦片战争后，西方列强的侵略和掠夺让中国进入了苦难与屈辱的历史阶段，林则徐首倡了解"西方"，学习其先进的技术。龚自珍、魏源等有识之士也要求改革旧教育，主张研习"经世致用之学"。在"西学东渐"中，奕䜣、曾国藩、李鸿章等洋务派在"自救""自强"思想指导下，将"师夷长技"的思想付诸实践，兴办新式学堂、派遣留学生……轰轰烈烈的洋务教育拉开了中国近代教育改革的序幕，成为中国教育发展的历史转折点。受"西学"影响的康有为主张"变科举，兴学校"，为了救国救民撰写《大同书》，倡导教育平等，特别重视女子教育，规定了从出生到20岁的义务教育年限，构想了相应的前后衔接的学校系统，并进行了儿童年龄分期，力图按年龄特征进行教育，尤其强调胎教的意义，呼吁重视幼稚教育。"不论男女，择其专学精深奥妙实验有得者为之。"[①]"人本院：已怀孕的妇女进入人本院，接受胎教。育婴院：婴儿在人本院到6个月，断乳后，进育婴院，接受学前教育，至5~6岁。小学院：儿童在此受初等教育，至10岁。中学院：从10岁到15岁，接受中等教育。大学院：从16岁到20岁接受高等教育。"[②]康有为依据儿童的身心特点，主张育婴院阶段的教育应"养儿体、乐儿魂、开儿知识"[③]。小学院的教育应"以育德为先"，"以养体为主，而开智次之"[④]。中学院是打好"一生之学根本"的阶段，除养体和开智以外，应以育德为重。大学院是"专以开智为主"的教育，应由学生"各从其志，各认专门之学以求专科之师"[⑤]。康有为的学校教育系统具有时代前瞻性，其大同教育主张对冲破传统教育藩篱具有重大的冲击作用，成为中国儿童公育和女子教育的开路先锋，后梁启超、严复、蔡元培、周作人等也重视女子教育，汇聚成中国女子教育和妇女解放的思想洪流。

1904年，清政府公布了由张百熙、张之洞、荣庆拟定的《奏定学堂章程》，是中国第一个比较完整、公布并在全国施行的学制。学制分为三段七级：第一阶

---

① 孙培青.中国教育史[M].上海：华东师范大学出版社，1992：562.
② 孙培青.中国教育史[M].上海：华东师范大学出版社，1992：561-562.
③ 孙培青.中国教育史[M].上海：华东师范大学出版社，1992：562.
④ 孙培青.中国教育史[M].上海：华东师范大学出版社，1992：562.
⑤ 孙培青.中国教育史[M].上海：华东师范大学出版社，1992：562.

儿童观

段为初等教育，设蒙养院、小学堂和高等小学堂；第二阶段为中等教育，设中学堂；第三阶段为高等教育，设高等学堂或大学预科、分科大学、通儒院。蒙养院四年，招收3~7岁的幼儿，通过游戏、手工等方式进行教育，宗旨是："发育其身体，渐启其心知，使之远于浇薄之恶风、习于善良之轨范。"① 初等小学堂五年，7岁入学，以"启其人生应有之知识，立其明伦理爱国家之根基，并强调儿童身体，令其发育"② 为宗旨。高等小学堂四年，以"培养国民之善性，扩充国民之知识，强壮国民之气体"③ 为宗旨。中学堂五年，以"施较深之普通教育，俾毕业后不仕者从事于各项实业，进取者升入各高等专门学堂均有根柢"为宗旨。《奏定学堂章程》为中国新型学制的建立奠定了基础，在教学方法上提倡启发，在小学阶段要求废除体罚。"凡教授儿童，须尽其循循善诱之法，不宜操切而害其身体。"④ 曾详细描述严师之打的郭沫若，记录了其教师从"以打为教"向"以儿童为本位"的转变，体现了"儿童本位"的思想已在有识之士心中蔓延。"我们独能开风气之先，即早便改革了过来，这儿却不能不说是人力了。我们沈先生的锐意变法，这是他卓识过人的地方。像他那样忠于职守，能够离开我见专以儿童为本位的人，我半生之中所见绝少。当然他起初也打过我们，而且很严峻的打过我们，但那也并不是出于他的恶意，因为打就是当时的教育，但他能以尖锐的角度突然转变过来，他以后便再没有用刑具来打过我们了。"⑤ 然而，《奏定学堂章程》所涉及的整个教育系统不设女子教育，存在着严重的性别歧视。直至1912年颁布实施的《壬子·癸丑学制》才首次提及了女子教育，初等小学男女同校，并单独设立女子高等小学、女子中学、女子师范和女子实业学校，在中国教育史上第一次规定了男女平等教育，实现了性别平等和女子获得受教育权的最大突破。1905年科举废除后，教育领域掀起了积极学习、引进西方近代教育的热潮，西方教育思想被大量介绍到中国，构成了中国教育史上一个以科学与民主为主题和核心的百

---

① 孙培青.中国教育史［M］.上海：华东师范大学出版社，1992：576.
② 孙培青.中国教育史［M］.上海：华东师范大学出版社，1992：576.
③ 孙培青.中国教育史［M］.上海：华东师范大学出版社，1992：576.
④ 课程教材研究所.20世纪中国中小学课程标准·教学大纲汇编［M］.北京：人民教育出版社，2001：3.
⑤ 张倩仪.再见童年：消逝的人文世界最后回眸［M］.北京：世界图书出版公司北京公司，2012：45-46.

花齐放、百家争鸣的时期,猛烈冲击了中国的传统教育,展示了中国教育的发展方向,标志着中国近代教育向现代化教育的转化,并构成了中国现代教育的基本格局,为儿童解放奠定了基础。

深受德国哲学家康德影响的蔡元培,融合中国传统因材施教思想和道法自然思想,提出"尚自然,展个性"的教育主张。"教育者,与其守成法,毋宁尚自然;与其求划一,毋宁展个性。"①蔡元培批判传统教育对儿童个性的束缚,提倡打破教育划一的模式,要求教育应关注儿童的不同特点,因材施教,让儿童自由发展。蔡元培特别提倡教师要研究儿童,确立儿童在教育活动中的主体地位。"昔之教育,使儿童受教于成人;今之教育,乃使成人受教于儿童。何谓成人受教于儿童?谓成人不敢自存成见,立于儿童之地位而体验之,以定教育之方法。"②蔡元培"尚自然,展个性"的儿童教育思想蕴含着中西文化教育融合的精髓,是超越国界、超越现实、超越时代的,对当今的儿童观念仍具有重要启示。随着西方教育思想的引入,中国先进知识分子高举"民主""科学"两面旗帜,倡导个性解放,挣脱封建观念的束缚,要求发现人、发现儿童。在"人的发现"与"儿童的发现"以及"教学心理化"运动的历史氛围中,蔡元培、鲁迅、周作人等新文化倡导者由"人的发现"到"妇女的发现"再到"儿童的发现",发出了"救救孩子""解放儿童"这一振聋发聩的呐喊,成为中国"儿童解放"的标志。

受西方"儿童本位"思想的影响,鲁迅于1919年写成的《我们现在怎样做父亲》,堪称中国儿童观转变的宣言书。③鲁迅批判了中国传统的儿童观,认为把儿童当作家庭和父母的私有财产与附属品是不道德的,反对把儿童当作缩小的成人。鲁迅指出:"父母对于子女,应该健全的产生,尽力的教育,完全的解放。"④"长者须是指导者协商者,却不该是命令者。"⑤他认为:"以幼者弱者为本位,便是最合于这生物学的真理的办法。"⑥因此,他发出建立新儿童观的呼吁:"一切设

---

① 高平叔.蔡元培教育文选[M].北京:人民教育出版社,1980:19.
② 蔡元培.蔡元培全集(第二卷)[M].杭州:浙江教育出版社,1997:177.
③ 朱自强,罗贻荣.中美儿童文学的儿童观:首届中美儿童文学高端论坛论文集[M].北京:中国社会科学出版社,2015:11.
④ 鲁迅.鲁迅选集[M].北京:线装书局,2007:13.
⑤ 鲁迅.鲁迅选集[M].北京:线装书局,2007:11.
⑥ 鲁迅.鲁迅选集[M].北京:线装书局,2007:11.

儿童观

施,都应该以孩子为本位。"①并倡导家长:"自己背着因袭的重担,肩住了黑暗的闸门,放他们到宽阔光明的地方去。"②鲁迅"解放儿童"的呼号震撼着世人,代表着觉醒一代的中国人完全崭新的儿童观。周作人反对中国传统的"男子中心"观念,为儿童和妇女争得做"人"的权利,明确提出妇女解放和儿童解放。"近代的文明实在只是从女人除外的男人的世界所成立,而这男人的世界又只是从儿童除外的世界所成立的。现在这古文明正放在试炼之上了。女人的解放与儿童的解放,——这二重的解放,岂不是非从试炼之中产生出来不可么?"③周作人批判传统的儿童观,强调应把儿童当做正当的、独立的人来对待,发出了"救救孩子"的呐喊。"以前的人对于儿童多不能正当理解,不是将他当作小型的成人,期望他少年老成,便将他看作不完全的小人,说小孩懂得什么,一笔抹杀,不去理他。现在才知道儿童在生理心理上虽然和大人有些不同,但他仍是完全的个人,有他自己内外两面的生活。这是我们从儿童学所得来的一点常识,假如要说救救孩子,大概都应以此为出发点的。"④周作人认为现代儿童观应包含三个方面的含义:(1)把儿童当人看;(2)把儿童当儿童看;(3)尊重儿童的独立人格。周作人的《儿童的文学》可以说是一篇关于创建中国现代意义儿童观的宣言书,与鲁迅的《我们现在怎样做父亲》相呼应,成为中国儿童观转型的两把钥匙,使得"儿童本位"逐渐进入大众视野。周氏兄弟在"发现儿童"实践中走在了时代的最前端,立于了时代的最高处,对于中国后世儿童观的发展具有巨大的引领性作用。

"五四"运动后,人们为了探讨中国教育的出路,把形形色色的西方教育理论、学说、思潮统统介绍进来,出现了又一个声势浩大的宣传、介绍西方教育理论、教育学说的热潮。其中,影响最大的莫过于杜威的实用主义教育思想,并"成为我国新式小学和幼儿园的指导思想"⑤。1919 年 4 月底,杜威来到中国讲学,大力宣传他的实用主义哲学和教育理论。至 1921 年 7 月离开中国,杜威足迹遍及 11 省,其教育思想对中国的教育影响巨大。正如胡适所说:"自从中国和西洋文化

---

① 鲁迅.鲁迅选集[M].北京:线装书局,2007:11.
② 鲁迅.鲁迅选集[M].北京:线装书局,2007:11.
③ 周作人.周作人译文全集(第 8 卷)[M].止庵,编.上海:上海人民出版社,2012:480.
④ 周作人.苦茶——周作人回想录[M].兰州:敦煌文艺出版社,1995:538-539.
⑤ 李定开.中国学前教育[M].重庆:西南师范大学出版社,1990:288.

接触以来，没有一个外邦学者在中国思想界的影响有杜威这样大。"①他在中国历时两年的演讲与巡回报告，在极广泛的意义上推动了中国的教育民主化进程和儿童观的更新。陶行知和陈鹤琴两位儿童教育的先驱更是为建立中国的、崭新的儿童教育观而身体力行，开创了中国历史上研究儿童、尊重儿童、理解儿童的先河。1922年我国制定新学制，明令实施"儿童中心"的教育。陶行知、陈鹤琴等教育家针对当时中国的实际情况，潜心研究儿童、研究儿童教育，特别是经过长期的实践和理论研究，在中西融合中形成了符合中国国情的儿童教育理论，将"儿童本位"的观念转化为实际行动，"儿童解放"在中国得以发扬光大。

陶行知受杜威教育思想影响，继承了卢梭"把儿童看作儿童"的儿童观，提出了"小孩子毕竟是小孩子"②的儿童观和"六大解放"的著名命题。陶行知批判成人主宰世界，反对成人总是把儿童当作小大人，漠视儿童的需要、能力、兴趣和情感，漠视儿童的存在。"世上一切既为大人所有，小孩子如果要想分一点肥，只有一个法子。非大人话不敢说，非大人之行不敢动。他必须学做一个小大人，才能得大人之宠而共大人之产，于是：规矩和奶一起吃，六岁已变小老翁。"③陶行知倡导"从前世界属大人，以后世界属儿童"④，呼吁"要从成人的残酷里把儿童解放出来"⑤。"在大人的世界之遗迹上，我们要创造儿童的世界。儿童世界里，只有真话没有谣言，只有理智没有恐怖，只有创业没有享福，只有公道没有残酷，只有用的书没有读的书，只有人——只有人中人，没有人上人，没有人下人，没有奴隶。"⑥陶行知要求解放儿童，提出"六大解放"：（1）解放他的头脑，使他能想；（2）解放他的双手，使他能干；（3）解放他的眼睛，使他能看；（4）解放他的嘴巴，使他能谈；（5）解放他的空间，使他能到大自然大社会里取得丰富的学问；（6）解放他的时间，不把他的功课表填满。⑦"儿童的世界是要由儿童自己动手去创造，我们要停止一切束缚，使儿童可以自由活动，这儿童的世界，才有出现的

---

① 耿云志.中国近代思想家文库·胡适卷[M].北京：中国人民大学出版社，2015：194.
② 徐明聪.陶行知幼儿教育思想[M].合肥：合肥工业大学出版社，2009：75.
③ 徐明聪.陶行知幼儿教育思想[M].合肥：合肥工业大学出版社，2009：75.
④ 徐明聪.陶行知幼儿教育思想[M].合肥：合肥工业大学出版社，2009：75.
⑤ 陶行知.陶行知选集（第1卷）[M].北京：教育科学出版社，2011：395.
⑥ 徐明聪.陶行知幼儿教育思想[M].合肥：合肥工业大学出版社，2009：77.
⑦ 周洪宇.陶行知生活教育导读[M].福州：福建教育出版社，2013：249-253.

儿童观

可能。所以我们最重要的工作在解放儿童的头脑和双手,儿童的手脑一经解放,这新的儿童世界自然会应运而来了。"① 陶行知要求尊重儿童的人权,要让儿童成为现在的主人。"'儿童是未来的主人翁。'这句话反映着一个传统的态度。表面上看去好像是一种期望,其实是一种变形的抹煞,抹煞了儿童的现在的资格。儿童是现在的小主人!"② 陶行知强调儿童有自己独特的需要和能力,教育必须根据儿童的需要和能力因材施教。"有许多相异的能力,有因年龄不同的,有因环境不同的,有因天性不同的。由这许多的不同,所以其结果的能力,就大有差别。我们教育儿童,就要按照各个儿童的能力去教授。……设法去辅助他,使他能力发展。"③ "办教育的,就要按着时势而进行,依合着儿童的本能去支配。"④ "只要能因势利导,他们——儿童——个个都是思想自由的天使,创造的天使,建设的天使"⑤ "我们在加入小孩子的队伍里的时候,立刻发现,小孩子的力量是出人意料之大。"⑥ 他批判当时的教育是"死教育",呼吁要把"死教育"改变为"活教育",把儿童当作"活的人",实施符合儿童好奇心、兴趣、能力和个性差异的"活教育",使儿童生动活泼地成长。"活的教育,好像在春光之下,受了滋养料似的,也就能一天进步似一天,换言之,就是一天新似一天。"⑦ 陶行知重视幼稚教育,认为幼稚教育事关国家前途命运。"教人要从小教起。幼儿比如幼苗,必须培养得宜,方能发荣滋长。否则幼年受了损伤,即不夭折,也难成材,所以小学教育是建国之根本;幼稚教育尤为根本之根本。小学教育应当普及,幼稚教育也应当普及。"⑧ 因此,他大声疾呼:"有志之士,起而创设幼稚园,以正童蒙。"⑨

受陶行知影响,为改革当时的"死教育",陈鹤琴根据儿童心理学研究及教

---

① 徐明聪.陶行知幼儿教育思想[M].合肥:合肥工业大学出版社,2009:77.
② 陶行知.陶行知文集(下卷)[M].南京:江苏教育出版社,2008:539-540.
③ 周洪宇.陶行知教育名篇精选[M].福州:福建教育出版社,2013:30.
④ 陶行知.陶行知幼儿教育名篇选读[M].喻琴,喻本伐,编.武汉:长江少年儿童出版社,2014:9.
⑤ 陶行知.陶行知选集(第2卷)[M].北京:教育科学出版社,2011:15.
⑥ 徐明聪.陶行知幼儿教育思想[M].合肥:合肥工业大学出版社,2009:83.
⑦ 陶行知.陶行知幼儿教育名篇选读[M].喻琴,喻本伐,编.武汉:长江少年儿童出版社,2014:5.
⑧ 戴自俺,龚思雪.陶行知幼儿教育的理论与实践[M].成都:四川教育出版社,1987:44.
⑨ 戴自俺,龚思雪.陶行知幼儿教育的理论与实践[M].成都:四川教育出版社,1987:32.

育实践，吸收了杜威教育思想，结合中国当时实际，通过开展一系列的"活教育"实验研究，构建出一整套适合中国儿童身心发展及国情的"活教育"理论。陈鹤琴主张深入到儿童世界之中，通过认真观察研究，充分了解儿童身心发展特点。他在高校首开《儿童心理学》课程，不仅介绍当时许多国外知名心理学家的研究成果，还最早运用观察实验的方法，系统地研究我国儿童的心理发展。陈鹤琴以其子女为研究对象，写成《儿童心理之研究》和《家庭教育》，阐释了儿童心理发展的一般规律与年龄特点，提出了儿童研究和儿童教育重建的时代课题，促进了儿童研究和教育的科学化。其所著《家庭教育》涉及儿童家庭教育的方方面面，融生理学、心理学、教育学、社会学、美学等基本知识于一体，可谓具有中国特色的科学化、民主化、游戏化、艺术化的家庭教育"百科全书"，得到了陶行知的高度肯定与赞誉，特为其作序《愿与天下父母共读之》。"这本书是儿童幸福的源泉，也是父母幸福的源泉。"① "以科学的头脑，母亲的心肠做成此书。"② "系近今中国出版教育专著中最有价值之著作。"③ "中国做父母的必读之书也不为过。"④ 基于心理学研究成果，陈鹤琴认为"人的儿童期实在是预备适应环境的重要时期"⑤，强调"人生一切的活动都要在儿童期内发展"⑥。"儿童期是发展个人的最好机会。什么语言，什么习惯，什么道德，什么能力，在儿童的时候学习最速，养成最易，发展最快。"⑦ 他明确界定了儿童期的含义："我们的儿童期就含这两方面意思：一方面儿童期是发展能力的时期，一方面儿童期具有可以发展的性质，此即所谓可塑性或谓可教性。"⑧ 陈鹤琴认为儿童不是小大人，呼吁要尊重儿童、爱护儿童。"儿童的心理与成人的心理不同，儿童时期不仅作为成人之预备，亦具他本身的价值，我们应当尊重儿童的人格，爱护他的烂漫天真。"⑨ 他

---

① 陈鹤琴.陈鹤琴全集（第2卷）[M].南京：江苏教育出版社，1989：673.
② 陈鹤琴.陈鹤琴全集（第2卷）[M].南京：江苏教育出版社，1989：673.
③ 陈鹤琴.陈鹤琴全集（第2卷）[M].南京：江苏教育出版社，1989：670.
④ 陈鹤琴.陈鹤琴全集（第2卷）[M].南京：江苏教育出版社，1989：673.
⑤ 陈鹤琴.陈鹤琴全集（第1卷）[M].南京：江苏教育出版社，1987：59.
⑥ 陈鹤琴.陈鹤琴全集（第1卷）[M].南京：江苏教育出版社，1987：58-59.
⑦ 陈鹤琴.陈鹤琴全集（第1卷）[M].南京：江苏教育出版社，1987：59.
⑧ 陈鹤琴.陈鹤琴全集（第1卷）[M].南京：江苏教育出版社，1987：58.
⑨ 陈鹤琴.陈鹤琴全集（第1卷）[M].南京：江苏教育出版社，1987：9.

儿童观

指出"幼稚期（自出生至七岁）是人生最重要的一个时期"[①]，应当把幼稚期的教育当作整个教育的基础。陈鹤琴通过揭示儿童的心理特点提出儿童的"活教育"原则，建构了具有科学基础的、"以儿童为中心"的儿童观体系。

自此，儿童问题成为社会改造所聚焦的中心，"儿童本位"成为时代最为激荡的声音，一大批社会精英为儿童代言、为儿童发声，呼吁解放被压迫的儿童。丰子恺以漫画的形式生动揭露了成人世界里儿童的苦难，批判传统的成人本位的儿童观，并展现了其"儿童崇拜"之心。"成人笑他们'傻'，称他们的生活为'儿戏'，常常骂他们'淘气'，禁止他们'吵闹'。这是成人的主观主义看法，是不理解儿童心理的人的粗暴态度。"[②]丰子恺"设身处地"体验儿童的生活，创作漫画作品《设身处地做了儿童》，表现了以成人为中心的儿童生活，儿童被要求按照成人的方式生活、成长，体现了成人世界对儿童的忽视，造成了儿童在现实生活中的困境和精神上的痛苦。"在精神生活上也都以成人为标准，以成人观感为本位，因此儿童在成人的家庭里精神生活很苦痛。"[③]丰子恺发现了儿童世界与成人世界的不同："由于'热爱'和'亲近'，我深深地体会了孩子们的心理，发现了一个和成人世界完全不同的儿童世界。……儿童的世界非常广大自由。"[④]他呼吁："世间的大人们，你们是由儿童变成的，你们的'童心'不曾完全泯灭。你们应该时时召回自己的童心，亲身去看看儿童的世界，不要误解他们，虐待他们，摧残他们的美丽与幸福，而硬拉他们到这枯燥苦闷的大人的世界里来！"[⑤]丰子恺带着新的眼光充分展现了"儿童崇拜"的观念，代表了当时社会精英们解放儿童的渴望，也反映了中国传统的"成人本位"儿童观转向"儿童本位"儿童观的真实社会写照。

19世纪末到20世纪初，西方儿童观的输入为中国传统儿童观念的改造与更新提供了学习的榜样，中西思想的融合促使中国本土儿童观念达成一种蜕变。虽然还没有在全社会形成一个尊重儿童、爱护儿童、研究儿童、教育儿童的有益氛围，但在鲁迅、周作人、陶行知、陈鹤琴等人的推动下，社会精英不仅关注儿童身体的解放，更关注儿童精神的解放，展开了对封建儿童观的猛烈批判，力图对

---

① 陈鹤琴.陈鹤琴全集（第2卷）[M].南京：江苏教育出版社，1989：674.
② 刘晓东.儿童教育新论[M].南京：江苏教育出版社，1998：57.
③ 刘晓东.儿童教育新论[M].南京：江苏教育出版社，1998：57.
④ 刘晓东.儿童教育新论[M].南京：江苏教育出版社，1998：57.
⑤ 楚江亭.名家儿童观中的教育之道[M].上海：华东师范大学出版社，2015：172.

中国根深蒂固的儿童观、教育观进行彻底变革,甚至响亮地提出了"儿童本位"观,竭力主张要"理解"儿童,"尊重"儿童,要任"儿童的天性自由发展",开启了中国科学的儿童发现之旅,为中国的儿童研究与儿童教育奠定了坚实的基础。

  在古老中国的历史情境中,儿童被残害、责打、凌辱等历史问题非常严重。同时,传统中国的儿童又是极受重视的对象,自孕育便受到成人价值观指向的"注目",使得"冰火两重天"的儿童存在独具中国特色。中国古代对儿童的理解是在一种社会理想人格的憧憬和召唤中进行的,在儿童身上,深刻体现着特定时期社会及其文化的基本特征、价值观念和总体追求,儿童是社会理想人格的现实代表。人性之争,是认识儿童、了解儿童的根本出发点,成为我国传统儿童观的滥觞。在传统幼医的生命照护和儿童教育的因材施教、道法自然思想交织并行中,中国人对儿童的认知与态度在曲折变化中呈现出前进的姿态,并在西方儿童观念影响下实现了"儿童本位"观的转换。通过历史图景的展现,条分缕析,由远及近,阐释中国儿童观念演变之细节,认识、了解过去中国儿童观念的最基本的层次和态度。从古代一个重权威、训管型的社会,到近代走向同情开放的态度,是代表部分掌权的成人,放弃其权威、训管,转而持一了解协助儿童的角度,人们亦逐渐脱离成人的自我中心,从利己出发逐渐转向尽量从利他的角度养育儿童。过去照顾、关怀、引导幼儿的成人,由既定、独断与强势的做法,慢慢走向一种较为谦逊协商式的态度,尝试以儿童为主体,将重心从成人的集体目标转移到儿童的个别需要,考虑能否尽量以儿童的立场和眼光来体会儿童的处境,从儿童本身的感受来考虑儿童的问题。成人逐渐放弃了一些固定的假设,这些转换与放弃反映了傲慢的文化习惯和偏执的成人观念的变化,体现了社会文明的进步。这是一段漫长的里程,但它仍然只是一个开始,理想主义色彩的"儿童本位"观并未走进大众的内心深处,科学的儿童观依然需要厘清、唤醒。在整个里程中,正是有了一代代先贤们智慧的凝结和奋力的呼号,才实现了儿童认知之路上的发现与解放。今日不同于昨日,而明日又将不同于今日,但今天是所有的昨天协力作用的结果,明天也将如此。对于儿童研究者来说,最重要的是把过去作为序幕加以研究,继续进行深入的学术探讨,不断发现、研究儿童,使"儿童本位"观念成为社会共识。

第三章

ERTONGQUEWEIDE
JIAOYU XIANSHI

"儿童缺位"的教育现实

在人类社会漫长的发展过程中，人们对儿童的认识不尽相同。随着历史的演进，人们的儿童观也相应地演进着。首先从过去的世界里找出差异，然后才能发现古今中外的相同之处。"儿童之际遇，童年之意蕴，由过去而晚近，在中国或他地甚至可能牵出迥然相反的情景。"①大浪淘沙，散落在历史沙滩上的思想珍珠，用逻辑之线串起了对儿童的认知。追寻历史，可以深切地感受到儿童观念与教育前进脉搏的跳动，先哲们无不把认识和研究儿童作为教育的前提。在这个意义上，与其说教育培养了儿童，不如说不同时期对儿童的发现造就了"教育"。认识儿童、发现儿童贯穿了整个教育史，从西方"认识你自己"到杜威的"儿童中心"，从中国的人性争论到因材施教，"发现儿童"成为中外教育的历史主脉络。不断发现儿童生命真谛，基于儿童的身心特点，把潜伏在儿童身体内部的能力及其幼芽巧妙地引出来，成为先哲们前仆后继、努力探索的主旋律。一部人类文明史就是人不断认识自己、发现自己的历史，一部教育史也是人不断揭示童年秘密、发现儿童的历史。我们追寻的结果是有价值的，先哲们的历史足迹已清晰昭示："在整个教育中，儿童是起点，是中心，而且是目的。"②——这将为我们研究儿童与儿童教育架起一座桥梁。

认识儿童、理解儿童，不仅要走一段遥远的历史路程，还要穿越当下教育丛林，小心谨慎地考察教育现场，综合纵向历史追寻和横向当下考量，基于教育现实构筑儿童观念与儿童教育之路。然而，在浓密的当下教育丛林中，先哲们带有强烈的理想主义色彩的儿童观并未能在中国大地上生根开花，"儿童缺位"的教育现实意味着新时代的人们依然没有真正"发现儿童"，认识儿童、理解儿童、尊重儿童还未成为社会共识，科学儿童观之路依然任重道远。

一、家庭教育中的"拔苗助长"

儿童是父母生命的延续，是家庭的希望，儿童仍然是千百年来光耀门楣和传宗接代的工具，这种传统的儿童观念根深蒂固，并未因科技的发展、时代的进步而得到改进，"儿童解放"的观念还未达成社会共识。儿童在家庭中占据着中心

---

① 熊秉真. 童年忆往［M］. 桂林：广西师范大学出版社，2008：20.
② ［美］杜威. 学校与社会·明日之学校［M］. 赵祥麟，任钟印，吴志宏，译. 北京：人民教育出版社，1994：44.

地位，尤其在实行独生子女政策的中国，儿童成为家庭生活的全部，集万千宠爱于一身，其溺爱程度当列世界之首。家长倾其所有望子成龙、望女成凤，在教育上的"拔苗助长"程度也不亚于任何其他国家。甜蜜的溺爱与焦急的"成才"美梦相结合便演变成了儿童的噩梦，"拔苗助长"斩断了儿童的生命之根，急切的"催肥"摧毁了儿童的生命之力，多少儿童饱受痛苦，甚至葬送掉绚丽的童年生活和稚嫩的生命。丰子恺几十年前的漫画，依然是当今家长"似爱之虐"式家庭教育的真实写照。

> 母亲盼儿速成长，火棍对着肚脐眼，
> 一口吹成大人样，省去含辛茹苦养！

案例一：没伙伴没玩具没童年 [1]

2004年8月25日，《新民晚报》以"没伙伴没玩具没童年"为题，报道了湖南"神童"魏永康的故事。出生于1983年的魏永康，2岁时就掌握1000多个汉字，4岁便掌握初中文化，8岁开始上重点中学，13岁考进湘潭大学物理系，17岁获得中科院高能物理研究所硕博连读资格，父母结束陪读生涯。然而，2003年魏永康因无法继续完成学业，从中科院肄业回家，"神童"梦幻破灭。

案例二：六龄童学3门外语患上失语症 [2]

2007年10月28日，《新民晚报》以"六龄童学3门外语患上失语症"为题，报道了重庆女孩月月在父母的训练下6岁就不同程度地会说英语、法语、日语三门外语，但由于多种语言的混杂使得月月无法与同伴正常交流，而被小朋友嘲笑为"外星人"。因此，月月突然变得内向起来，总将自己关在房内。经重庆儿童医院医生的诊断，月月患了失语症。

案例三：因孩子不会写数字"8"，父亲失手打死4岁儿子 [3]

2012年1月9日，南通一位父亲因孩子不会写数字"8"失手打死4岁儿子小华，江苏省南通市通州区人民法院少年法庭以故意伤害罪判处小华的父亲徐某有期徒刑七年六个月。

独生子女政策的实施，生活水平的提高，社会发展对人才素质要求的预见性

---

[1] 汪一新，赫轶.没伙伴没玩具没童年——"神童"肄业回家的背后[N].新民晚报，2004-08-25.
[2] 仲商.六龄童学3门外语患上失语症[N].新民晚报，2007-10-28.
[3] 米格.父亲失手打死4岁儿子，因孩子不会写数字"8"[N].中国江苏网，2012-01-18.

和人才竞争的现实性,使家长越来越重视子女的教育,希望孩子能在人才竞争中脱颖而出,获得更多事业成功的机会。"再穷不能穷教育,再苦不能苦孩子。"为孩子的未来发展提供坚实的智力和财力支持,成为家长奋斗的目标。为孩子尽可能提供好的教育条件和教育机会,"别让孩子输在起跑线上"是每一个家长的心愿。然而,由于家长望子成龙、望女成凤的急切心理以及科学育儿经验的缺乏,使得有的家长缺乏理性的教育观念,"别让孩子输在起跑线上"也就成为家长增加孩子过重负担、"逼"孩子过早求学、过滥学习技艺的超前教育和训练的"经典理由"。同时,一些媒体不科学的舆论导向,某些教育商家牟利的伪科学炒作,以及一些小学一年级新生入学考试等,都成为片面强调知识价值、过分重视读写算教育的指挥棒。如媒体上的"神童"报道:2岁孩子能读书、3岁孩子能背诵唐诗三百首、4岁幼儿算术已达到小学一年级的水平、5岁儿童会把圆周率背到小数点后1000位、6岁高中生、7岁大学生……所谓"神童"的宣扬,使得许多家长为自己的孩子能成为这样的"神童"而沾沾自喜,又有更多的家长因其孩子不如"神童"而懊丧,并竭尽全力去创造"神童"。儿童背负着沉重的学业负担,赶赴各种补习班、培训班,接受着各种"拔苗助长"式的超前教育和强化训练,致使儿童苦不堪言,童年在成人的驱赶中被剥夺。"我们就会造成一些早熟的果实,它们长得既不丰满也不甜美,而且很快就会腐烂;我们将造成一些年纪轻轻的博士和老态龙钟的儿童。"[1]

不写作业,母慈子孝;一写作业,鸡飞狗跳。不提学习,儿童是天使;一提学习,彼此是恶魔,这成为当今亲子关系的真实写照。由于父母缺乏正确的育儿观念和科学的育儿方法而导致的家庭悲剧时有报道,让人触目惊心。此类事件的发生,无不源于家长对"儿童"的无知。"父母,不是容易做的,一般人以为结了婚,生了孩子,就有做父母的资格了,其实不然。我们知道,栽花的人,先要懂得栽花的方法,花才能栽得好;养蜂的人,先要懂得养蜂的方法,蜂才能养得好;育蚕的人,先要懂得育蚕的方法,蚕才能育得好;甚至养牛、养猪、养羊、养马、养鸟、养鱼,都要先懂得专门的方法,才可以养得好。难道养小孩,不懂得方法,可以养得好吗?可是一般人对于自己的孩子,反不如养蜂、养蚕、养牛、养猪看得重要。对于养孩子的方法,

---

[1] [法]让-雅克·卢梭.爱弥儿——论教育(上)[M].李平沤,译.北京:人民教育出版社,2001:88.

事先既毫无准备，事后又不加研究，好像孩子的价值，不及一只猪、一只羊。这种情形，在我国目前，到处可以看见，真是一件奇怪的事。"①

二、学校教育中的"催熟造人"

（一）幼儿教育小学化

家长"别让孩子输在起跑线上"的育儿观，成了某些急功近利的幼儿园和早教机构最冠冕堂皇的理由——应家长之需，向家长许诺"让孩子赢在起跑线上"。应牟利之驱，有的幼儿园和早教机构还有意误导家长趋向错误的育儿"陷阱"，错误的教育观扭曲了家长的育儿观，漠视儿童的人格和权利以及幼儿教育的价值，无视儿童身心发展的规律和学习特点，致使幼儿教育小学化，让儿童过早地背上了沉重的课业负担，严重影响幼儿的身心健康，不利于儿童日后的学习与发展。

1. 课程内容小学化

无视幼儿身心发展的特点，过分注重知识技能的传授，以读、写、算等知识技能为主要教学内容，甚至有的幼儿园把小学一年级的课程内容搬到幼儿园，单纯追求小学知识技能的掌握，忽视幼儿情感、社会性及实际能力的发展。此外，推行"小学提前教育"的幼小衔接班更是大行其道，利用各种广告宣传手段误导家长，使其让孩子退园进入幼小衔接班学习。有的地方甚至出现了大班幼儿组团退园现象，生源流失严重，剥夺了幼儿接受正规的幼儿园教育机会，严重扰乱了正常的办园秩序和教育教学秩序。这些"提前教育"现象，无异于拔苗助长，是短视而有害的，以牺牲幼儿的身心和谐发展为代价，严重危害了幼儿的身心健康。

2. 课程实施小学化

采取小学化班级授课方式，以课堂讲授和书面作业练习为主，游戏活动少，缺乏幼儿园和小学有效衔接的探讨，教学不规范，使幼儿养成了一些日后很难改掉的不良学习习惯，如写字姿势不正确、拼音错误、书写不规范等等，影响了儿童日后小学学习的顺利进行，给小学教学带来诸多不便，扰乱了正常的小

---

① 陈鹤琴.怎样做父母［J］.父母必读，1983（12）：3-5.

学教学秩序。同时，过早、过度地进行某方面的技能强化训练，有可能导致器官异化，影响幼儿的身心健康发展。

体验愉悦，是每一个人的天性；拥有一个快乐的童年，是幼儿的权利。良好的幼儿教育应遵循儿童的身心发展规律和特点，促进幼儿的全面发展，使其感受童年的快乐。幼儿的身心发展特点决定了幼儿的认知方式，幼儿是通过直接感知、实际操作和亲身体验来认知世界的，通过环境、游戏、生活、探索、交往等的"做中学""玩中学"才是幼儿的学习方式。小学班级授课形式以及专项技能的高强化训练，都违背了幼儿的学习特点。此外，有的幼儿园要求教师每天都为幼儿布置书面家庭作业，并要求家长监督完成，使得幼儿过早承受沉重的课业负担，不堪重负，产生厌学、惧学情绪，甚至导致幼儿的抑郁倾向，这无疑是对幼儿天性的扼杀与人生幸福的湮灭。

3. 课程评价小学化

采用小学化的笔试方式，以幼儿的笔试成绩作为评价标准，单纯用知识技能的掌握程度去评价幼儿，严重违背了《幼儿园教育指导纲要（试行）》精神，使得"分、分，学生的命根"现象也在幼儿园里上演。令人担忧的是，一些民办幼儿园和早教机构把幼儿的分数作为考核教师的重要指标，将幼儿考试成绩与教师的薪酬、奖金挂钩，使得"幼儿的分"也成为"教师的命根"，影响着教师的教育行为。此外，书面式超高难度的小学新生入学考试也成为幼儿教育小学化的幕后推手，不仅是对科学幼小衔接的践踏，更是影响幼儿教育教学的危险指挥棒，导致"小学考什么，幼儿就学什么"的现象产生。学前教育阶段是人生发展的关键期，是学校教育和终身发展的奠基阶段，童年生活影响着人的一生发展。幼儿教育效果主要表现为隐性的、滞后的、长期的效果，具有终身发展价值。幼儿园应为幼儿提供健康、丰富的生活和活动环境，将课程评价渗透在日常生活与教育教学过程中，通过观察、访谈、作品分析等多渠道、多方面地搜集资料，依据幼儿的活动表现，分析幼儿的已有经验、现有水平、兴趣爱好，研究幼儿的发展需要，对幼儿进行适宜性的个性化精准指导，使他们在快乐的童年生活中获得有益于身心发展的经验。

幼儿园是儿童的花园，成人是护花使者，百花齐放、百花争妍是福禄培尔对幼儿园命名的旨归。尽管早在2001年国家就颁布实施了《幼儿园教育指导纲要（试行）》，为幼儿教育提出了行动指南。全国上下进行了多种形式的培训与学习，希

儿童观

望将观念转化为教师的实际教学行动。然而,幼儿教育小学化倾向在我国仍然普遍存在,成为幼儿教育的顽疾。2010年12月,针对幼儿教育小学化倾向和入园难问题,国务院印发了《关于当前发展学前教育的若干意见》,其中强调:"遵循幼儿身心发展规律,面向全体幼儿,关注个体差异,坚持以游戏为基本活动,保教结合,寓教于乐,促进幼儿健康成长。""防止和纠正幼儿园教育'小学化'倾向。"[①]2012年10月,教育部发布《3~6岁儿童学习与发展指南》(以下简称《指南》),对防止和克服学前教育"小学化"现象提供了具体方法和建议。《指南》开篇便明确其宗旨:"帮助幼儿园教师和家长了解3~6岁幼儿学习与发展的基本规律和特点,建立对幼儿发展的合理期望,实施科学的保育和教育,让幼儿度过快乐而有意义的童年。"[②]着重要求:"遵循幼儿的发展规律和学习特点";"关注幼儿身心全面和谐发展";"尊重幼儿发展的个体差异"[③]。强调"既要准确把握幼儿发展的阶段性特征,又要充分尊重幼儿发展连续性进程上的个别差异,支持和引导每个幼儿从原有水平向更高水平发展,按照自身的速度和方式到达《指南》呈现的发展'阶梯',切忌用一把'尺子'衡量所有幼儿"[④]。"严禁'拔苗助长'式的超前教育和强化训练。"[⑤]《指南》颁布实施后,各地也组织了形式多样的学习,但在调查中发现教师对儿童认识的缺失还处于集体无意识状态,多数教师并未真正了解儿童的身心发展规律,仅限于经验层面的一知半解状态;对于教育活动的组织也并非出于儿童的兴趣和需要,而更多的是成人(教师、家长)的兴趣和需要。媒体曝光的虐童事件以及幼儿园喂药事件中教师的"集体失声"现象,从另一侧面说明了"目无儿童"的教育现实。

---

① 中华人民共和国国务院.关于当前发展学前教育的若干意见[EB/OL].(2010-11-21)[2022-11-20]http://www.gov.cn/zhengce/content/2010-11/24/content_5421.html.
② 中华人民共和国教育部.3-6岁儿童学习与发展指南[EB/OL].(2012-10-09)[2022-11-20].http://www.moe.gov.cn/srcsite/A06/s3327/201210/t20121009_143254.html.
③ 中华人民共和国教育部.3-6岁儿童学习与发展指南[EB/OL].(2012-10-09)[2022-11-20].http://www.moe.gov.cn/srcsite/A06/s3327/201210/t20121009_143254.html.
④ 中华人民共和国教育部.3-6岁儿童学习与发展指南[EB/OL].(2012-10-09)[2022-11-20].http://www.moe.gov.cn/srcsite/A06/s3327/201210/t20121009_143254.html.
⑤ 中华人民共和国教育部.3-6岁儿童学习与发展指南[EB/OL].(2012-10-09)[2022-11-20].http://www.moe.gov.cn/srcsite/A06/s3327/201210/t20121009_143254.html.

（二）中小学教育的削足适履

"是故凫胫虽短，续之则忧；鹤胫虽长，断之则悲。故性长非所断，性短非所续，无所去忧也。"[①] 意思是说，野鸭的腿虽然很短，给它接上一截它就要发愁；仙鹤的腿虽然很长，给它截去一段它就要悲伤。这说明，人为地截长补短，改造物之天然本性，反而导致各物之痛苦与悲伤。因此，正确的态度应是"长者不为有余，短者不为不足"[②]，合理的做法是"顺其自然""自然而然"。然而，在"大一统"的知识选拔性教育模式之下，多姿多彩的儿童个性特质几乎被抹杀殆尽而变得"千人一面"，中小学教育成为"削足适履"式的同一化教育。尽管不少教育工作者口头上宣称因材施教，但在教育教学实践中无视儿童之间的个体差异，追求"整齐划一"，成为"语言上的巨人，行动上的矮子"。为不同儿童提供同一尺码、同一样式、同一材质、同一款式的鞋子，儿童注定步履维艰、难以前行到远方。这种"一刀切"的方式是一种典型的"物"的生成方式，无视人与物的不同，更认识不到儿童的独特性。于是，教育远离了活生生的"儿童"，学校成了加工厂，儿童成了被加工的物品，儿童在其中被动地、屈辱地被改造，毫无尊严可言。教育过程中的儿童，没有被当作儿童看待。儿童生命特有的自由、灵性和创造被划一的教育制度、刚性的规则，被技术化、程式化的教学，被居于主体和霸权地位的成人所限制、所摧残，教育过程不再是丰富多彩的儿童的生活过程和活动，而成为机械化的"造人"流水线，正如丰子恺笔下的教育图景——"一个模子做教育"。

> 一块模子印泥巴，以为自己是女娲？
> 千个人儿一个样，这种教育太可怕！
>
> 一块模子量小大，一个标准走天下？
> 生搬硬套用力塞，哪管孩子哭哇哇！

今天的儿童过着被"圈养"的生活，被封闭在狭小的空间中，过着家庭、学校两点一线的单调生活，造成了生活中"人"的缺场。随着都市化进程的加快，以邻里关系密切为特征的胡同小院正在消失，代之而起的是以邻里关系淡漠为特

---

① 庄周.庄子·骈拇［M］.雷仲康，译注.太原：山西古籍出版社，1999：87.
② 庄周.庄子·骈拇［M］.雷仲康，译注.太原：山西古籍出版社，1999：87.

儿童观

征的单元房住宅楼群,城市绿地面积和儿童游戏场所显著减少,以儿童游戏为纽带构成的庭院儿童团体正在解构与消失,儿童游戏由户外转入户内,孤独化、静态化和智能化的"驯化"趋势非常明显,以游戏为特征的童年生活遭受到了外在学习压力的威胁。儿童被剥夺了自由活动的时间和空间,没有与小伙伴的嬉笑和追逐,甚至难以保证足够的睡眠时间。儿童有的仅仅是"学习、学习、再学习",儿童变成了"知识的搬运工",变成了"学习机器"和"考试机器"。"然而,我们应当对此保持清醒,儿童对成人任意设计的所谓'教育'的适应是要付出惨重代价的:牺牲幸福的童年时光,放弃自己的兴趣和爱好,压抑游戏和娱乐的需要,遏制创造的冲动和探索的欲望,儿童的个性和人格因而扭曲了……这不是在成就儿童而是在损毁儿童!"[①] 写不完的作业、上不完的补习班、考不完的试和睡不够的觉,不仅侵害着儿童的身体健康,也侵蚀着儿童的心理健康,不能不说这是对儿童生命的折磨和摧残。在这种"非人"的控制之中,儿童的个性被压抑,生命的自由被剥夺,儿童成为唯唯诺诺、被动的木偶,失去了生命的灵性,变得麻木、迟钝,儿童因繁重的课业压力而抑郁和自杀的报道也时有耳闻。教师、家长绑架儿童的意愿,让儿童成为成人随心而造的"物",造成了教育中"儿童"的缺席。成人立场的教育过程成为一种训练和控制的过程,成人与儿童成为一种控制与被控制、压迫与被压迫的关系。在这种关系中,儿童变成了物,有生命的、灵动的儿童被当作了无生命的木偶与容器。成人的控制是外在的,但是这种控制是对生命自由本性的一种窒息式压抑。这种压抑使得儿童没有了创造、没有了想象、没有了激情和个性,也没有了生命的和谐健康。

"人啊!为人要仁慈,这是你们的头一个天职:对任何身份、任何年龄的人,只要他不异于人类,你们对他都要仁慈。……要爱护儿童,帮他们做游戏,使他们快乐,培养他们可爱的本能。你们当中,谁不时刻依恋那始终是喜笑颜开、心情恬静的童年?你们为什么不让天真烂漫的儿童享受那稍纵即逝的时光,为什么要剥夺他们绝不会糟蹋的极其珍贵的财富?他们一生的最初几年,也好像你们一生的最初几年一样,是一去不复返的,你们为什么要使那转眼即逝的岁月充满悲伤和痛苦呢?"[②] 成人很难认识到自己的生硬和粗暴,常常在无意中阻碍了儿童的发展,成人

[①] 蒋雅俊,刘晓东.儿童观简论[J].学前教育研究,2014(11)3-8+16.
[②] [法]让-雅克·卢梭.爱弥儿——论教育(上)[M].李平沤,译.北京:人民教育出版社,2001:70.

应该对儿童终身的畸形负责。"正是出于'好心'和'帮助',成人往往过早、过多地教给儿童超越他的发展阶段以外的知识,而完全忽视了儿童成长是一个拥有自己内在节奏的过程。"① 长期以来,受应试教育体制、工具化和短视化人才观的钳制与功利观的影响,中小学教育仅关注"以何为生"的训练,而放弃了"为生而教"的旨归。教育成"材"而未成"人",造成了对生命的遮蔽。"教育就成为制造劳动者的一台机器,通过教育的塑造,人被变成追求物质利益的人,掌握生产技术成为受教育的全部目的,这样,人愈是受教育,他就愈被技术和专业所束缚,愈失去了作为一个完整的人的精神属性。"② 成"材"的教育无视儿童的生命需求,肢解了生命的完整性,完全叛离了教育的生命内涵,切割了生命的整体性与独特性,把完整的人塑造成了片面的工具人,导致了人性的虚无与生命的病态。没有人能够代替儿童的成长,要想充分地研究儿童教育就必须从研究儿童的生命本质开始,爱护和唤醒每个儿童的生命潜能是至关重要的。

三、被遮蔽的"儿童生命"

"儿童是每一个人的温情和爱的感情汇聚的唯一焦点。一谈到儿童,人的内心就会变得温和、愉快。整个人类都享受他所唤起的这一深厚情感。儿童是爱的泉源。我们一触及到儿童便触及到爱。"③ 几乎每一位成人都深信不疑自己对儿童的爱,但我们要扪心自问的是:我们真爱儿童吗?我们会爱儿童吗?媒体娱乐儿童,社会消费儿童,家庭、学校改造儿童;幼儿教育"小学化",中小学教育"作业化"……深入探查"爱"的现实,在热闹的表象与慌乱的真相下,我们不难发现,那些号称视儿童如珍宝的成人们却应受到控告,因为他们根本不知道怎样的教育才是真正"为了孩子"的教育;他们根本不"了解"儿童,不"懂得"儿童,却以"主人"的绝对权威恣意安排、干涉着儿童的生活,"兢兢业业"地以爱之名行害之事,延续着"揠苗助长"的千古愚蠢之事而浑然不知,急切催熟着儿童而乐此不疲……童年早逝,生命异化。"童年的消逝是一种现代社会病,病因是整

---

① 蒋雅俊,刘晓东.儿童观简论[J].学前教育研究,2014(11):3-8+16.
② 王坤庆.当代西方精神教育研究述评[J].教育研究.2002(9):89-96.
③ [意]蒙台梭利.蒙台梭利幼儿教育科学方法[M].任代文,译校.北京:人民教育出版社,1993:587.

儿童观

个社会生活发生了巨大的变化，童年存在的社会条件不断地受到侵蚀，如城市化的进程与社区环境的变化、独生子女政策与家庭的小型化、生活节奏的加快、功利化价值观在整个社会生活的蔓延、电视和互联网普及等等，都对儿童生活带来深刻的影响。"[1]催促儿童快速成长的压力摧毁了儿童，童年之恙痛彻心扉，教育现实令人担忧！

"我们对儿童是一点也不理解的：对他们的观念错了，所以愈走就愈入歧途。最明智的人致力于研究成年人应该知道些什么，可是却不考虑孩子们按其能力可以学到些什么，他们总是把小孩子当大人看待，而不想一想他还没有成人哩。"[2]童年应该是快乐的、幸福的，应该是多姿多彩、无忧无虑的。沉重的学习负担，使得儿童的生活处于一种高压的紧张状态，年幼的生命不堪重压，处在岌岌可危的病态之中，何言快乐的童年生活？"儿童"缺位的教育是病恙教育，吞噬着儿童的生命，使儿童承受了不应有的生命之重。被遮蔽的儿童生命，被偷走的儿童世界，成人，你对儿童做了些什么？

儿童有一百种语言，

（这一百是一百个一百的一百）

但被偷走了九十九种。

学校和文明，

使他的身心分离。

他们告诉儿童：

不需用手去做，

不需用头脑去想，

只需听不要说，

只要理解不要快乐，

……

他们催促儿童

去发现早已存在的世界，

---

[1] 熊华生.童年消逝与教育责任[J].教育研究与实验，2006（4）：26-29.
[2] [法]让-雅克·卢梭.爱弥儿——论教育（上）[M].李平沤，译.北京：人民教育出版社，2001：2.

第三章 "儿童缺位"的教育现实

儿童的一百个世界，

他们偷走了九十九个，

他们告诉孩子：

游戏与工作，

现实与幻想，

科学与想象，

天空与大地，

理智与梦想，

它们是水火不容的。

他们就这样告诉儿童：

一百种并不存在。

儿童却说：

其实真的有一百。[①]

成人听不懂"儿童的一百种语言"，看不见"儿童的一百个世界"；在无知中，儿童鲜活的生命被遮蔽；在无视中，儿童多彩的世界被偷走。"由于这种以自我为中心的观点，成人把儿童看做是'心灵里什么也没有的人'，必须由他们尽力去填塞；把儿童看作'孤弱的和无活力的人'，成人必须为他们做所有的事情；把儿童看作'缺乏精神指导的人'，必须不断地给予指导。总之，成人把自己看作儿童的创造者，并从他们自己与儿童行为的关系的角度来判断儿童的好与坏。……成人是一贯正确的，儿童必须根据他来塑造。"[②]儿童教育成为成人"自以为是"的教育，成人的"为了儿童"成了"神圣的万恶"，在成人"自以为是"的高控中儿童失去了生命的灵动。"对儿童认识的不清楚的教育不可能是好教育，不是建立在科学的儿童观之上的儿童教育学（包括学前教育学）不是科学的儿童教育

[①] 刘晓东.解放儿童[M].北京：新华出版社，2002：257-259.《儿童的一百种语言》为意大利幼儿教育家马拉古齐所作，也以此儿童观而创建了瑞吉欧教育体系，为世界的学前教育提供了一个学习的典范。爱德华兹等人出版了同名书《儿童的一百种语言》，加德纳在此书前言中写道："毫无疑问，马力古齐——正如他被全球所公认的，是瑞吉欧的领导天才——这位思想家的名字的确可以与他心目中的英雄——福禄倍尔、蒙台梭利、杜威及皮亚杰相提并论"。

[②] [意]玛丽亚·蒙台梭利.童年的秘密[M].单中惠，译.北京：京华出版社，2002：15.

学。历史与现实中的儿童教育存在许多弊病，其中原因很多，但其根本的原因是，教育者没有认识清楚教育对象，不懂得尊重儿童，不了解教育在儿童的发展机制中处于何等的地位，因而也就不可能以适当的方式实现其'成人'（也即是使儿童长大成人，成长为所处文化中理想的人）的使命。"① 儿童成长的原理存在于儿童生命本身，教育者应当研究儿童，探知儿童的秘密，掌握儿童的生命密码，真正了解"儿童是什么"，才可能建构合生命规律性的儿童观念和儿童教育——"教育的'大纲'应当符合儿童的'大纲'"②。

历史上，教育领域中的儿童发现引起了科学的儿童心理学的建立以及它的方兴未艾，"尊重儿童"的呼声愈益高涨，使儿童成为全人类共同瞩目的焦点之一。文学、哲学、历史学、生物学、发展心理学、人类学、经济学等领域也都参与到儿童研究的行列，儿童成为研究的中心，人们努力地从各个角度审视儿童，呈现出对儿童的迷恋，尊重儿童天性、顺应儿童身心发展的自然规律进行教育成为众多学者的共识，儿童的权益得到了全社会的关注。1948年《世界人权宣言》第一次明确提出了儿童权利保护的思想，1959年《儿童权利宣言》在国际法层面上确认了各国儿童应当享有的各项基本权利，规定了儿童应享有健康成长、发展和受教育的权利。1989年第四十四届联合国大会通过《儿童权利公约》，从而使尊重、爱护儿童成为全人类通过政治、法律途径携手进行的国际行动。中国于1990年签署《儿童权利公约》，1991年制定颁布《中华人民共和国未成年人保护法》。"在二十世纪，用科学方法研究儿童的盛况是空前的，人们对儿童有了新的、更完整的认识，人们惊叹儿童丰富的内心世界，儿童越来越被看作独立的、有自身价值和尊严的个体，教育中成人和儿童的关系也发生了'哥白尼式的革命'，以至二十世纪被称为'儿童的世纪'。"③ 然而，教育梦想的"丰满"难以遮蔽教育现实的"骨感"，在刚刚过去的20世纪，在大多数地方和学校依然少见"儿童的身影"，儿童还处在被遗忘的角落，以至于满足"儿童发展的需要几乎成为一种奢侈品"④。

对儿童的认识还必须广泛深入地进行，把儿童当作研究的对象，通过研究来

---

① 刘晓东.解放儿童[M].北京：新华出版社，2002：179-180.
② 刘晓东.解放儿童[M].北京：新华出版社，2002：210.
③ 姚伟.儿童观及其时代性转换[M].长春：东北师范大学出版社，2015：31.
④ 陆有铨.躁动的百年——20世纪的教育历程[M].济南：山东教育出版社，1997：916.

发现儿童的迫切需要。在 21 世纪的今天，由于对"儿童"的认识和理解的匮乏，儿童教育依然"遗失"了儿童：人们深知暴饮暴食不利于身体健康，却热衷于填鸭式教育；人们拒绝催熟食品，却急切于催熟教育；人们深知拔苗助长的无知，却趋之若鹜于拔苗助长式教育……无视儿童的自然生命进程，急切的催熟式教育不仅"夭折"了儿童，造成了童年消逝，更扼杀了教育的生命力，造成了"儿童缺位"的"无根"病恙教育。"使教员可以少教，学生可以多学，使学校成为更少喧闹、更少令人厌恶的事、更少无效的劳作，而有更多闲逸、更多乐趣和扎实进步的场所……"[①] 几百年前夸美纽斯的教育梦想，今天依然是教育梦。

"昔者庄周梦为蝴蝶，栩栩然蝴蝶也。自喻适志与！不知周也。俄然觉，则蘧蘧然周也。不知周之梦为蝴蝶与？蝴蝶之梦为周与？周与蝴蝶则必有分矣。此之谓物化。"[②] 梦与现实的界限是模糊的，人们通过梦可以自由到达幻想的境地。只有当认知发展到一定阶段的时候，人们才能区分梦想与现实。经过漫长的时间，生活在不同文化中的人们才慢慢认识到梦境与现实、幻想与真实之间的区别。多少世纪以来，教育的车轮在缓慢地移动着。当回顾过去年代里先哲们所进行的艰辛探索时，心中敬意澎湃；当读着先哲们所提出的精湛理论而又不见实施时，又不免惋惜沮丧，感叹教育演进的迟缓。教育家们的探索教育运动此起彼伏，教育改革潮起潮落，呈现钟摆式的循环现象，犹如徘徊在空泛的无根状态中。在新旧表征中，是否能寻求相同点，探查教育的平衡基点？源于教育领域的儿童发现推动了哲学、生物学、人类学等多学科领域内的儿童研究，并取得了丰硕的研究成果。然而，"墙内开花墙外香"，教育领域的儿童研究却被远远地抛在了后面，钟摆式摇摆不停的各种教育改革热衷于研究怎样教育，而忽视研究自身——儿童是什么？正如雅斯贝尔斯之言："如果变得日益严重的教育本质问题，竟被人们如此地忽略，那么教育就会变得丧失根本目标而不稳定和支离破碎。它带给学生的不再是包罗万象的整体教育，而是混杂的知识。"[③] 教育学需以哲学、生理学、心理学等多学科的先行发展为前提，需要及时将相关领域的研究成果进行教育场域的转换和融合。教育的问题如同灌木丛一样错综复杂，但追根溯源，教育中最根本的问题是

---

① ［捷］夸美纽斯.大教学论·教学法解析［M］.任钟印，译.北京：人民教育出版社，2006：6.
② 庄周.庄子·齐物论［M］.雷仲康，译注.太原：山西古籍出版社，1999：21.
③ 杨斌.什么是真正的教育——50 位大师论教育［M］.福州：福建教育出版社，2010：28.

儿童观

如何认识儿童,因为儿童是教育的原点,是教育的永恒主题,是教育的全部秘密。"我深信一切真理、一切教育指令都应该来自学生自身,在他们身上产生出来。"①儿童教育源于对儿童的发现,教育是基于对儿童的发现而产生和发展起来的。认识儿童是所有教育理论的基石和源泉,对儿童认识到什么程度,就有什么样的教育,就有什么样的教育理论。时至今日,简单植入的儿童观依然无力抵御传统思想的惯性冲击,科学的儿童观必须建立在对儿童生命的透彻认知基础上,需要从"人的生命视角"出发,在生命与自然、与世界的行动关系中理解儿童。"教育应当被提高到一种科学的水平,教育科学起源于并建立在对人类本性最深刻的认识基础上。"②教育的过程应是生命成长的灵动过程,教育应依循儿童的生命逻辑。21世纪的人们应从根本上认识儿童,以更加谨慎的态度和完整的视野,从叩问生命的本质出发,在人的"类生命"探知中发现儿童群体生命的本真,探知儿童生命的密码,从而建构科学的、合生命规律性的儿童观念和儿童教育理论。

---

① [瑞士]裴斯泰洛齐.裴斯泰洛齐教育论著选[M].夏之莲,等译.北京:人民教育出版社,2001:21.
② [瑞士]裴斯泰洛齐.裴斯泰洛齐教育论著选[M].夏之莲,等译.北京:人民教育出版社,1992:189.

第四章

多学科视野中的生命观

生命样态，为认识儿童之根基所在。这意味着，对儿童的考量应从对生命的考量开始。任何社会和人群对生命如何理解、重视，此重视源自何处、何时、有无差等、带何条件等等，都流露出人们对待儿童的态度与方法，也毫无保留地诉说着人们根本的关怀或偏执所在。以多学科的视野与层次检视生命，由人的"类生命"进而认识儿童的"群体生命"。生命的逻辑是儿童观的逻辑起点，儿童认知与儿童观念是循着生命的逻辑展开的。从生命的视角去观察、理解和阐释儿童，进而深入到生命存在的境界之中建构儿童。因此，对人类生命的探求，成为儿童研究的必然前提与基础。只有真正充分了解生命本质，才能发现儿童的生命规律，掌握儿童的生命特性，建构科学的儿童观。只有根据对人和人的生命的彻底的、充足的、透彻的认识，并加以勤恳的探索，才能真正认识儿童、了解儿童。

"生"，甲骨文为 㞢。许慎《说文解字·生部》云："生，进也，象草木出土上。"① "生"是会意字，引申为发生、生育，进一步指活着的物，更具体的指生命的存在。故"生"作动词用为自无有之出生，作名词用则为出生以后之生命。"性"由"生"孳乳而来，生为具体之生命，性为此具体生命之先天禀赋。在甲骨文中"命"与"令"同源，后分化。命，甲骨文 ᗩ（朝下的"口"）+ ᘯ（人，等候指示的下级），指人跪着接受训示，体现了崇敬和臣服。造字本义：上级向下级开口发话，作出权威性指示。金文 ᗩ 承续甲骨文字形。有的金文 再加"口" ᗞ 另造"命"，强调开口发令。"命"在《说文解字》卷二中解释为："命，使也。从口，从令。"② 由此可见，"生"和"命"合成的"生命"一词，意味着某种规定性、遵循性的存在，这不免使得"生命"具有了神秘的面纱。古今中外的学者们对"生命"进行了不懈的探索，一直试图探求"生命"的奥秘，解答"什么是生命？"，但至今仍为不解之题。人们对事物的认识总是经历由表及里、由浅入深、去伪存真的过程，对于生命的认识也是要经历漫长而曲折的里程。从古至今，人们对于生命的认识即生命观有许多不同的见解，其中不乏偏见与迷惘，但累累成果也给予我们极大的启示和思考。

---

① 许慎.说文解字·生部[M].北京：中华书局，2013：123.
② 许慎.说文解字·生部[M].北京：中华书局，2013：26.

儿童观

一、生物学视野下的"生命"

生物学（biology）是研究生命的科学，是研究生命现象的本质及探讨生物发生、发展及其活动规律的科学，又称生命科学（bioscience）。发达的科学技术和正确的理论思维是人们获得真理的两个不可偏废的重要因素，而正确的生命观是生命科学得以迅速发展的根本。

（一）特创论

特创论认为上帝创造生命。这种观点显然是错误的，却长期禁锢着人们的思想。特创论严重窒息了科学思想的发展，儿童生而有罪的儿童观即源于特创论。文艺复兴之后，自然科学和技术雨后春笋般蓬勃发展起来，但特创论的观点却依然牢固地盘踞在人们的脑海里，尤其在地质学界和生物学界表现得特别明显。在生物学界，瑞典大博物家林耐和法国古生物学家居维叶是最典型的代表人物。林耐创立了动植物分类的二名法[①]和分类原则，为近代生物学的发展奠定了第一块基石，使得"植物学和动物学由于林耐而达到了一种近似的完成"[②]。林耐虽然对植物学和动物学的发展作出了巨大贡献，但是他顽固地坚持特创论观点。由于他在学术上的权威性，他的错误观点对于当时和以后很长时期的各国学者产生了很深的不良影响。居维叶在比较解剖学、动物分类学研究方面取得巨大成就，是古生物学的奠基人，他根据《创世纪》大洪水的故事提出了"灾变论"。居维叶的学生、法国著名古生物学家、层位学家德奥宾尼把灾变论推向极端，直言不讳地说生命是上帝重复创造的。此等歪理邪说严重阻碍了科学的发展，直到1830年均变理论的提出，才给予灾变论以毁灭性打击。英国地质学家莱伊尔主张地球一直缓慢进化，由理化的动因和过程所致，而非超自然的灾变所引起。1859年，英国伟大的生物学家达尔文出版《物种起源》，以自然选择为核心的生物进化理论终于结束了特创论对生物学界的统治，同时也引发了哲学界、教育学界的变革，

---

① 所谓二名法就是规定动植物名称由属名(名词)和种名(形容词)构成,属名在前,种名在后,并规定属名和种名均使用拉丁文,属名的第一个字母要大写。人类的学名 Homo sapiens(智人)即为林耐所命名。
② [德]恩格斯.自然辩证法[M].中共中央马克思、恩格斯、列宁、斯大林著作编译局,译.北京：人民出版社 1971：10.

柏格森的生命哲学与杜威的经验观、儿童中心观皆源于此。

从《物种起源》发表至今已过去一个多世纪了，生物学突飞猛进，成为自然科学领域中的前沿学科，但一些特创论者仍在负隅顽抗。1985 年美国一教会组织出版《生命从何而来？进化抑或创造》，特创论贯穿其中。2000 年 6 月人类基因组框架草图绘制成功，这是具有里程碑意义的科学成就。2000 年 7 月，日本《牛顿》杂志出版了由沃森等美国著名学者撰写的专辑。在专辑的封面写有醒目的大字："一切是从 DNA 开始的神的设计图。"[①] 其中"神的设计图"五个字尤为突出，占据了封面的核心位置，由此可见特创论的幽灵仍然游荡在一些生物学家的头脑中。很有意思的是，英国行为学家道金斯在其《自私的基因》一书中，曾提出了上帝或神是由基因创造出来的。道金斯认为，人类诞生以后出现了一种新型的自我复制子即传递文化的复制子 meme（此词源于古希腊语的单词 mimemem，意为模仿）。Meme 为人类所独有，和基因一样可以进行自我复制。如某一科学家的想法通过演讲或发表论文等渠道传递给同行、学生和大众，这个精彩的想法就从那位科学家的头脑传递到另一个人或很多人的头脑中，这就等于 meme 复制了一次或多次，它所包含的信息也随之扩大开去。像基因从亲代传到子代一样，文化基因也可以绵延持久地传递。道金斯认为，人是承载文化复制子 meme 的载体，神的传说和宗教信仰也是一种人类文化复制子 meme 传递复制的结果，是进化的基因创造了神。换言之，是基因经过 40 亿年的进化终于在人的头脑中创造出神、宗教这样的文化复制子。道金斯的基因创造上帝论破解了上帝创造生命、物种不变的谬论，无疑是对特创论有力的批驳。然而，在未搞清楚人的基因组和其他生物的基因组的进化机理之前，根除特创论还有待时日，任重而道远。

（二）物活论与生机论

万物有灵论又称物活论，认为世上万物都是活的，都是有生命的。物活论的主张最早出现在古希腊米利都学派哲学家的文献中。17 世纪的斯宾诺莎也主张物活论，提出了"自身原因"理论，试图从世界本身去说明世界。法国启蒙时代的哲学家罗比耐也认为整个自然界是由具有生命及感受性的物质"胚芽"组成。随着时代的前进和科学技术的发展，人们逐渐把物活论淡忘了。但随着自然环境被

---

① 庚镇城. 生命本质的探索［M］. 上海：上海科学技术出版社，2004：15.

儿童观

破坏、生态失衡、气候异常，不仅使无数的生物濒临灭绝，人类也正遭到自然界的报复，生存状况堪忧。日本现代哲学家梅原猛由此提出复活物活论，希望回归崇尚自然的精神。人类是大自然之子，应认真研究、正确运用自然规律，爱护自然万物而不恣意妄为，但是通过复活不科学的物活论来达到保护环境也不过是缘木求鱼的天真幻想。

生机论也称活力论，认为只有生物才具有生命，生命是由非物理、化学性质的超自然力量操纵的，因而才能产生出非生物体所没有的合目的性的行为，故生机论者又是目的论者。最早提出生机论的是阿那克西曼德，他认为灵魂支配着人类。恩培多克勒提出了 pneuma 的概念，意为元气、精神、灵魂。"心脏是脉管系统的中心，元气栖息于脉管中的血液里，心脏通过脉管把元气搬运到全身。"[①] 古希腊生理学家盖仑将其融入到生理学中，认为 pneuma 原是空气中的生命元气，人或动物将其吸进体内，然后进入心脏，和血液结合，就成为生命的 pneuma，成为生命有机体的原动力。亚里士多德进一步发展了生机论思想，将自然界分为无生物界和生物界，提出了金字塔式的自然观。亚里士多德认为生物之所以为生物，在于其内部存在着 entelechiea（希腊文，生物体的一种活力）。植物位于生物界的最底层，其 entelechiea 水平最低，对生命的支配能力最少，只管生命体的营养、生长和繁殖。位于植物之上的是动物，除了具有植物的营养、生长、繁殖的功能外，动物的 entelechiea 还使动物体具有感觉和运动的功能。人处于"金字塔"的顶端，人的 entelechiea 使人不仅具有动物的全部功能，还具有理性。亚里士多德将人放在了自然界"金字塔"的顶端，这与中国孔子的"惟人万物之灵"[②]的观点一致。

亚里士多德的 entelechiea 观点曾有若干学者追随，但在试图以物理学、化学的观点解释生命现象的机械论观点兴起之后，生机论观点曾一度沉寂。然而，德国著名的动物学家德里施于 19 世纪末再度扯起生机论的旗帜，试图将生机论与当代生物学统一起来。德里施基于一卵双生子的研究发现，认为受精卵分裂成两个卵裂球后，每个卵裂球还能发育成一个完整的与原来一样的成体的原因在于，每个卵裂球独自含有造成一个个体的"指导原理"，它指导生命体发育的展开。

---

① 庚镇城.生命本质的探索[M].上海：上海科学技术出版社，2004：26.
② 柯继民.四书五经·尚书·泰誓上[M].哈尔滨：黑龙江人民出版社，2003：586.

德里施将此"指导原理"称为隐得来希①（显然来源于亚里士多德的 entelechiea），是指导、控制生物体发育的指令，如同雕塑家脑海中的创造意图或规则，寓于生命体中的超物理生机，控制着个体发育向着成体目标进行，并控制、指导蛋白质及其他物质组装成生物成体。在 20 世纪初期，德里施就设想出在生物体内存在着一种控制个体发育方向、进程以及能量作用步骤的"指导原理"，这无疑是非常睿智的。由此可见，儿童成长遵循生命的内在指令，具有内在发展秩序。出身医学、具有良好生物学素养的蒙台梭利即持有此种儿童观念，强调教育不应违背、干扰儿童的内在发展秩序，呼吁教师应像仆人一样小心翼翼地跟随儿童的发展。"今天分子生物学已经阐明，在生物体中确实存在着指导控制生物体发育和不同发育阶段生命活动的指令，那就是编写在 DNA 分子中的遗传信息即基因组中的四种碱基的排列顺序。"② DNA 分子中的四种碱基的排列顺序是怎样被决定的呢？这依然是未来生命科学要研究的重大课题之一。解读儿童的生命密令，建构合生命规律性的儿童教育也是儿童学、教育学研究的重大课题。

（三）机械论

由于天文学、力学、数学和物理学的蓬勃发展，新的规律与法则不断被发现，人们认识世界的范围越来越大，解释自然现象的精确度也越来越高，机械论生命观由此兴盛起来。机械论生命观与生机论完全对立，认为生物与非生物并无本质差别，生命运动也只是机械的、物理的、化学的运动。机械论生命观认为通过具体的观察和实验即可以认识和理解生命，并可以用化学的、力学机械的原理加以阐释说明。

笛卡儿是机械论生命观的创始者，他主张生命现象可以用纯力学（机械论）加以解释，此观点被称为古典的机械论生命观。笛卡儿的古典机械论生命观被认为是盖仑的解剖学和 17 世纪物理学相结合的产物，在其著作《论人》中试图以纯力学（机械论）的法则来说明生命有机体的全部过程，这在生理学史上是最初的尝试。笛卡儿认为，神经是通导"灵魂精气"的构造，根据精气注入多寡，肌肉发生膨胀或收缩，而松果体便是人的灵魂的座位，灵魂精气就由松果体发出。

---

① 庚镇城.生命本质的探索［M］.上海：上海科学技术出版社，2004：33.
② 庚镇城.生命本质的探索［M］.上海：上海科学技术出版社，2004：35.

儿童观

笛卡儿还借鉴了英国医生哈维在其著作《血液循环原理》一书中把心脏当作一台发挥着机械性作用的"泵"的观念，认为动物和人都是以心脏为中心的"自动机械"，生命是机械性地联系在一起的，没有必要假定在机械之外，还有什么其他东西存在。

笛卡儿的机械论对后人影响很大，18世纪哲学家梅特里写过《人体机械论》，认为人体是自动卷发条的极复杂的机械，包括心理活动也是人体机械产生出来的一种作用。19世纪的德国著名动物学家、达尔文进化论的忠实拥护者海克尔也是完全的机械论者，他甚至认为生命体的一切活动与"无机现象相等"。进入20世纪以后，生物学迅速发展，一元论的机械论主导生物学领域。许多学者认为生物体和机器一样，构成生物体的有机物质受物理、化学规律的制约，生命现象完全用物理的或化学的法则加以解释。人体是一部严格服从物理、化学规律运转的"机器"，其他生物亦然，这便是现代机械论，也被称为还原论。英国著名生物学家汤普森、现代遗传学奠基人摩尔根都秉持这种观点，奥地利理论物理学家薛定谔也是著名的现代机械论者。1944年薛定谔出版《生命是什么》，从理论角度对生物学中的遗传问题和生命本质及特征问题作了阐释。薛定谔指出，地球上的有序有两种方式：一种是有序来自无序，存在于无生命世界中；另一种是有序来自有序，存在于生命世界中。他提出了"以负熵为生"的观点，把生命的特征和热力学联系了起来，认为生物不是封闭的体系，而是不断地和外界环境进行物质交换的开放体系。生物在形态结构、生理功能与遗传特征上具有稳定性，外界环境即使发生改变，生物体一般也能保持其稳定性，即保持其原来的有序状态，不使熵增大。薛定谔认为生物的新陈代谢实际是有机体吸收负熵并以此消除在活着时必然产生的正熵的过程，以维持自身在一个稳定而又很低的熵的水平，而负熵就存在于吃进的有机食物中，食物中物质状态的极其有序便是负熵。薛定谔认为生命并不是真正的"钟表装置"，即并非是我们日常生活中使用的钟表，而是"一台纯粹机械的钟不必有发条，也不必上发条。它一旦开始运动，就将永远动下去"[①]。他认为染色体纤维是生命的物质载体，是生命的有序来自有序的物质基础，摆脱了热运动的无序，是生物体中的"有机的机器的齿轮"，"这种单个的齿轮不是粗

---

① [奥]薛定谔.生命是什么[M].罗来鸥，罗辽复，译.长沙：湖南科学技术出版社，2007：81.

糙的人工制品,而是沿着上帝的量子力学路线做成的从未有过的最精美的杰作"[①]。显然,"上帝的量子力学路线"又让薛定谔陷入了生命的宗教起源泥潭。薛定谔坦然承认仅靠当前的物理学和化学的知识是不足以解开生命的奥秘的,呼吁人们必须准备发现在生命物质中占支配地位的新的物理学定律。薛定谔关于生命的论述和该去发现新的物理学定律的呼唤,成为吸引当时许多物理学家转向生物学研究的动力,其中包括后来发现DNA双螺旋结构,拉开分子生物学帷幕的几位学者如沃森、克里克、威尔金斯等人。综上可见,机械论生命观把生命看作"一台纯粹机械的钟",物化了灵动的生命,也是成人把儿童当成一个"物件",可以任意摆布、高控儿童的真实写照。

(四)全体论

全体论又称为整体论,是在机械论与生机论斗争的背景下产生的,是对生机论和机械论的超越。全体论认为生物体是一个整体,是由各个器官或部分组成,但整体并非是各个部分的简单相加或整合,整体是各个部分通过有机联系形成的,整体会产生在部分中看不到的新质。全体论者认为全体和部分在质上是不同的,生命(全体)具有新的性质,而部分仅是机械的过程。生命并非是身体中各个生理过程的简单相加或总和,而是诸多生理过程按一定秩序相互联系、相互作用才生成的一种新质。

在生物学领域,南非心理学家斯马茨在其著作《全体性与进化》中,最早使用"全体性"一词。全体论得到了很多生物学家的支持,科勒曾对全体论作过系统的阐述。英国植物生理学家霍尔丹将全体论扩展到生物体与外界环境的关系上,认为只有在包括外界环境的整体中才能认识并把握生命的姿态。苏联李森科学派也持类似观点,特别强调生物体与其外界的生活条件是相互作用的统一整体。新全体论的经典著作《发生生物学与全体性》由波兰动物胚胎发生学家杜尔金撰写,杜尔金也因此成为新全体论的代表人物。新全体论者认为,生物体各部分的活动在有机联系中创造出生命,部分构成全体,但部分受全体支配或控制,只有辩证地看待部分和全体之间的相互关系才体现出全体论的真谛。

[①] [奥]薛定谔.生命是什么[M].罗来鸥,罗辽复,译.长沙:湖南科学技术出版社,2007:84.

儿童观

全体论者强调必须把生物体解释为机能活动的整体，而不能仅仅用物理学和化学来理解生命。也就是说，生命有机体的独特性在于整体性，与机械装置不同，本质上是完整的、不可分割的系统，因而必须用全体论或整体论的观点去研究。整体大于它的部分之和，仅仅是部分的聚积并不能构成一个整体，因为缺乏生命有机体所显示的整体性，而没有这种整体性就仅仅是物理集合体。因此，生命是只有显示出这种统一性的整体才具有的属性。"生命本身只有通过整个有机体作为它们在与环境的相互作用中的内部关系的一种机能才能显现出来，有机体的任何一个部分都是不可能孤立地显现出生命来的。"[①] 整体论生命观以有机联系的整体观念考察生命，重视生命与环境的相互作用，是生物学生命观发展的历史性进步，为儿童生命发展的复杂性、整体性研究提供了立论基础。

特创论源于宗教泥潭，物活论出于原始认知，生机论将生命运动的特殊性绝对化，机械论抹杀了生命运动的特殊性，将生命运动降低为化学、物理、机械的运动。从用古典方法研究生物学到以全体论研究生物学，是生物学领域的一场"哥白尼革命"，实现了从部分到整体、从结构到过程的转移，揭示出了生物体全体与部分的相互依赖性和联系性，考虑到了生命的整体性，但仍然带有生机论和机械论的烙印。随着科学的发展，人们对生命的认识一定会在不断扬弃中走向某种形式的整体论和生成论。

生物学为生命之学，有关生命之成果可为认识儿童予以本质的说明，使儿童研究获得生物学依据，从而把握、遵循儿童的生命规律。因为自然科学的发展，其科学方法与原理，逐渐贯彻于教育学领域之中，以探求指导的准则，不致有违反自然的倾向，藉以解决教育难题。生物学生命观对于教育的影响，很显然地表现于教育学者或教育思想家中间。例如巴特勒、霍恩、基廷、鲁迪格、推孟、杜威、皮亚杰以及蒙台梭利等人，在他们的著作中，都可看出其运用生物学之生命原理来作理论根据。鲁迪格在其著作《教育原理》中写道："教育完全是一种生物学的历程。"[②] 推孟在其《学校儿童卫生学》主张："我们从事教育的人，一切思想都

---

① [美] W. 瓦托夫斯基. 科学思想的概念基础——科学哲学导论（新校译本）[M]. 范岱年，等译. 北京：求实出版社，1989：472.
② 张栗原. 教育生物学 [M]. 福州：福建教育出版社，2007：3.

应该运用生物学的观点,藉以探求教育哲理于发育的法则之中。"①但由于生命是一个非常复杂的系统,把复杂的生命现象分解为生物过程是明显存在其局限性的。生物学的缺陷是从"物"的角度认识人,用物种的方法和逻辑认识人的生命,把人"物化"而忽视了人的社会属性。对人生命的认知,必须突破"物种"的认识逻辑和方法,用活生生整体人的方式来认识人,认识人的生命,才能确立真正意义上的人的生命观,也才能为儿童生命的认知提供科学的依据。

二、哲学视野下的"生命"

人类对自身生命问题的思考和探究,伴随着人类历史的始终。哲学的产生和出现,开启了哲学理解和阐释人的生命问题的认识。而这种对生命的哲学探求是不断生成和发展着的,是通过许多思想家、许多观察家的集体努力和循序渐进实现的,他们相互补充、相互修正、相互促进,为我们解读生命奥秘提出一种视角和方法,使我们隐约看到这种视角和方法在某些基本点上付诸实施的可能性。

(一)西方柏格森的生命创造进化论

生命哲学是19世纪末在德、法产生的,以关注人的生命价值和意义为目的的一种哲学思潮。康德的"审美直观"与席勒的"形式冲动"开启了以感性生命为对象的哲学之路,成为生命哲学的萌芽。叔本华上承并改造了康德哲学,认为解释世界的方法不再是理智与逻辑的,而是直觉与体验的。叔本华将传统理性哲学改造为以生命为逻辑核心的新型哲学,尼采也将生命意志视为世界的本源动力,被称为强力生命哲学。叔本华与尼采都将"生命意志"视为世界的本源,并且以此为出发点,成为以现实与感性的人作为哲学出发点的先驱。叔本华与尼采主张,世界永恒发展的终极内因应该是生生不息的意志。正是因为叔本华与尼采二人的强力反叛,"生命"观念才渐渐深入人心。狄尔泰主张通过感性的"体验"把握生命现象,提出了"体验——表达——理解"分析框架,奠定了生命哲学的认识论基础。在他看来,生命是活生生的、具体的,它有过程、有历史,但却不重复。生命总在变化,人置身在自己的生命之流中,又能与他人的生命融合在一起。19

---

① 张栗原.教育生物学[M].福州:福建教育出版社,2007:3.

儿童观

世纪末,西方近代生物科学的产生,促使人们对生命现象有了新的认识并去进行新的探索。柏格森提出了生命创造进化论,试图用创造的、运动变化的和整体联系的观点说明生命现象。柏格森总结前人成果,将生命哲学的基本精神发扬光大,从理论上系统地证明了"创造性地生成"乃是生命的本质,成为生命哲学集大成者。

正如上文所述,生机论(即目的论)生命观认为,一切生命活动可以预测。机械论则单纯从力学观点解释生命现象,把整个有机自然界的发展看作量的机械进化。生机论和机械论已严重阻碍着人们对生命的认识,达尔文的微小变异理论也依然未摆脱其机械性倾向。柏格森深受进化论思想启迪,被生命进化中的新奇性和创造性所打动。1907 年,柏格森出版了《创造进化论》,"因为他那丰富的且充满生命力的思想,以及所表现出来的光辉灿烂的技巧"[①],批驳了机械论与目的论生命观,应时之需树起生命哲学大旗,破天荒地指出了一条生命"创造进化"的道路。柏格森认为世界就是一个"生命冲动"永不停歇的变易场,批判传统的静止孤立、非连续性和机械性的生命观,强调生命的"生成"和"创造"。他认为整个宇宙是一个创造进化的过程,其动力主要来源于生命冲动。而世界的本质即是人的本质,人的本质就是生命,而绵延便是生命本质的体现,生命的本质更是创造。"绵延是入侵将来和在前进中扩展的过去的持续推进。从过去在不断增长的时候起,过去也无限期地保留下来。"[②] "对于一个有意识的生命来说,存在在于变化,变化在于成熟,成熟在于不断地自我创造。"[③] 绵延意味着创造,意味着全新事物的不断产生。活的有机体是在绵延之中的物体,"它的整个过去延伸到现在,成为现在的现实和起着作用"[④]。"我们的生命的每一个瞬间都是一种创造。……我们在连续地创造我们自己。"[⑤] "生命是出生前生命进化的延伸。"[⑥] 生物的演变也包含一种绵延的持续登记,包含过去在现在中的一种持续。"生物的目前状态不能在最近的过去中找出其原因,而是应该考虑有机体的整个过去,

---

① 亨利·柏格森的《创造进化论》1927 年获得诺贝尔文学奖的得奖评语.
② [法]亨利·柏格森.创造进化论[M].姜志辉,译.北京:商务印书馆,2004:10.
③ [法]亨利·柏格森.创造进化论[M].姜志辉,译.北京:商务印书馆,2004:13.
④ [法]亨利·柏格森.创造进化论[M].姜志辉,译.北京:商务印书馆,2004:19.
⑤ [法]亨利·柏格森.创造进化论[M].姜志辉,译.北京:商务印书馆,2004:12.
⑥ [法]亨利·柏格森.创造进化论[M].姜志辉,译.北京:商务印书馆,2004:22.

它的遗传，以及它的整个漫长的历史。"① 真正的进化论是着眼于现实的生成和发展，"沿着时间的路线前进，它因不断积累的绵延而扩张，可以说，它带着自身滚雪球。"② 进化是不断生成和创新的过程，它是自己为自己开辟道路，外在因素不能左右其进程，也不能为其设定方向。"进化意味着过去通过现在的一种实在连续，意味着像连接符号一样的绵延。"③ "一种可见的流动在某一时刻和在空间中的某些点产生，这种生命之流穿过它所组织起来的身体，从一代到下一代，它在各个物种之间分流，分散到个体中，不但不失去自己的力量，反而在前进中不断得到加强。"④ "生命好像是一种流动，它通过成熟的有机体，从一个种质到另一个种质。发生的一切，就像有机体本身只是一个增生体，只是一个花苞，它使一个旧的种质持续发展为一个新的种质。本质的东西是无限进行的发展的连续性，在这个不可见的发展中，每一个可见的有机体在其被赋予生命的短暂的时间间隔中相互重叠。"⑤

在此，柏格森向我们展示了蕴含着无限生机和动力的生命态，阐释了逐渐生成中的、创造的进化，突出了生命活动的动态性、生成性、过程性。柏格森的创造进化论带来了一个极具生命力的观念——生成，认为人没有一成不变的既定本质，把人看成是未定型的、未完成的，有无限发展可能的一种存在，这也就敞开了人的生命属性的生成性，为我们研究儿童的生命属性提供了丰富的思想资源，也为客观、真实认识儿童的生命创造性提供了哲学基础。柏格森的生命创生理论，将"生成"的种子播进了哲学沃土，催发了哲学研究的转向，使得"生成"观念从此在哲学领域中深入人心。同时，现代科学也从中获得哲学启迪，并为现代自然科学的巨匠们提供了哲学的思想基础，跳出了近代经典科学的机械决定论意识的樊篱，开启了现代科学研究的新篇章。

（二）中国传统哲学生命观

"中国文化之开端，哲学观念之呈现，着眼点在生命，故中国文化关心的

---

① ［法］亨利·柏格森.创造进化论［M］.姜志辉，译.北京：商务印书馆，2004：24.
② ［法］亨利·柏格森.创造进化论［M］.姜志辉，译.北京：商务印书馆，2004：8.
③ ［法］亨利·柏格森.创造进化论［M］.姜志辉，译.北京：商务印书馆，2004：26.
④ ［法］亨利·柏格森.创造进化论［M］.姜志辉，译.北京：商务印书馆，2004：29.
⑤ ［法］亨利·柏格森.创造进化论［M］.姜志辉，译.北京：商务印书馆，2004：29.

是'生命',而西方文化的重点,其所关心的是'自然'或'外在的对象'。"①中国传统哲学以生命问题的思考和解决为其思想的旨归,对生命本质、生命存在和发展等与生命相关的问题给予了极大关注,具有鲜明的生命哲学取向。

1. 精气学说:生命的起源

精气学说是研究精气内涵及其运动变化规律,并用以阐释宇宙万物的生成及其发展变化的一种古代哲学思想。其滥觞于先秦时期,两汉时被"元气说"同化。精与气在古代哲学范畴中基本上是同一的,为宇宙万物生成的本原。"气,云气也。"②"精也者,气之精者也。"③

老子认为,"道生一,一生二,二生三,三生万物。"④庄子发展了老子学说,完善了"道—气—物(人)"的万物生成模式。"察其始而本无生;非徒无生也,而本无形;非徒无形也,而本无气。杂乎芒芴之间,变而有气,气变而有形,形变而有生,今又变而之死,是相与为春秋冬夏四时行也。"⑤"通天下一气耳。"⑥庄子认为天地万物及人类生灵皆由一气所生,揭示了"道—气—形—生"这一生命形成的全过程。两汉时期,精气学说被元气说同化,并逐渐发展为"元气一元论",开中国气本论哲学之先河。以王充为代表的"元气一元论"主张,气是化生宇宙万物的唯一本原或本体。"元者,为万物之本。"⑦

"精气为物。"⑧"天地感而万物化生。"⑨宇宙万物由精气构成。"宇宙生气,气有涯垠。清阳者薄靡而为天,重浊者凝滞而为地。"⑩精气分为阴阳二气,阳刚阴柔,二气交感聚合,万物乃生成形。因此,天地阴阳二气的交感合和是宇宙万物包括人类的发生、发展与变化的根本机制。"阴阳合而万物生。"⑪"人之生也,天出其精,

---

① 牟宗三.中西哲学之会通十四讲[M].上海:上海古籍出版社,1997:11.
② 许慎.说文解字·气部[M].北京:中华书局,2013:8.
③ 管仲.管子·内业[M].何怀远,等.呼和浩特:远方出版社,2006:58.
④ 老聃.老子·四十二章[M].梁海明,译注.太原:山西古籍出版社,1999:77.
⑤ 庄周.庄子·至乐[M].雷仲康,译注.太原:山西古籍出版社,1999:183.
⑥ 庄子.(译注)庄子·知北游[M].费逸,译注.广州:花城出版社,1995:334.
⑦ 董仲舒.春秋繁露·重政[M].凌曙,注.北京:中华书局,1975:186.
⑧ 周易·系辞上[M].方飞,译注.乌鲁木齐:新疆青少年出版社,1999:428.
⑨ 易经·咸彖[M].梁海明,译注.太原:山西古籍出版社,1999:101.
⑩ 淮南子·天文训[M].陈广忠,译注.北京:中华书局,2012:103.
⑪ 淮南子·天文训[M].陈广忠,译注.北京:中华书局,2012:152.

地出其形,合此以为人。"① "天地合气,命之曰人。"② 宇宙万物包括人类的发生机制是天地阴阳精气的交感合和。"烦气为虫,精气为人。"③ 人为宇宙万物之一,宇宙万物皆由精气构成,人类也由天地阴阳精气交感聚合而生。但人类与宇宙中的他物不同,不仅有生命,还有精神活动,故由"精气",即气中的精粹部分所化生。人类禀受精气而生,动物禀受烦气而成,故人与动物不仅形体有异,而且人的精神、情感、智慧也为动物所不及。人类自身的繁衍,是男女生殖之精相结合而成。"男女构精,万物化生。"④ 古代哲人把男女两性生殖之精相结合形成胚胎之论,进一步推理为雌雄两性之精相结合而生成万物,进而再引申为天地阴阳精气相合而万物化生。"天地合而万物生,阴阳接而变化起。"⑤ 自然界一切事物之变化,皆由精气运动所致。"气之升降,天地之更用也。"⑥ 气的运动具有普遍性,宇宙中万事万物既是由运动着的气交感聚合而化生,其自身又具备着运动特性及升降聚散等运动形式。"太虚不能无气,气不能不聚为万物,万物不能不散而为太虚。"⑦ "是以升降出入,无器不有。"⑧ "人之生也,气之聚也,聚则为生,散则为死。"⑨ 人由天地阴阳精气凝聚而生,人死又复散为气。人的生命过程,便是气的聚散升降运动过程。气的升降聚散运动使整个宇宙充满了生机,既可促使无数新生事物的孕育生成,又能引致许多旧事物的衰败与消亡,如此维持了自然界新陈代谢的平衡与生生不息。"人与天地相参也,与日月相应也。"⑩ 人与自然同呼吸,共生息。精气是天地万物生成的本原,天地万物之间又充斥着无形之气,且这无形之气亦渗入有形实体,与构成有形实体的气进行各种形式的交换活动,因而精气可为天地万物相互联系、相互作用的中介性物质。通过气的中介作用,人与天地万物的变化息息相通。宇宙是一个万物相通的有机整体,并由于精气的运动变化而生生不息。精

---

① 管仲.管子(下)·内业第四十九[M].呼和浩特:远方出版社,2006:63.
② 黄帝,等.黄帝内经·素问·宝命全形论[M].南京:凤凰出版社,2012:138.
③ 淮南子·精神训[M].陈广忠,译注.北京:中华书局,2012:337.
④ 周易·系辞下[M].方飞,译注.乌鲁木齐:新疆青少年出版社,1999:461.
⑤ 荀况.荀子·礼论[M].谢丹,书田,译注.呼和浩特:远方出版社,2004:155.
⑥ 黄帝,等.黄帝内经·素问·六微旨大论[M].南京:凤凰出版社,2012:329.
⑦ 王夫子.张子正蒙注·正蒙·太和[M].北京:古籍出版社,1945:5.
⑧ 黄帝,等.黄帝内经·素问·六微旨大论[M].南京:凤凰出版社,2012:330.
⑨ 庄子.(译注)庄子·知北游[M].费逸,译注.广州:花城出版社,1995:333-334.
⑩ 黄帝,等.黄帝内经·灵枢·岁露论[M].南京:凤凰出版社,2012:917.

儿童观

气学说作为古代哲学中朴素的唯物论思想,阐明了人类与自然万物有着共同的化生之源,形成了"天人合一"的同源性思维和相互联系的观点,构建了人与自然、社会环境统一性的整体观念,奠定了初步的生命生成观和生命整体观,是中国自古以来重视胎教的思想渊源,为认识、理解儿童生命发展的生成性和整体性提供了思想基础。中医学接纳了精气学说的精髓,将其作为一种方法论引入其中,创立了智慧独特的中医学精气生命理论。

2. 阴阳学说:生命的运行

阴阳学说属于中国古代唯物论和辩证法范畴,是在气论基础上建立起来的对立统一理论,体现出朴素的辩证法思想,旨在探求宇宙本原,解释宇宙变化。阴阳学说认为:世界是物质性的整体,世界本身是阴阳二气对立统一的结果。阴阳二气的相互作用,促成了事物的发生并推动着事物的发展和变化。"阴阳者,天地之道也,万物之纲纪,变化之父母,生杀之本始,神明之府也。"①

"阴阳者,一分为二也。"② 阴阳的本义是指物体对日光的向背:"阴,暗也。水之南,山之北也。"③ "阳,高明也。"④ 随着认识的发展,阴阳的朴素涵义逐渐得到引申,几乎把自然界所有的事物和现象都划分为阴阳两个方面。西周时期即有多处文献记载,如《易经》中的阴爻与阳爻。春秋战国时期,诸子百家争鸣,阴阳学说也逐渐形成。"道生一,一生二,二生三,三生万物。万物负阴而抱阳,冲气以为和。"⑤ 庄子亦用阴阳二气的感应合和来解释天地万物乃至人的生成。"天地者,形之大者也;阴阳者,气之大者也。"⑥ 古代先哲们逐渐把阴阳的存在及其运动变化,视为宇宙节律运动的最根本的原理与法则。"阴阳者,天地之大理也。四时者,阴阳之大经也。"⑦ "阳至而阴,阴至而阳,日困而还,

---

① 黄帝,等.黄帝内经·素问·阴阳应象大论[M].南京:凤凰出版社,2012:36.
② 张景岳.类经·阴阳类[M].范志霞,校注.北京:中国医药科技出版社,2011:8.
③ 许慎.说文解字·阴部[M].北京:中华书局,2013:306.
④ 许慎.说文解字·阴部[M].北京:中华书局,2013:306.
⑤ 老聃.老子.老子·四十二章[M].梁海明,译注.太原:山西古籍出版社,1999:77.
⑥ 庄子.(译注)庄子·则阳[M].费逸,译注.广州:花城出版社,1995:412.
⑦ 管仲.管子(下)·四时第四十[M].呼和浩特:远方出版社,2006:16.

月盈而匡。"①"立天之道,曰阴曰阳。"②"一阴一阳之谓道。"③先哲们将阴阳相互作用、对立统一、消长转化视作事物运动变化之道,标志着阴阳学说作为古人认识世界的一种方法论的形成,从此也成为了中国哲学数千年而盛行不衰的思想基础。

阴阳,既可以标示相互对立的事物或现象,又可以标示同一事物或现象内部对立着的两个方面。凡相关事物的相对属性,皆可划分阴阳,具有普遍性。阴阳所分析的事物或现象,必须是在相互关联的基础上(同一范畴、同一层次或同一交点等),表现出相关性(见表4-1④)。事物阴阳属性有严格的划分,不可随意指定,其属阴或属阳一经确定,则不能颠倒反称。

表 4-1 事物阴阳属性归类表

属性	空间	时间	季节	温度	湿度	重量	性状	亮度	运动状态
阳	上、外、左、南、天	昼	春、夏	温热	干燥	轻	清	明亮	弥散、上升、运动、兴奋、亢进
阴	下、内、右、北、地	夜	秋、冬	凉寒	湿润	重	浊	晦暗	凝聚、下降、静止、抑制、衰退

阴阳学说以"一分为二"的观点,来说明相对事物或同一事物的两个方面存在着相互对立、制约、排斥、互根、互用、互藏、交感、消长、转化、自和等运动规律和形式。阴阳对立制约说明阴阳双方既是对立的,又是统一的,对立与统一之间,维持着动态平衡。"阴则能制阳矣,静则能制动矣。"⑤阴阳双方相互制约而达到协调平衡,则人体生命活动健康有序,人体便处于正常生理状态下。"阴胜则阳病,阳胜则阴病。"⑥制约太过与制约不及,都会导致动态平衡的破坏而致病。阴阳互根则是阴阳双方相互依存、互为根本。"阳生阴长,阳杀阴藏"⑦维持着自然界气候的相对稳定,人体精与气的相互资生和促进也可使人的生命活动处于健

---

① 左丘明.国语·越语下[M].上海:上海古籍出版,1998:653.
② 周易·说卦[M].方飞,译注.乌鲁木齐:新疆青少年出版社,1999:473.
③ 周易·说辞上[M].方飞,译注.乌鲁木齐:新疆青少年出版社,1999:429.
④ 孙广仁.中医基础理论[M].北京:中国中医药出版社,2007:34.
⑤ 管仲.管子·心术上[M].呼和浩特:远方出版社,2006:339.
⑥ 黄帝,等.黄帝内经·素问·生气通天论[M].南京:凤凰出版社,2012:38.
⑦ 黄帝,等.黄帝内经·素问·阴阳应象大论[M].南京:凤凰出版社,2012:36.

康状态。阴阳运动是阴阳交感得以实现的基础，是阴阳二气在运动过程中的一种最佳状态，这种最佳状态即为"和"。管子在论人之生成时特别强调了"和"与"生"的关系："凡人之生也，天出其精，地出其形，合此以为人。和乃生，不和不生。"[①]阴阳交感是生命产生的基本条件。"天本阳也，然阳中有阴；地本阴也，然阴中有阳，此阴阳互藏之道（见图4-1）。"[②] 在一定条件下，阴阳双方还可以向其相反的方向转化，即阴转化为阳，阳转化为阴。"物生谓之化，物极谓之变。"[③]任何事物都存在着"物极必反"的规律。阴阳转化既可以表现为渐变，又可以表现为突变。"天地之气，莫大于和。和者，阴阳调……阴阳相接，乃能成和。"[④]"阴阳匀平，以充其形。九候若一，命曰平人。"[⑤]阴阳运动推动着事物的变化发展，只有阴阳处于平衡和谐状态，人才可能保持健康的生命状态，昭示了生命在于阴阳之和。

阴阳的对立制约、互根互用、交感互藏、消长转化以及自和与平衡，从不同角度说明了阴阳之间的相互关系及其运动规律，表达了阴阳之间的对立统一关系。阴阳之间的这些关系及其运动规律并非孤立的，而是彼此互相联系的。阴阳的对立互根是阴阳最普遍的规律，说明了事物之间既相反又相成的关系；事物的阴阳双方通过对立制约而取得平衡协调，通过互根互用而相互促进，不可分离；阴阳交感是万物产生和发展的前提，万物在阴阳交感过程中产生；阴阳的互藏则是阴阳交感的动力根源，也是阴阳消长转化的内在根据；阴阳的消长与转化是阴阳运动的形式，阴阳消长是在阴阳对立制约、互根互用基础上表现出

图4-1 阴阳互藏示意图[⑥]

---

① 管仲.管子·内业[M].呼和浩特：远方出版社，2006：63.
② 张景岳.类经·运气类[M].范志霞，校注.北京：中国医药科技出版社，2011：440.
③ 黄帝，等.黄帝内经·素问·天元纪大论[M].南京：凤凰出版社，2012：306.
④ 淮南子·氾论训[M].陈广忠，译注.北京：中华书局.2012：733.
⑤ 黄帝，等.黄帝内经·素问·调经论[M].南京：凤凰出版社，2012：285.
⑥ 大圆圈表示太极。其中黑色部分表示阴，阴从右降；白色部分表示阳，阳从左升。黑色部分中的小白圆圈为阴中之阳；白色部分中的小黑圆圈为阳中之阴。即所谓阴中有阳，阳中有阴。

的量变过程，阴阳转化则是在量变基础上的质变，是阴阳消长的结果。阴阳的动态平衡由阴阳之间的对立制约、互根互用、交感互藏及其消长转化来维系，而阴阳自和表达了其自动维持和自动恢复这一动态协调平衡的能力与趋势。如果阴阳的这种动态平衡遭到了破坏，又失去了自和的能力，在自然界就会出现反常现象，在人体则会出现由生理健康状态进入疾病状态，甚至死亡。阴阳学说阐释了事物内部阴阳两方面的运动是宇宙万事万物发生、发展以及变化的根本原因，论证了阴阳的相互作用、对立统一、消长转化是事物运动变化的基本规律，进一步昭示了生命活动的动态性、平衡性与整体性。皮亚杰以同化、顺应理论阐释儿童心理发展的动态平衡，与中国传统阴阳学说阐释生命现象，具有异曲同工之妙。成书于秦汉之际的《黄帝内经》，其运用阴阳学说阐释了医学中的诸多问题以及人与自然界的关系，使阴阳学说与医学密切结合起来，成为中医学的重要思维方法之一，为中医儿科发展提供了思想基础，对儿童生命的认知与照护作出了巨大贡献。

3. 五行学说：生命的联系

五行学说是研究木、火、土、金、水五行的概念、特性及其生克、制化、乘侮规律，并用以阐释宇宙万物的发生、发展、变化及相互关系的一种古代哲学思想，属于中国古代唯物论和辩证法范畴。五行学说是一种原始而质朴的系统论，以数术的方式力图说明宇宙的根本秩序，强调事物之间的相互影响与关联。它用普遍联系的五行系统将人体生命活动与自然界万事万物联系起来，形成了联系内外环境的五行系统，阐明了人体生命活动的整体性及其与外界环境之间的统一性，成为论证天人合一、天地人相参的宇宙和谐思想的依据。在中国古代社会中，这一思想不仅对于自然科学、应用技术和人文科学的发展影响十分巨大，并在一定程度上推动着中国古代的思维发展，决定着中国哲学在一定时期内的基本走向。"五行，是中国人的思想律，是中国人对于宇宙系统的信仰。"[①] 五行学说可谓人类最早的生态学理论，西方直到 1866 年德国生物学家恩斯特·海克尔才提出"生态学"概念：生态学是研究有机体与其周围环境（包括非生物环境和生物环境）相互关系的科学。后引入系统论、控制论、信息论的概念和方法，目前已经发展为"研究生物与其环境之间的相互关系的科学"，20 世纪 70 年代以来则进一步概括为物质流、能量流及信息流，并细分为多个分支学科，包括专门研究儿童成长与

---

① 顾颉刚.古史辩自序（下册）[M].石家庄：河北教育出版社，2000：430.

环境相互关系的教育生态学。而在中国古代，五行学说即建构了详细、具体的人体生命活动与外界环境之间的相互关系解释模型，包含了现代生态学研究的先进理念与方法，不愧为人类思想瑰宝。

五行，即木、火、土、金、水五种物质及其运动变化。五行最初与"五材"有关，"天生五材，民并用之，废一不可"①，"五材"是人类日常生产和生活中最为常见的和不可缺少的基本物质。"以土与金、木、水、火杂，以成万物。"②"五行"一词最早见于《尚书》："鲧堙洪水，汩陈其五行。"③"五行：一曰水，二曰火，三曰木，四曰金，五曰土。水曰润下，火曰炎上，木曰曲直，金曰从革，土爰稼穑。"④古人将水火木土金作为五种代表物，抽象出五行特性，并以此为基本依据，将自然界万事万物进行归属分类为彼此联系的五行系统（见表4-2⑤）。

表4-2　事物属性的五行归类表

自然界						五行	人体					
五音	五味	五色	五化	五气	五方	五季		五脏	六腑	五官	形体	情志	五声	变动
角	酸	青	生	风	东	春	木	肝	胆	目	筋	怒	呼	握
徵	苦	赤	长	暑	南	夏	火	心	小肠	舌	脉	喜	笑	忧
宫	甘	黄	化	湿	中	长夏	土	脾	胃	口	肉	思	歌	哕
商	辛	白	收	燥	西	秋	金	肺	大肠	鼻	皮毛	悲	哭	咳
羽	咸	黑	藏	寒	北	冬	水	肾	膀胱	耳	骨	恐	呻	栗

五行学说以五行特性区分事物与现象，天地万物的运动也都受五行生克、制化、胜复法则的支配，人体脏腑、组织、器官之间也不例外。五行相生相克是指五行间存在着动态有序的相互资生和相互制约的关系，五行制化和胜复是指五行系统中具有的自我调节机制。由于五行之间存在着相生相克与制化胜复的关系，从而维持五行结构系统的平衡与稳定，促进事物的生生不息。（1）五行相生与相克（见图4-2⑥）。五行相生是指五行之间存在着有序的递相资生、助长和促进的

---

① 柯继民.左传·襄公二十七年[M].哈尔滨：黑龙江人民出版社，2003：1799.
② 左丘明.国语·郑语[M].上海：上海古籍出版社1998：515.
③ 尚书·周书·洪范[M].罗庆云，戴红贤，译注.呼和浩特：远方出版社，2004：74.
④ 尚书·周书·洪范[M].罗庆云，戴红贤，译注.呼和浩特：远方出版社，2004：74.
⑤ 孙广仁.中医基础理论[M].北京：中国中医药出版社，2007：49.
⑥ 孙广仁.中医基础理论[M].北京：中国中医药出版社，2007：51.

关系。五行相克是指五行之间存在着有序的递相克制、制约的关系。(2)五行制化与胜复。五行制化是指五行之间既相互资生,又相互制约,以维持平衡协调、推动事物稳定有序变化与发展,属五行相生与相克相结合的自我调节。"亢则害,承乃制,制则生化。"① 五行胜复是指五行中一行亢盛(胜气),则引起其所不胜(复气)的报复性制约,从而使五行之间复归于协调和稳定,属于五行之间相克规律的自我调节。(3)五行相乘与相侮(见图4-3②)。五行相乘指五行中一行对其所胜的过度制约或克制,又称"倍克"。相克为正常情况下的五行制约关系,相乘则是五行的异常制约现象。在人体,相克表现为正常生理现象,相乘表现为病理性变化。五行相侮是指五行中一行对其所不胜的反向制约和克制,又称"反克"。五行的相乘与相侮都是不正常的相克现象,前者为相克次序上的过度克制,后者为相克次序上的反向克制。"气有余,则制己所胜,而侮所不胜;其不及,则己所不胜,侮而乘之,己所胜,轻而侮之。"③ (4)五行的母子相及。五行的母子相及包括母病及子和子病及母,皆属于五行之间相生关系异常的变化。

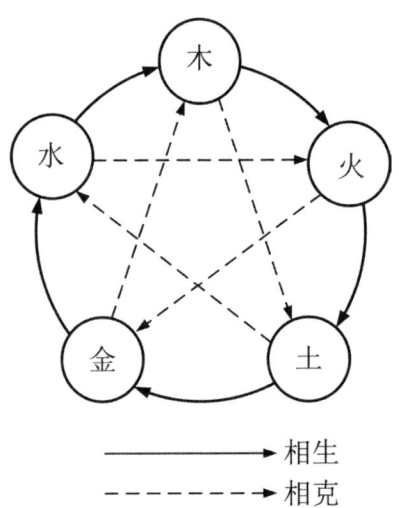

图4-2 五行相生相克示意图

---

① 黄帝,等.黄帝内经·素问·六微旨大论[M].南京:凤凰出版社,2012:322.
② 孙广仁.中医基础理论[M].北京:中国中医药出版社,2007:51.
③ 黄帝,等.黄帝内经·素问·五运行大论[M].南京:凤凰出版社,2012:317.

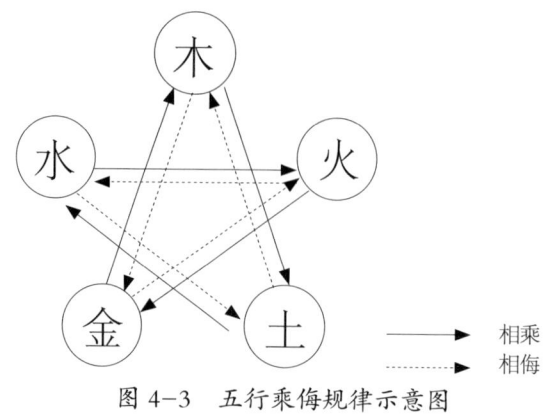

图 4-3 五行乘侮规律示意图

中国传统哲学是以"生命"为中心的生命哲学，其着眼的重心乃在于生命，关心的是生命本质的探求。"'使生命成为智慧的而非智慧为役于生命'一句话，这是从根本上道出了东方学术之真髓的。一般生物乃至人类的生命皆有很大盲目性和机械性。人类的智慧虽高，但此智慧却恒在生命所役使之下向外活动。只有东方古人却把它收回来还用诸其身，使生命成为智慧的，而非智慧为役于生命。"[①] 精气学说认为精或气生成宇宙万物，其升降聚散运动推动着宇宙万物的生成、发展和变化，人体之精是人体生命的本原，阐明了天地万物的同源性及物质统一性，阐释了生命的起源，构建了生命的生成观。阴阳学说认为宇宙运动总规律就是阴阳的对立统一，生命过程亦为阴阳对立统一过程，阐释了生命运行的动态、平衡性。五行学说认为五行是构成物质世界的基本元素，天地万物的运动都受五行生克、制化、胜复法则支配，创立了天人合一的宇宙观、生命观，阐明了生命联系的统一性、整体性，为创设良好的儿童生命教育生态提供了立论基础。精气学说、阴阳学说和五行学说是朴素的唯物论和辩证法，是中国传统文化的思想基础，借此中华民族形成了独特的民族精神和整体辩证的思维方式。中国古人的智慧令人叹为观止，精气学说、阴阳学说和五行学说着眼于宇宙天地、立足于人类自身，以思辨的方法认识自然、解读宇宙，从不同角度和层次阐释了宇宙万物的生成、发展与变化规律，探讨了生命的奥秘，建构了一种有机的、整体的、动态的、变化的、生成的生命观，初步建立了古代

---

① 大华,任葺.孔子学说的重光——梁漱溟新儒学论著辑要[M].北京:中国广播电视出版社，1995：496.

的生命哲学体系，奠定了中国大众传统生命认知与生育观念的基本特征、价值观念与总体追求，也为当今的生命研究与思考提供了智慧的启迪和润泽，成为儿童生命研究的重要思想渊源。

三、中医学视野下的"生命"

中医学，发祥于中国古代的研究人体生命、健康、疾病的科学，是一门以自然科学为主体、多学科知识相交融的医学科学。它以整体观念为主导思想，以精气、阴阳、五行学说为哲学基础和思维方法，以脏腑经络及精气血津液为生理病理学基础，以辨证论治为诊治特点的独特的医学理论体系。中医学是采纳天文、历算、地理、气象、生物、物理、心理等学科知识，运用中国古代哲学思想与方法，基于长期的医疗实践，针对人体组织结构、生理功能、养生、病理、治则等进行总结、分析、归纳和整理而成的科学知识体系，是中华民族认识生命、维护健康、战胜疾病的宝贵经验总结，是中国传统文化的结晶。中医学包含了中国古代之科学、哲学的诸多方面，这意味着中医学从一开始就走了一条从生命探索人生、从哲学探索生命的道路。

（一）形神一体观

中医学以精气学说为指导，关注人与环境的统一性，构建了以精为人体生命本原、气为生命活动动力的精气生命理论。先天之精化生胎元，在母体内发育而逐渐化生成人体。"人始生，先成精，精成而脑髓生，骨为干，脉为营，筋为刚，肉为墙，皮肤坚而毛发长，谷入于胃，脉道以通，血气乃行。"[①] 人体生命形成之后，在先天之精所提供的生命活力的推动下，后天之精得以不断化生；同时，在后天之精的滋养下，先天之精得以不断充盈，后天之精和先天之精相互依存、融为一体，共同为生命活动提供物质基础。

气既是构成人体的基本物质，又是人体生命的动力，是生命活动的根本保证。"天食人以五气，地食人以五味。"[②] "出入废则神机化灭，升降息则气立孤危，故

[①] 黄帝，等.黄帝内经·灵枢·经脉[M].南京：凤凰出版社，2012：613.
[②] 黄帝，等.黄帝内经·素问·六节藏象论[M].南京：凤凰出版社，2012：59.

非出入，则无以生长壮老已；非升降，则无以生长化收藏。"① 从生命活动来看，人体可分为"形"和"神"。形即形体，是指构成人体的脏腑、经络、五体和官窍及运行或贮藏于其中的精气血津液等。它们以五脏为中心，以经络为联络通路，构成一个有机整体，并通过精气血津液的贮藏、运行、输布、代谢，完成机体统一的机能活动。"五味入口，藏于肠胃，味有所藏，以养五气。气和而生，津液相成，神乃自生。"② 精气血津液是化神养神的基本物质。"血气者，人之神。"③ 神，是指人体生命活动的主宰及其外在总体表现，包括人的意识、思维、情感、性格等精神活动。"两精相搏谓之神。"④ 神来源于先天之精，又依赖于后天之精的滋养。"根于中者，命曰神机，神去则机息。根于外者，命曰气立，气止则化绝。"⑤ 神机，即主宰生命活动的机制，生命活动在内根于神机，在外则根于四时气候变化。精能生神，神能御精，精足而形健，形健而神旺；反之，精衰则形弱，形弱则神疲。"形具而神生。"⑥ 在活的机体上，形与神二者之间相辅相成，相互依附而不可分离。无形则神无以附，无神则形无以活；形为神之宅，神为形之主，形神统一是生命存在的根本保证。"人之血气精神者，所以奉生而周于性命者也。"⑦

中医学将神分为神、魂、魄、意、志，分别归藏于"五神脏"。"心藏神，肺藏魄，肝藏魂，脾藏意，肾藏志。"⑧ 五脏精气充盛、机能协调，五神便安藏守舍而神旺，情志活动正常；否则神衰，就会出现精神方面的异常变化。"所以任物者谓之心，心有所忆谓之意，意之所存谓之志，因志而存变谓之思，因思而远慕谓之虑，因虑而处物谓之智。"⑨ "人有五脏化五气，以生喜怒悲忧恐。"⑩ "五脏藏五神""五脏主五志"，反映了生命存在的形神统一观。

神既是生命活动的总体表现，又是生命活动的主宰，主宰着人体生理活动

---

① 黄帝，等.黄帝内经·素问·六微旨大论［M］.南京：凤凰出版社，2012：330.
② 黄帝，等.黄帝内经·素问·六节藏象论［M］.南京：凤凰出版社，2012：59.
③ 黄帝，等.黄帝内经·素问·八正神明论［M］.南京：凤凰出版社，2012：143.
④ 黄帝，等.黄帝内经·灵枢·本神［M］.南京：凤凰出版社，2012：596.
⑤ 黄帝，等.黄帝内经·素问·五常政大论［M］.南京：凤凰出版社，2012：369.
⑥ 荀况.荀子·天论［M］.谢丹，书田，译注.呼和浩特：远方出版社，2004：124.
⑦ 黄帝，等.黄帝内经·灵枢·本脏［M］.南京：凤凰出版社，2012：769.
⑧ 黄帝，等.黄帝内经·素问·宣明五气［M］.南京：凤凰出版社，2012：134.
⑨ 黄帝，等.黄帝内经·灵枢·本神［M］.南京：凤凰出版社，2012：597.
⑩ 黄帝，等.黄帝内经·素问·阴阳应象大论［M］.南京：凤凰出版社，2012：38.

和心理活动，对人体生命活动具有重要的调节作用。"虽神由精气而生，然所以统驭精气而为运用之主者，则又在吾心之神。"①"心者，君主之官也，神明出焉。"②"得神者昌，失神者亡。"③"一身所宝，惟精气神。神生于气，气生于精，精化气，气化神。故精者身之本，气者神之主，形者神之宅也。"④精、气、神为生命三宝，精是生命的物质基础，气是生命的动力，神是生命的主宰，构成了"形与神俱"的有机整体；精、气、神三者密不可分，三者协调统一，维持"形神一体"的正常生命状态。形健则神旺，神的盛衰是生命力盛衰的综合体现，神是机体生命存在的根本标志，形离神则亡。精足则气充，气充则神旺，精足、气充、神旺是生命充满活力的根本保证。形为阴，神为阳，形是神的藏舍之处，神是形的生命体现；形纳神，神主形，形神统一。形神一体观，即形体与精神的结合与统一，表现为形与神的同步发展，阐释了身心和谐的整体生命观，为教育促进儿童身心和谐发展提供了立论依据。

（二）阴阳平衡观

生命是天地之气运动的产物，生命的过程也是一个运动变化着的过程。阴阳学说把阴阳的对立统一看成世界万物的普遍规律，认为自然的一切事物都是阴阳运动的结果，阴阳运动无所不包，无处不在，是自然界一切事物产生、发展、变化的根源和动力。中医学借鉴了阴阳学说的对立统一理论，广泛用来说明人体的组织结构、生理功能、病理变化，并指导养生保健以及疾病的诊断和治疗，阐释人的生命过程也是阴阳对立统一的结果。

"人生有形，不离阴阳。"⑤一般人体上部为阳，下部为阴；体表属阳，体内属阴；背为阳，腹为阴；四肢外侧为阳，内侧为阴；五脏属里为阴，藏精气而不泻；六腑属表为阳，传化物而不藏。由于阴阳之中复有阴阳，所以分属于阴阳的脏腑形体组织还可以再分阴阳。"背为阳，阳中之阳，心也；背为阳，阳中之阴，肺也。腹

---

① 张景岳.类经·摄生类［M］.范志霞，校注.北京：中国医药科技出版社，2011：3.
② 黄帝，等.黄帝内经·素问·灵兰秘典论［M］.南京：凤凰出版社，2012：54.
③ 黄帝，等.黄帝内经·素问·移精变气论［M］.南京：凤凰出版社，2012：74.
④ 林佩琴.类证治裁·内景综要［M］.孙玉信，等校.上海：第二军医大学出版社，2008：3.
⑤ 黄帝，等.黄帝内经·素问·宝命全形论［M］.南京：凤凰出版社，2012：139.

为阴，阴中之阴，肾也；腹为阴，阴中之阳，肝也；腹为阴，阴中之至阴，脾也。"①经络系统也分阴阳：十二正经中有手足三阴三阳经，奇经八脉中亦有阴阳之分。"阴在内，阳之守也；阳在外，阴之使也。"②总之，人体脏腑经络及形体组织结构的上下、内外、表里、前后各部分之间，无不包含着阴阳的对立统一。

中医学运用阴阳对立统一的运动规律来阐释人体的生理活动，认为健康的生命状态源于阴阳运动的协调平衡。"阳生阴长，阳杀阴藏。"③人体的整体生命活动，正是由于阴阳二气的升降出入运动，推动着人体内物质与物质之间、物质与能量之间的相互转化，调控着人体的生命活动进程，使各种生理功能得到稳定发挥，精神旺盛而身体健康。若阴阳失调，机体功能失和，则引起疾病，甚至死亡。"阴平阳秘，精神乃治；阴阳离决，精气乃绝。"④"阴胜则阳病，阳胜则阴病。"⑤疾病的发生标志着阴阳协调平衡的破坏，中医学运用阴阳理论来分析病因的阴阳属性，并以此掌握病理变化的基本规律。调整阴阳，使之保持或恢复相对平衡，达到阴平阳秘，便是中医学防治疾病的基本原则。"阴阳四时者，万物之终始也，死生之本也，逆之则灾害生，从之则苛疾不起。"⑥法于阴阳以养生，辨识阴阳以诊治。"谨察阴阳所在而调之，以平为期。"⑦

"自古通天者，生之本，本于阴阳。"⑧中医学以阴阳说明人体结构的对立统一关系，把人看作由阴阳构成的整体，阐释了人体内外环境的统一整体性；用阴阳变化的规律来说明生命活动之间的协调联系，对生命活动的阴阳对立统一关系做了更深入的推演，确立了健康源于阴阳平衡的和谐生命观。儿童生命活动的开始，起于胚胎。新生命产生之后，始终处在生长发育的动态过程中，其形体、生理、心理、病理方面各有其不同特点，对养育、保健、教育、疾病防治等都有着不同的要求，阴阳平衡的和谐生命观为古代中国大众提供了正确的小儿养育观。阴阳平衡的生命观阐释了生命活动的量变与质变规律，对于掌握儿童生命活动的生长

---

① 黄帝，等.黄帝内经·素问·金匮真言论［M］.南京：凤凰出版社，2012：33.
② 黄帝，等.黄帝内经·素问·阴阳应象大论［M］.南京：凤凰出版社，2012：41.
③ 黄帝，等.黄帝内经·素问·阴阳应象大论［M］.南京：凤凰出版社，2012：36.
④ 黄帝，等.黄帝内经·素问·生气通天论［M］.南京：凤凰出版社，2012：29.
⑤ 黄帝，等.黄帝内经·素问·阴阳应象大论［M］.南京：凤凰出版社，2012：38.
⑥ 黄帝，等.黄帝内经·素问·四气调神大论［M］.南京：凤凰出版社，2012：23.
⑦ 黄帝，等.黄帝内经·素问·至真要大论［M］.南京：凤凰出版社，2012：457.
⑧ 黄帝，等.黄帝内经·素问·生气通天论［M］.南京：凤凰出版社，2012：24.

发育规律，指导现代儿童保育、教育及疾病防治具有重要意义。

（三）五行统一观

中医学在天人相应思想指导下，把五行学说应用于医学领域，以五行为中心，以空间结构的五方、时间结构的五季、人体结构的五脏为基本框架，将自然界的各种事物和现象以及人体的生理病理现象，按其属性进行归纳，从而将人体的生命活动与自然界的事物或现象联系起来，形成了联系人体内外环境的五行结构系统，用以阐释人体局部与局部、局部与整体、体表与内脏的有机联系以及人体与外在环境的统一（见图4-4①）。"南方生热，热生火，火生苦，苦生心，心生血，血生脾，心主舌。其在天为热，在地为火，在体为脉，在脏为心，在色为赤，在音为徵，在声为笑，在变动为忧，在窍为舌，在味为苦，在志为喜。喜伤心，恐胜喜，热伤气，寒胜热，苦伤气，咸胜苦。"②

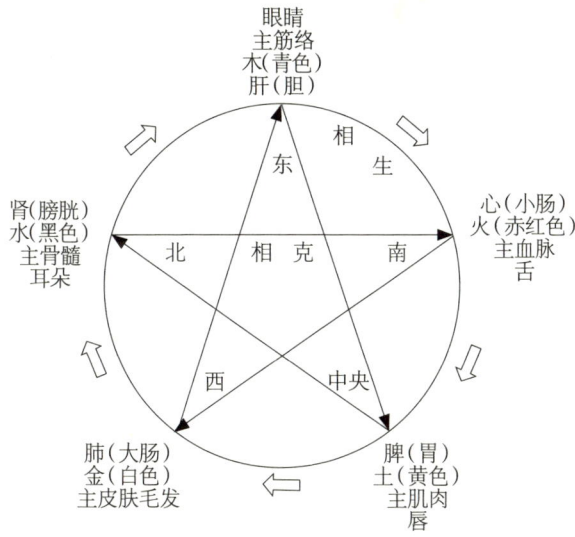

图4-4 中医五行示意图

中医学运用五行理论不仅说明在生理情况下脏腑间既相互资生又相互制约的关系，而且阐释了脏腑间的病理影响。相克关系的传变包括相克太过致病的"相乘"和反向克制致病的"相侮"。按相生规律传变时，母病及子病情较浅，子病

---

① 孙广仁. 中医基础理论 [M]. 北京：中国中医药出版社，2007：48.
② 黄帝，等. 黄帝内经·素问·阴阳应象大论 [M]. 南京：凤凰出版社，2012：40.

儿童观

及母病情较重。按照相克规律传变时,相乘传变病情较深重,相侮传变病情较轻浅。依据五行学说,五脏中的每一脏都具有生我、我生和克我、我克的生理关系。五脏之间的生克制化,说明每一脏在功能上因有他脏的资助而不至于虚损,又因有他脏的制约而不至于过亢。本脏之气太盛,则有他脏之气制约;本脏之气虚损,又可由他脏之气补之。这种制化关系将五脏紧紧联系成一个整体,从而保证了人体内环境的统一。同时,中医学还运用五行理论说明五脏发病与季节的关系,阐释了人体内外环境的相互影响。五脏外应五时,因此五脏发病的一般规律是在其所主之时受邪而发病。"五脏各以其时受病……乘秋则肺先受邪,乘春则肝先受之,乘夏则心先受之,乘至阴则脾先受之,乘冬则肾先受之。"[1]

人体是一个有机整体,当内脏有病时,其功能活动及其相互关系的异常变化,可以反映到体表相应的组织器官,出现色泽、声音、形体、脉相等诸方面的异常变化。中医学将人体五脏与自然界的五色、五音、五味等都作了相应联系,构成了天人一体的五脏系统,通过观察分析望、闻、问、切四诊所搜集的外在表现,依据事物属性的五行归类和五行生克乘侮规律,可确定五脏病变的部位,推断病情进展和判断疾病的预后,即"视其外应,以知其内脏"[2]。"望而知之者,望见其五色,以知其病。闻而知之者,闻其五音,以别其病。问而知之者,问其所欲五味,以知其病所起所在也。切脉而知之者,诊其寸口,视其虚实,以知其病,病在何脏腑也。"[3]通过望、闻、问、切"四诊合参",对疾病进行正确的诊断后,须依据五行的生克乘侮规律,控制疾病的传变,确定治则治法。疾病的传变与否,主要取决于脏气的盛衰,盛则传,虚则受。疾病治疗时除对本脏进行治疗之外,还要依据其传变规律,治疗其他脏腑,以防止传变。"见肝之病,则知肝当传之于脾,故先实其脾气。"[4]"虚则补其母,实则泻其子。"[5]被誉为"儿科之圣"的北宋钱乙,首创儿科五脏辨证体系,提出心主惊、肝主风、脾主困、肺主喘、肾主虚的辨证纲领,成为中医儿科辨证学中最重要的方法,对中医儿科体系的形成做出了突出贡献,可谓中国儿童的"生命保护神"。

---

[1] 黄帝,等.黄帝内经·素问·咳论[M].南京:凤凰出版社,2012:190.
[2] 黄帝,等.黄帝内经·灵枢·本脏[M].南京:凤凰出版社,2012:779.
[3] 南京中医学院校释.难经校释·难经·六十一难[M].北京:人民卫生出版社,2012:113.
[4] 南京中医学院校释.难经校释·难经·七十七难[M].北京:人民卫生出版社,2012:137.
[5] 南京中医学院校释.难经校释·难经·六十九难[M].北京:人民卫生出版社,2012:127.

中医学还以药物天然色味为基础，以其不同性能与归经为依据，按照五行归属确定药物的五色、五味与五脏的关系。青色、酸味入肝，赤色、苦味入心，黄色、甘味入脾，白色、辛味入肺，黑色、咸味入肾。除色味外，脏腑用药还必须结合药物的四气（寒、热、温、凉）和升降沉浮等理论综合分析，辨证应用。在针灸疗法中，中医学将手足十二经络近手足末端的井、荥、输、经、合"五腧穴"，分别配属于木、火、土、金、水五行。在治疗脏腑病症时，根据不同的病情以五行的生克规律进行选穴治疗。此外，中医学根据悲、恐、怒、喜、思五种情绪与金、水、木、火、土五行相配的特点，提出了用悲胜怒、恐胜喜、怒胜思、喜胜忧（悲）、思胜恐的情志疗法。人的情志活动属五脏功能之一，而情志活动异常，又会损伤相应内脏。由于五脏之间存在相生相克的关系，故人的情志变化也有相互抑制作用，运用不同情志变化的相互抑制关系可以达到治疗的目的。"怒伤肝，悲胜怒……喜伤心，恐胜喜……思伤脾，怒胜思……忧伤肺，喜胜忧……恐伤肾，思胜恐。"[①]由此可见，中医学将人体各组织器官、心理和生理现象与自然界的类似事物作了联系和比较，用五行普遍联系的方法将人体生命活动与自然界的事物和现象联系起来，将自然界的五方、五气、五色、五味等与人体的五脏联系起来，建立了以五脏为中心的天人一体的五脏系统，将人体内外环境连接成一个密切联系的统一整体。

中医学认为，人体是一个由多层次结构构成的有机整体。构成人体的各个部分之间、各个脏腑形体官窍之间，结构上不可分割，功能上相互协调、相互为用，病理上相互影响。人生活在自然和社会环境中，人体的生理机能和病理变化，必然受到自然环境、社会条件的影响，人类在适应和改造自然与社会环境的斗争中维持着机体的生命活动。中医学运用精气学说阐明了人体之精是人体生命的本原，人体之气的升降出入运动推动和调控着人体的生命活动进程；运用阴阳学说阐释了一切生命现象皆源于阴阳的对立统一，阴阳的协调平衡维持着人体的生命健康状态；运用五行学说具体说明了人体脏腑经络整体功能保持动态平衡的特殊规律。中医学借助于古代哲学的精气——阴阳——五行的矛盾运动，以相互联系、互为补充的精气、阴阳、五行理论在人体生命层面作了具体的推演，从不同角度阐释了人体生命活动、病理变化及养生防病等重大问题，阐述了人体生命活动基本规

---

① 黄帝，等.黄帝内经·素问·阴阳应象大论[M].南京：凤凰出版社，2012：39.

律以及人与自然的联系，建构了整体、动态、和谐的生命观。中医学博大精深，关注人的生命存在，强调从中国传统哲学、自然科学、社会科学等不同层面全方位考察研究人的生命，建构起人体生命活动的解释性模型，不仅是人类维护生命健康的医疗保健技术，也是人类探究自身生命的理性认识，为生命研究奠定了方法学基础。在此生命观背景下，古代医者结合直接观察、分析、判断、处置等实证研究，逐渐将儿童生命认知和健康守护专业化，发展成为独立的幼科。中医学中的幼科或儿科，初蒙唐宋，钱乙将脏腑学说用于幼科，成为幼科之理论基础。至明清两代已灿然可观，幼科医学普及化、专业化，人们对儿童生理、心理的了解，以及儿童各阶段发展的教育规划皆源于中医学中的幼科理论与实践，中医幼科成为儿童生命认知之基础和儿童生命守护之福音。

"天下殊途而同归，一致而百虑。"[1]意思是说思路不同，目的则一，用这句话来形容各领域对生命的探求，是再恰当不过的了。哲学和生物学是儿童生命研究的基础学科，中医学则是中国传统哲学基础上的生命科学。通过梳理可以发现，古老的中国传统哲学和中医学包涵了当代生物学、哲学、人类生态学等学科对生命认知的最新理念，其生命认知的复杂思维和整体观念具有超前性，西方生物学、哲学的发展脉络有趋向中国传统哲学和中医学思维的回归。科技的创新、时代的进步实现了中西生命观念的归一：生命是整体的、联系的、发展的、生成的。生物学、哲学、中医学对生命的揭示和诠释，是考察儿童生命的基础，也是审视儿童观念、探讨儿童教育问题的重要参照系。生物学的发展不断揭开生命的奥秘，为生命探求提供技术支持和科学依据，但其生命观为"生物"的生命观，"生命表现为无数种植物和动物的形态"[2]，把对人的生命认识还原为动物的生命观，是对人的"物化"。哲学提出思辨性的见解和方法论指导，为科学论证形成假设。中国传统哲学和西方现代生命哲学都以人的生命为关注点，为生命理解提供了方法指导，但却是逻辑上对人的生命的认知，是抽象化的人的生命观。博大精深的中医学吸精纳华，融合中国传统哲学、自然科学、社会科学，以整体、全息的复杂思维，从生物学因素和社会文化因素的复合作用考察生命，建构了人的动态的、生成的、统一的、整

---

[1] 周易·系辞下[M].方飞，译注.乌鲁木齐：新疆青少年出版社，1999：491.
[2] [奥地利]路德维希·冯·贝塔朗菲.生命问题：现代生物学思想评价[M].吴晓江，译.北京：商务印书馆，1999：6.

体的生命观，流传千古却呼应时代之所求，历久弥新，给予人的生命探求以智慧的启迪。中医儿科以生物学、心理学、生态学等学际融合理念，从身心统一的视角考察儿童的生命健康与发展，更为儿童研究提供了丰富的思想资源。勤求古训，融会新知，多学科的生命探求昭示：生命是整体的存在，是联系的存在，是创造性的存在，更是生成的存在。多学科语境中的生命阐释，呈现了生命的共通之"道"，为发现儿童、认识儿童提供了生命背景，更为重新阐释儿童观的合理内涵奠下了第一块坚实的基石。

第五章

ERTONGDE SHENGMING TEXING

儿童的生命特性

生命是思想家、科学家探讨的主题，亘古而常新。古今中外的思想家、科学家从不同角度揭示了生命的特性，曾试图为生命下一个定义，但由于生命现象错综复杂，始终未能如愿。不过，在错综复杂的生命现象中，蕴含着生命成长的秘密和生命的本性，呈现出生命的共同属性。"实际存在物是如何生成的构成了这个实际存在物是什么；因而实际存在物的这两种描述方式并不是相互独立的。它的'存在'是由它的'生成'所构成的。"[1] 生命始于受孕那个时刻，细胞尽管微小，但它包含了人所具有的全部潜在能力。作为一种生命存在，人的生命历程是一个动态的生成变化过程——人的生命的根本特征是生成性——这是儿童生命特性研究的逻辑起点。童年是生命进化史的浓缩，是一代新人与历代祖先生命连接的纽带，蕴藏着人类整个种族在漫长的进化过程中积淀下来的生物基因和文化基因。"儿童自身隐藏着一种生气勃勃的生命秘密，而且就是这种秘密能够揭开人类心灵的面纱；儿童自身所具有的某种秘密一旦被发现，它就能够帮助成人解决他们自己个人的和社会的一些问题。"[2] 通过人的类生命的多学科考察，儿童的群体生命本质逐渐显现出来：儿童是未定型的、未完成的，具有无限发展可能性的，复演着人类的生命生成轨迹，也创生着独特的自我生命历程，演绎出儿童生命生成的历史持续性、整体性与独特性，并在经验的连续生成与不断更新中获得生命成长。

一、儿童是历史的生成

人的生命是一个历时性的存在，也是一个历史性的过程。每个人都处在一定的时代坐标系中，也处在自我生命的历史里程中。人之生命的历史坐标被取消，便会茫然迷向。"生命是出生前生命进化的延伸。"[3] "活的有机体是在绵延之中的物体。它的整个过去延伸到现在，成为现在的现实和起着作用。"[4] 人的生命浓缩着人类生命进化历史，也在自我生命体验中继往开来，人之生命是在历史中不断

---

[1] ［英］怀特海.过程与实在：宇宙论研究［M］.杨富斌，译.北京：中国城市出版社，2003：40.
[2] ［意］蒙台梭利.童年的秘密［M］.单中惠，译.北京：京华出版社，2002：4-5.
[3] ［法］亨利·柏格森.创造进化论［M］.姜志辉，译.北京：商务印书馆，2004：22.
[4] ［法］亨利·柏格森.创造进化论［M］.姜志辉，译.北京：商务印书馆，2004：19.

继承、检验、改造和生成自身的。

（一）人是历史之子

生命的目前状态不能在最近的过去中找出其原因，而是应该考察有机体的整个过去，它的遗传，以及它的整个漫长的历史。生命生成意味着过去通过现在的一种实在连续，意味着像连续符号一样的绵延。正是按照祖先传给后代共同保存的东西，每一个后代都带有其人类共有的生命遗传因素和种系特征，而成为生命生成的物质前提和可能性。"一种可见的流动在某一时刻和在空间中的某些点产生，这种生命之流穿过它所组织起来的身体，从一代到下一代，它在各个物种之间分流，分散到个体中，不但不失去自己的力量，反而在前进中不断得到加强。"[①] 人的生命是由各个世代的祖先之遗传物质所累积或融合而成的。在这种累积或融合而成的个体生命中，一一都有他的各个世代的祖先之遗传物质的本源。只是祖先的世代隔得愈远，其所遗传之量也愈少而已。因此，人的生命不仅限于父母二人，而是各个世代的祖先的生命合体，是种系生命演化史的浓缩，是历史之子。"在人类个体的生命里，人类种系进化的历史积淀形成从肉身到精神的一道道'地质层'，儿童甫一出生便承载和拥有这些进化历史的成就。"[②]

每个人类个体通过遗传获得的基因型是个体生命成长的生物学前提，但高度保守的结构基因也是在个体生存适应中不断得以建构进化的，是预设中的生成。个体携带着种系进化的遗产开启了新的生命历程，演绎着生命推陈出新的奇迹。"生物的发育，是一个动的过程，不是静的变形。"[③] 先天禀赋——生命在演进的过程中所获得的性质，是遗传所赋予的各种能力倾向，是可塑的。生命不但遗传父辈禀赋，还将适应所获得的新成分加进去，再传后代。先天禀赋也是生成的结果，人的生命是由其悠久的历史进化而来的。祖先遗传后世的生命特性，不仅包含种属的共同特性，也包含世代的生命在其特殊环境中为适应所起的变异。生命的生成是遗传与变异、先天与后天的辩证统一，既不能简单地归结为先天程序的展开，也不能机械地归结为后天环境的复写。先天是后天的积累物，后天是先天的构成

---

① ［法］亨利·柏格森.创造进化论［M］.姜志辉，译.北京：商务印书馆，2004：29.
② 刘晓东.发现伟大儿童——从童年哲学到儿童主义［M］.北京：生活·读书·新知三联书店，2021：58.
③ 张栗原.教育生物学［M］.福州：福建教育出版社，2007：14.

要素，先天亦曾为后天，后天也自成为先天。生命进化中，每一世代由于在一切环境中或社会生活中所获得的东西，若能使机体与机能有所改变而发生的变异是后天获得的，但这一后天的获得，在下一代即成为先天禀赋。反之，每一世代的个体生命所承受于亲代的，也是由其亲代的生命承其祖先每一世代所习练成功的，是后天获得的。先天遗传给后代，后天也必须遗传给后代，否则一切变异都归于无用。但后天的获得性并非无限制地遗传，这一方面取决于该获得性能否影响到生命组织或机能的变更，另一方面取决于子孙后代所处的环境能否给予其以表现、发挥和发展的机会，否则也表现不出它的遗传，甚至会丧失先天的禀性。遗传与变异，是生命进化或发展的两个契机。生命因其是一个具有可塑性的有机体，所以能受环境影响而引起机体或机能的改变，而这进步性变异，即所谓后天的获得性是可以遗传的，而且也是能够遗传的。否则，获得性不能遗传、影响于子孙，则生命将无进化可言。但这种获得性能否变成固定的特性，依然由环境的影响所决定。如果在继续的世代中有利于其发展的环境，则可以变成固定特性，否则即归于消灭。"物种既要了解外部环境的信息，又要根据这些信息改造自身（对自己机体的建设），才能更有效地适应环境，以求得生存乃至更好的生存。因而，肉身其实是对环境中的某些信息的搜集和适应。"[1]

遗传是生命与环境长期相互作用的结果，是种系以机能结构的形式固定下来的环境作用的反映。由此可见，生命是一个不断生成、发展的活动，历史所赋予生命的是一种发展的倾向或可能性，只是各种特定的能力，而无特定的内容，是可塑性的出发点。环境与现实将历史赋予的可能性转化为现实，在与不同的环境、不同的事物、不同的人进行着各种不同的能量、信息交换过程中，人不断地调适、改变自我的生命生存状态，并依靠后天的活动来完善、滋养、生成生命。个体经由遗传获得的肉身都承载着祖先的生存经验，也在后天环境中不断进行着自我实现、自我创造。认识儿童的生命成长，应首先关注经由遗传获得的天赋资源，重视让这些天赋资源得以发挥的后天生存环境。历史性遗传与生存性环境作为生命的生成要素既相互依存、渗透，又相互制约、转化，对立统一于一体。因此，儿童的生命是未特定化的生命，是历史性与生存性辩证

---

[1] 刘晓东.发现伟大儿童——从童年哲学到儿童主义[M].北京：生活·读书·新知三联书店，2021：59.

统一的生成存在。"可以说,儿童的成长是历代祖先血肉相继的进化历史的一个缩影,儿童的生命宛若史诗。儿童的全部生活都是史诗,都是描绘生命进化历史的诗篇。"①

(二)儿童是历时之子

德国胚胎学家沃尔夫于1759年发表《发生论》,提出生物体由其本身建构而成,揭示了生命的生成创造过程,成为探索生命起源奥秘的先驱者。异常微小的生殖细胞包含了过去所有的遗传,体现了人类发展的整个历史。胚胎学揭示了生命的奇迹,展现了自然的所有奇迹和奥秘的魅力。生命按照历史进化的程序进行,前后相继、依次展开,呈现出生命生成的顺序性、连续性、阶段性与律动性。

一切事物的运动发展,都从量变开始,量变积累到一定程度,才能突破度的界限,引起事物的质变。然后,事物又在新质的基础上发生量变,通过由量变到质变和由质变到量变,如此往复,使发展全程表现为一个个连续的阶段。整个人生就是一个连续变化和绵延的生成过程,人的一生经历"生长壮老已",从逐渐量的变化到迅速的质变,呈现出生命的连续性、阶段性,演绎着个体生命的历史发展轨迹。童年是生命的奠基阶段,是个体生命的历史起点。历史的都是逻辑的,一切历史过程都是逻辑过程。"逻辑不是关于思维的外在形式的学说,而是关于'一切物质的、自然的和精神的事物'的发展规律的学说。"②同样,儿童的生命生成也是逻辑展开的过程。儿童的生命活动起于胚胎,新生命诞生之后,便始终处于生长发育的动态过程中。儿童的生命发展是一个连续建构的生成过程,这种连续的生成总是由前后紧密相连的阶段构成,各个阶段都有其不同的生命体现,并依此组成了儿童的生命发展统一体。古代中国医家用"变蒸"阐述儿童的生命生成规律,认为儿童处于人一生中生长发育的旺盛阶段,其形体、神智都处在较快的发展变化中,蒸蒸日上,故称"变蒸"。变者,变其情智,发其聪明;蒸者,蒸其血脉,长其百骸。儿童变蒸呈现出一定的顺序性和律动性:自出生起,32日

---

① 刘晓东.发现伟大儿童——从童年哲学到儿童主义[M].北京:生活·读书·新知三联书店,2021:61.
② [苏联]列宁.哲学笔记[M].中共中央马克思恩格斯列宁斯大林著作编译局,编译.北京:人民出版社,1974:90.

为一变，两变（64日）为一小蒸，十变五小蒸，历时320日，小蒸完毕。小蒸以后是大蒸，前两个大蒸各为64日，第三个大蒸为128日，合计576日，变蒸完毕。变蒸学说揭示了儿童在婴幼儿时期生长发育最快，并且是一个连续不断的变化过程，呈现连续性和顺序性，不可逾越或倒退；每经过一定的时间周期，会显示出显著的生长发育变化，表现为质的差异，具有年龄阶段性特征；在儿童周期性生长发育变化中，形神相应发育、同步发展，呈现出儿童生命生成的整体性；变蒸周期的逐步延长，显示出儿童生长发育随着年龄增长而逐步减慢，之后趋于平缓。"儿童身体生长的状态，不论在一年中或全部儿童期中，都是充分地表现出律动的变化。"[1]

古今中外对儿童生命发展进行分期的标准各不相同，但通常按年龄进行分期。如：胎儿期（孕期280天，又称"怀胎十月"），新生儿期（出生~28天或第一个月），婴儿期（第一个月~1岁），幼儿早期（1~3岁），幼儿期（学龄前期3~6、7岁），童年期（学龄初期6、7~10、11岁），少年期（学龄中期11、12~14、15岁），青年初期（学龄后期14、15~16、17岁）。此外，柏曼以内分泌腺作为分期标准，如胸腺时期（幼年时期）、松果腺时期（童年时期）、性腺时期（青年时期）；弗洛伊德以性本能为分期标准，如口唇期（0~1.5岁）、肛门期（1.5~3岁）、性器期（3~6岁）、潜伏期（6~12岁）、生殖期（12~18岁）；施太伦以种系进化为分期标准，如幼儿期（6岁以前）、意识的学习期（6~13岁）、青年成熟期（14~18岁）；埃里克森以人格特征为分期标准，如婴儿期（0~1.5岁）、儿童期（1.5~3岁）、学龄初期（3~6岁）、学龄期（6~12岁）、青春期（12~18岁）、成年早期（18~40岁）、成年期（40~65岁）、成熟期（65岁以上）；艾利康宁以主导活动为分期标准，如婴儿期（0~1岁）、先学前期（1~3岁）、学前期（3~6岁）、学龄初期（7~11岁）、学龄中期（11~15岁）、学龄晚期（15~17岁）；科尔伯格以道德发展为分期标准，如前习俗水平（0~9岁）、习俗水平（9~16岁）、后习俗水平（16岁以上）；皮亚杰以认知发展为分期标准，如感知运算阶段（0~2岁）、前运算阶段（2~7岁）、具体运算阶段（7~11岁）、形式运算阶段（11岁以上），等等。尽管古今中外对儿童的发展分期标准各自不同，但却大同小异，呈现出年龄阶段上的一致性，说明了儿童生命生成的年龄阶段特点。儿童生命生成的每一阶段都有其渊源和前提，

---

[1] 张栗原.教育生物学[M].福州：福建教育出版社，2007：19.

而且又都为后来的发展阶段做准备,所有发展阶段都具有一种连续的属性,按照固定而连续的次序出现。不仅一个阶段要依赖前一个阶段,而且儿童生命中每一个因素的存在都有其存在的逻辑原因和历史前提。前一阶段是后一阶段的基础和前提,后一阶段是前一阶段的完善和提高。在后一阶段中,前一阶段并不是消失,而是被整合吸收。一个新阶段是从它以前阶段的内部衍生出来的,是自然的生成,是有中生有;各个发展阶段之间并不是一种简单的叠加关系,而是继承、消化、吸收、包含的。后一阶段的发展内涵既是新的建构与生成,又是对原有水平的重新塑造。所有的发展阶段在内部是连贯的、联系的,呈现出顺序性,共同构成一个既没有绝对起点、又不是间断跳跃的循序生成的历时发展流程。因此,儿童是历时之子。

  人类生命的特点表现在历史的过程中,人的一切表现都是历史过程的一部分,历史过程也就是人类生命的过程。每个人类个体通过遗传获得的基因型是种系生命演化史的浓缩,也是个体生命成长的生物学前提。自然天赋是过去历代祖先保存下来的成就,以天赋的样态通过遗传使后代继承了一大笔遗产。"儿童是历史之子。"[①]儿童的生命世界"来源于他的历代祖先的世界",是"历代祖先的世界的叠加"。[②]儿童的生命以其浓缩的形式表达着集体的生活、类的生活。人类的生命是历史的生成,儿童的个体生命亦是历时的生成。儿童生命的历史生成性,意味着"它的整个过去延伸到现在,成为现在的现实和起着作用"[③],为历史所决定,又决定历史。"尽管我们对它们并没有清晰的观念,但还是朦胧地感觉到我们的过去仍然在我们的现在之中。"[④]人生活在历史和现实之中,但却向往着未来,不断地走向未来,是一个不断生成的生命存在。纵观生命的整个生成过程,从上一代到下一代,从儿童到成人,有中生有、无中生有的先天与后天的统一性和持续性构成了一部不可分割的生命生成历史。作为成人,我们的责任就是:敬畏生命,重视童年,守护好人的全部生活和整个文明大厦的根基。

---

① 刘晓东.儿童精神哲学[M].南京:南京师范大学出版社,2003:321.
② 刘晓东.解放儿童[M].北京:新华出版社.2001:101.
③ [法]亨利·柏格森.创造进化论[M].姜志辉,译.北京:商务印书馆,2004:19.
④ [法]亨利·柏格森.创造进化论[M].姜志辉,译.北京:商务印书馆,2004:11.

二、儿童是整体的生成

生命系统具有整体性、层次性。人既是一个具有自身完整性的个体，也是自然、社会的一部分，与自然、社会环境统一为一体。人的生命活动，如衣食住行等，都与自然、社会所构成的外环境紧密相连。儿童的生命不仅是自身整体的生成，也是与自然、社会环境协调、统一的生成。

（一）与自然一体

人与自然界是统一的整体，彼此有密切的联系。人类是宇宙万物之一，与天地万物有着共同的生成本原。大自然是人类赖以生存、繁衍的最佳环境，人类生活其中，与自然万物息息相关。自然环境包括气候环境、地理环境和生态环境，直接或间接地影响到人的生命活动，规定和影响着人的生命过程。

自然气候的运动变化有一定的规律性，如一年分四季，一日有四时。不同季节，气候又有风、暑、湿、燥、寒的消长改变。这种季节、气候的变化规律影响着人的新陈代谢，引起人的生理、心理变化，因而生命具有"生物钟"现象。"人以天地之气生，四时之法成。"[①] 人来源于大自然，生存于大自然，适应于大自然，成为大自然的一部分，在其生命中渗透着大自然的力量，禀赋彰显着自然的天性与规律。"天暑衣厚则腠理开，故汗出……天寒则腠理闭，气湿不行，水下留于膀胱，则为溺与气。"[②] 同样，气血的运行、人体的脉象也相应出现规律性变化与适应性调节。"春日浮，如鱼之游在波；夏日在肤，泛泛乎万物有余；秋日下肤，蛰虫将去；冬日在骨，蛰虫周密。"[③] 此外，人体经络气血还受风雨晦明影响，天温日明，人体阳气充盛；天寒日阴，人体阳气亦弱，故气血凝涩而难行。"故阳气者，一日而主外，平旦人气生，日中而阳气隆，日西而阳气已虚，气门乃闭。"[④] 在四时气候影响下，人在长期的生命进化中形成了一系列与自然环境相应的生命周期节律，具体而言有日节律、月节律、季节律、年节律等，这都反映了人体生命活动与自然界的息息相关。

---

① 黄帝，等.黄帝内经·素问·宝命全形论［M］.南京：凤凰出版社，2012：137.
② 黄帝，等.黄帝内经·灵枢·五癃津液别［M］.南京：凤凰出版社，2012：736.
③ 黄帝，等.黄帝内经·素问·脉要精微论［M］.南京：凤凰出版社，2012：88.
④ 黄帝，等.黄帝内经·素问·生气通天论［M］.南京：凤凰出版社，2012：28.

儿童观

生命是在先天禀赋与后天环境的相互作用中，不断进行着自我实现、自我创造、自我生成。自然地理环境的长期影响，造成地域的差异、居住条件的不同，因此人的生活风俗习惯、人文现象和身体素质也不相同。"人禀天地之气以生，故其气体随地不同。"① 自然地理环境的不同，一定程度上也影响着人的生命活动，即所谓"一方水土养一方人"，呈现出生命的地域性特点。一般而言，舒适的气候环境会造就脆弱的体质和温顺的性格，恶劣的气候环境会造就健硕体魄和强悍体质。地域不同，气候各异，中国地理环境具有"东方生风""南方生热""西方生燥""北方生寒""中央生湿"的特点。某些地方性疾病的发生，与地域环境的差异密切相关。如东方傍海而居之人易得痈疡，南方阳热潮湿之地易生挛痹。长期居住某地的人，一旦迁居异地，常感到不适应，出现"水土不服"现象。这是由于地域环境改变，而肌体暂时不能适应所致。故土难离，身土不二，反映了生命与生养之地的联系性与协调性。同时，人与自然生物共生于天地之间，二者在顺应自然环境的同时也影响着对方的生命存在方式。自然界的万物生生不息，每一种生命都是在与其他生命的交换中共同生长的。自然万物的这种共同生长证明了自然内在蕴含着的生态和谐性，让万物生长就是让万物和谐生长。自然生物为人提供了丰富的衣食资源，人的存在也从一定程度上限制、改变了自然生物的发展，二者在互利互用却又相互制约的关系中趋向动态平衡与良性循环，这是生命正常生存的必备条件。一旦这种动态平衡与良性循环被打破，人的健康就会受到威胁，甚至生命堪虞。

人与自然是一个不可分割的整体，人在与自然的共存中获取自己生命的本质。人生于自然，长于自然，归于自然。"人与天地相应也。"② 人类是宇宙万物之一，是自然之子，受到大自然的规定和影响。人的生命是长期在自然界的制约下进化、发展而来的，对外部环境和周围事物具有依赖性。但人对生存环境的适应不是消极的、被动的，而是积极的、主动的。人在主动适应自然中，实现人的生命系统"同化"外部环境与生命系统"顺应"外部环境相统一，达成人与自然的协调、统一。但值得注意的是，人类的自然适应能力是有限的，若超越了生命的调适能力，则会出现机体的机能失常，导致疾病的发生。儿童作为自然的存在，在其生长发展的历程中，逐步形成和发展着维持其生命的一般能力，这种

---

① 徐灵胎.医学源流论·五方异治论［M］.中国医药科技出版社，2011：39.
② 黄帝，等.黄帝内经·灵枢·邪客［M］.南京：凤凰出版社，2012：861.

能力的发展是一个自然的、有规律的历程。"不法天之纪,不用地之理,则灾害至矣。"① 儿童只有在适宜的自然环境中,才能与外部环境进行物质、能量与信息交换,实现儿童生命的生成。"法于四时",只有遵循自然规律,顺应自然环境,将自身融入大自然之中,方能与自然保持协调统一、和谐融洽,达到"与天地共存""与日月同长"的生命和谐状态。

(二)与社会一体

人是自然人,更是社会人。人不仅是自然界的一部分,而且是社会环境的重要成员。社会环境是人类特有的生活环境,个体的生命发展不仅仅是一个适应自然环境的过程,更是一个社会化的过程,是一个社会文化背景塑造的过程。人的生命活动,受自然环境影响的同时,亦受社会环境影响。社会环境包含社会政治环境、经济环境、聚落环境、规范环境以及社会心理环境,它们之间存在着多种联系,从而构成一个对人类产生影响的社会环境系统。在生态学视野中,环境具有四个层次:微观系统、中间系统、外系统和宏观系统。微观系统是发展中的个体在特定的环境中对活动、角色以及人际关系的体验范型。这里的环境主要是人们可以有准备地参与其中、面对面地发生相互作用的地方,如家庭、幼儿园、学校等。中间系统是指两个或更多的直接环境(微观系统)之间的相互联系,它是随着人进入新的生活环境而形成和扩展的。外系统是指本人没有参与其中的一个或更多的环境,这些环境中所发生的事件同直接影响发展中的个体的直接环境(微观系统)中发生的事件产生相互影响。宏观系统是指微观系统、中间系统和外系统中的共同的因素,表现所在社会的信念和思想体系。如某一社会、某一文化区域、某一国家的思想观念体系等。环境的这四个层次在不同程度上影响着个体的发展,并彼此相互关联、相互影响,处于动态平衡中。

社会环境一方面为人的生命提供了物质基础,另一方面又形成和制约着人的心理活动,影响着人的心理和生理的平衡。家庭是由婚姻关系、血缘关系所建立的社会生活基本单位,是社会的细胞。除了家庭物质环境条件外,还有家庭的大小、家庭的社会经济地位、家庭内部的关系以及管教方式,如家庭成员之间相互的态度和感情、家庭氛围以及家庭成员的兴趣与活动、父母的指导与暗示等,都影响

---

① 黄帝,等.黄帝内经·素问·阴阳应象大论[M].南京:凤凰出版社,2012:45.

着人的发展。院落环境是家庭环境的放大，它会产生许多交叉的影响，影响着人的群性发展。学校是一个人工生态环境，是一种特别的社会环境，它用专门的设备由专职人员来影响人的身心发展，对于人的发展起着决定性作用。除了学校的目的、功能、内容、形态与方法对人产生显性影响外，学校的校舍建筑、设备条件、校风校纪等都对人起着隐性影响作用。社区是一个以空间形式反映人们社会生活的概念，作为一种社会环境也影响着人的发展。社区环境拥有区别于其他社区的独特的行为系统，包括明显的居住形式、特殊的语言、一定的经济体系、一种特定的社会组织以及某种价值观念。它有力地约束着社区内人们的行为方式和思维方式，对人的发展方向具有潜在的影响，使生命具有了地域文化特征。十里不同风，百里不同俗。整个社会环境以不同的层次与人发生互动，在互动中使得生命打上社会化的烙印，具有鲜明的文化特性。不同社会机构所构成的场域或场所（家庭场所、教育场所、社会场所）中的文化信息，以不同的方式影响着儿童的家庭生活、校园生活和社区生活。在家庭生活、校园生活和社区生活中，儿童因其参与社会的方式独特，会受现有社会结构和社会交往的生产方式所制约，内化社会和文化特征，接受外部力量的规约和引导。同时，儿童还是积极的社会活动家，通过创造性地吸收、整合成人世界的信息来解决同龄人的自身问题，从而创建独特的同伴文化、童年文化，积极地为文化生产和转型贡献力量。儿童及其童年生活受自身社会和文化的影响，社会和文化形态也受到儿童对其阐释、再构的形塑与影响，儿童与社会互动、统一为整体。

人在社会互动中生成着，体现人与社会环境的统一性。不同的社会环境形成不同的生活方式、人际关系以及不同的欲望追求和心态环境，社会环境直接影响着人的身心机能与体质。社会环境剧烈变化，常会影响人体的机能而导致某些身心疾病的发生。儿童与其外界的生活条件是相互作用的统一整体，时刻发生着密切联系，故而外界生活条件一旦发生改变，儿童的身心也会随之受到影响。因此，儿童的生命成长需要和谐、稳定的社会环境，家庭、学校、社会都应给予儿童特别的关爱与呵护，全社会都应为儿童创设、优化有利于其成长发展的社会环境。

（三）自身一体

生命并非是身体中各个生理过程的简单相加或总合，西方的全体论生命观阐明了生命的整体性，中医学理论具体推演了人体自身是一个有机整体。"一个复杂的机体由不同的'基本机体'所构成，它们以各种方式相互联系、相互结合，聚合在一起，首先构成机体的不同组织，然后再由组织构成各种器官，最后，生物内无数的各种器官聚合起来构成解剖结构，这些生物体在生物学上表现出无限多样的组合。"① 人体由五大生理系统②组成，不仅构成人体的各个组成部分在结构与机能上是完整统一的，而且人的形体与精神也是相互依附、不可分割的，充分体现了人体内外的整体统一性。五大生理系统既各司其职，又相互协调，保证了人体复杂机能的正常运行，也维持了生命的健康状态。

人是形体与精神的结合与统一，形体寓涵精神，精神御驭形体，相互资生，相互制约，身心协调，相互渗透，形神合一。在活的机体上，形与神是互相依附、不可分离的。形是神之宅，神是形之用。神由形而生，依附于形而存在，形是神的物质基础和藏舍之处；神是形的功能体现和主宰，神作用于形，对人体生命活动具有主导作用，能协调人体脏腑的生理机能。神不能离开形体而单独存在，有形才能有神，形健而神旺。而神一旦产生，就对形体起着主宰作用，调节着形体的机能与活动。人体是形神统一的整体，形神统一是生命存在的根本，身心和谐是生命健康的保证。人的正常生命活动是形与神的协调统一，"形神俱备，乃为全体"③。形病可引起神病，神病亦可致形病。因此，形神共养为生命的健康法则，身心和谐是儿童教育的根本宗旨。

中国传统哲学阐释了天人合一的多层次生命系统，中医学以形神一体、阴阳平衡、五行统一阐明了人体生命活动规律。人体自身是一个有机整体，人与自然、社会也是一个统一体，构成了一个以人为中心，以自然环境与社会环境为背景的生命系统。人体自身的结构与机能的统一，形与神俱，以及人与自然、社会环境的和谐统一的生命整体观，是对科学主义肢解人的强力反驳。人是自然界的一个物种，它不是孤立地存在着，而是与整个自然界息息相关，具有密不可分的联系。因此，对于生命的考察，应当"上知天文，下知地理，中知人事"④。对于儿童的生命特性，不应以孤立的、分裂的、静止的人体去看，而应把儿童放在自然界的

---

① ［法］克劳德·伯尔纳.实验医学研究导论［M］.傅愫和，张乃烈，译.北京：知识出版社，1985：81.
② 孙广仁.中医基础理论［M］.北京：中国中医药出版社，2007：201.
③ 张景岳.类经·藏象类［M］.范志霞，校注.北京：中国医药科技出版社，2011：45.
④ 黄帝，等.黄帝内经·素问·气交变大论［M］.南京：凤凰出版社，2012：332.

总体运动和广阔的动态平衡之中进行考察和研究，整体地、动态地观察和把握儿童的生命活动规律，进行整体研究，注重儿童生命的自身整体性以及与自然、社会环境的统一性，促进儿童生命的整体性发展。

三、儿童是独特的生成

世界上没有相同的两片树叶，也没有相同的两个人，人以其独特性存在着。儿童的生命具有个体性，是独特的生成。儿童是活生生的人，是可变的，是不断生成、发展着的人，具有自身独有的特性。即便是具有相同遗传基因的同卵双胞胎，也会因后天生活环境、教育、实践活动的不同，而出现不同的发展，形成不同的个性。儿童生命的独特性一方面表现在儿童的身体特征上，另一方面表现为精神独特和行为习惯独特。这种独特性是个体在生命过程中，基于生命共性基础上的不同个体所具有的生命特性。生命是独一无二的，每一个生命都是具体的、独特的，具有无限的发展可能性，这正是生命的价值所在。独特性是儿童的生命属性，没有独特性，就没有一个个具体的"人"。倾听儿童的百种表达，观察儿童的千样姿态，感动儿童的万分惊喜。"人是一个特殊的个体，并且正是他的特殊性，使他成为一个个体，成为一个现实的、单个的社会存在物。"[①] 儿童的生命独特性显现了儿童存在的价值。

（一）生理的独特性

人类本身存在着较大的个体差异，这种差异不仅表现于不同的种族，而且存在于个体之间。人之始生，"以母为基，以父为楯"[②]。"禀气渥则其体强，体强则其命长；气薄则其体弱，体弱则命短，命短则多病，寿短。"[③] 先天禀赋是儿童生命的生理基础，是身体强弱的前提条件。父母形质的强弱盛衰，造成了子代禀赋体质的差异。在儿童的生命生成过程中，先天遗传因素对于儿童的生理独特性起着关键性作用，确定了生理特性的"基调"。但这仅为儿童的生命发展提供基础和

---

① ［德］马克思，恩格斯.马克思恩格斯全集（第42卷）[M].北京：人民出版社，1960：123.
② 黄帝，等.黄帝内经·灵枢·天年[M].南京：凤凰出版社，2012：800.
③ 陈建初.白话论衡·论衡·气寿[M].长沙：岳麓书社，1997：26.

可能性，儿童的生命发展还受后天各种因素的影响。丰富的营养、适度的劳作或体育锻炼，可增强体质，改善机体形态与机能；适当的休养，有利于维持身心健康，保持良好的生命状态。

人具有脏腑经络、形体官窍、精气血津液等相同的形质和机能活动，但由于遗传、生长发育水平、营养状况和锻炼程度等原因，人的形态结构与生理机能具有差异性。这种差异性表现在体格、体型、体资、面色、毛发、脉象等方面，一般通过观察和测量即可以判断。"肥人湿多，瘦人火多。"[①]体质禀赋于先天，受制于后天，在先天、后天多种因素共同作用下，形成了个体不同的体质特征。"千人千面"，形态结构与机能的差异性构成了人独特的生理，生理独特性是生命独特性的物质基础。

（二）心理的独特性

儿童心理的独特性是在独特的自然基础上，在一定的历史条件下，受到家庭、学校、社会环境的影响，并通过实践活动而形成和发展的。儿童是生而与众不同的个体，其生理独特性会制约和影响着儿童的心理的独特性。由于人体脏腑机能有别，故个体的情志活动也有所不同，表现为有人善怒，有人善悲，有人胆怯等。因而，儿童一出生便呈现出气质类型的不同：有的好动，有的安静；有的哭声震天，有的哭声细弱；有的急躁，有的柔顺。此外，人的心理特征不仅与形态、机能有关，而且与不同个体的生活经历以及所处的社会文化环境有密切的联系。儿童的心理独特性，反映着他所经历的整个生活道路，取决于儿童所特有的家庭、学校的教育以及其他社会条件的影响。每一个个体都有其独特的家庭背景与成长经历，有着不同于他人的需求、爱好与生命体验。此外，每个儿童的发展起点、发展方向、发展速度、发展水平以及发展潜能与优势领域等方面也表现出差异性与不平衡性。对心理独特性产生决定性影响的是社会环境和教育，其中教育在儿童心理独特性的形成和发展中起着巨大的主导性作用。

儿童的生命独特性既不是纯自然遗传的先天特性，也不是纯社会影响的后天特性，而是人的先天遗传与社会影响有机结合而逐渐生成的生命独特性，其中心理独特性是生命独特性的本质特征。儿童生命独特性的意义在于：(1) 唯

---

① 朱丹溪.格致余论［M］.张春晖，校注.北京：中国医药科技出版社，2011：27.

一性。每个人的生命是唯一的存在，是基于自己独特的遗传基因，基于自己独特的环境和实践活动发展而成的。因此，每一个人的生命唯一地属于他自己。（2）不可重复性。人是不断发展、不断生成的，是一个"进行时"。因此，个人在时间中没有固定不变的本质，他是什么取决于他在时间变化中所遇到的条件和现实。时间在流淌，生命在绵延，此时非彼时，生命是不可重复的。（3）不可取代性。每个人都是独一无二的，世间不可能存在两个相同的生命体，每个人都以无可替代的独立个体存在着。每个人都有其对生活独特的感受和体验，都有其自我价值和尊严。一个人可以失掉外在的一切，但不可以失掉生命的独特性。"生命作为对一种特有的生活方式的肯定而成为标准，它有责任保护和实现自己的形式。"[1]教育面对人的生命，就是要承认和尊重生命的独特性，为生命独特性的实现创造条件。教育就是要在每一个个体独特生命的基础上去促进他们的成长、发展和完善，而不是遏制、压抑和抹杀生命的独特性。促进每一个儿童的个性化发展，是教育对待生命的最基本的态度。"教育的目的就在于使人成为他自己，变成他自己。"[2]让教育为每一个具体的、活生生的、实实在在的儿童而存在，创设适合儿童独特生命的个性化教育。

四、儿童是经验的生成

生命不断由小到大、由简单到复杂，处于动态的持续生长、发展之中，其生长变化的机制就是新陈代谢。新陈代谢是生物体与外界环境之间的物质交换和能量转移，以及生物体内物质运输和能量转化的过程，为生命的本质特性。通过新陈代谢实现生命的成长，生长是代谢的必然结果，代谢是生长的前提。经验是有机体与环境的相互作用，是主体感受或体验到的一切，是个体生命为了自身的延续与生长而与周遭环境的持续互动与适应。个体生命在与环境的持续性互动与适应中进行着能量与信息的新陈代谢，表现为经验的生成与更新。"儿童天性提供了一种内在的指导，但无论在哪个领域，无论要发展什么，都需要不断的努力和

---

[1] ［德］费迪南·费尔曼.生命哲学［M］.李健鸣，译.北京：华夏出版社，2000：51.
[2] 联合国教科文组织.教育——财富蕴藏其中［M］.联合国教科文组织总部中文科，译.北京：教育科学出版社，1996：14.

经验。"① 经验为生命的动力源，儿童的生命过程就是有机体与环境的相互作用的经验历程。

（一）儿童的已有经验是生成基础

儿童是认识活动的主体，是认识活动的能动因素，是认识活动的发起者和终结者。儿童所获得的经验并非主要由教师传授而来，而是出自儿童本身，是儿童主动发现、自发生成的结果，是一种能动认知的构建过程。基于有关儿童心理发展的观点，皮亚杰认为经验既非来自主体，也非来自客体，而是在主体与客体之间的相互作用过程中建构起来的。一方面，新经验要获得意义需要以原来的经验为基础；另一方面，新经验的进入又会使原有的经验发生一定的改变，使它得到丰富、调整或改造，是一个双向的建构过程。

儿童已有的经验体系是其进行经验建构的基础和必备条件，会直接影响到新经验的生成。经验是儿童基于已有经验，在实践活动中面对新事物、新现象、新信息、新问题的主动建构过程，不是简单的、被动的反映或是被移植和灌输的。儿童在开始感知新事物、接受新信息前，已经有一些经验情境，儿童会以自己的已有经验为背景，依靠自己的推理和判断能力，从其经验背景中得出具有一定合理性的推论，来对当前的问题形成自己的假设和解释，从而催发新经验的生成。儿童的已有经验有着丰富而广泛的含义，是一个动态的、整合的经验体系。经验的生成总是需要一定的原有经验基础，它既包括生成新经验所需的直接的经验基础，也包括相关领域的经验以及更一般的经验背景。直接的基础经验会影响到新经验的生成，儿童需要具备与此相应的基础经验作为准备性生长点以生成新经验。此外，相关领域的经验，乃至更一般的经验背景也会对新经验的形成产生影响。儿童已有经验体系的丰富性和开放性会直接影响其经验生成与建构的能力与效率。儿童的已有经验背景不仅包括与新经验相一致的、相容的经验，而且也包括与新经验相冲突的经验。在儿童的已有经验体系中，有些经验是与新经验相一致的，与新经验相容并立，可以帮助儿童感知新事物、理解新信息，并作为新经验生长的固定点。因此，儿童已经具有的经验体系是儿童进行经验处理和转换的

---

① [意]蒙台梭利.蒙台梭利幼儿教育科学方法[M].任代文，主译校.北京：人民教育出版社，2001：567.

基础，是新经验生成的基点。

童话故事《鱼就是鱼》①中的小鱼，在听青蛙讲述它所看到的鸟、人以及奶牛等新奇事物时，头脑中呈现出的是长着翅膀的鱼、有着两条腿并直立行走的鱼和长着大乳房的鱼，这便是儿童基于已有经验进行认知思维的真实写照。

同化和顺应是儿童经验生成、建构的两种机制，生成是对新信息建构意义的过程。所谓同化就是用儿童原有的认知结构去吸纳新信息、新刺激，并赋予新信息、新刺激以新的意义；所谓顺应就是儿童原有的认知结构不能够吸纳新信息、新刺激，则改变原有认知结构的构成方式或形成新的认知方式以使其吸纳新信息、新刺激。儿童经验的生成是通过新旧经验之间充分、双向的作用而实现的。首先，在经验生成过程中，儿童需要以原有知识经验为基础来同化新信息。对新信息的理解总是依赖原有的经验，儿童必须在新信息与原有经验之间建立适当的联系，才能获得新信息的意义，生成新经验。一旦儿童在新信息与原有经验之间建立了逻辑关系，就可以利用相关的背景经验对信息做出进一步的推论和预期，将新经验纳入到原有经验体系中。与此同时，随着新信息、新经验的同化，原有经验体系会因新信息、新经验的纳入而发生一定的调整或改组，这就是经验的顺应。当新经验与原有经验之间可以融洽相处时，新经验的进入可以丰富、充实原有经验体系。有时新经验与原有经验有一定的偏差，有时甚至完全对立相反，此时的原有经验体系需要进行重新调整、建构。"一种基因型可能提供能被顺化的或多或少的全距，但是所有这些顺化总是限于一种统计学上称之为'常模'的范围之内。同样地，从认识方面来说，主体可能产生种种的顺化，但只限于为保存相应的同化结构的需要所确定的某些范围之内。"②这一"常模"可以理解为儿童的最近发展区，苏联心理学家维果茨基的最近发展区理论可以为此提供理论依据。这说明了同化和顺应是有条件地发生的，儿童总是在已有经验的基础上生成新经验。"教育必须以学习者已经具有的经验作为起点；这种经验和在学习过程中发展起来的能力又为所有的未来的学习提供了起点。"③

---

① ［美］李欧·李奥尼.鱼就是鱼.阿甲,译.海口：南海出版公司，2011.
② ［瑞士］J.皮亚杰.皮亚杰发生认识论文选［M］.左任侠,李其维,编译.上海：华东师范大学出版社，1991：10.
③ ［美］约翰·杜威.我们怎样思维·经验与教育［M］.姜文闵,译.北京：人民教育出版社，2005：285.

我属山羊？或绵羊？

妈妈带着两岁多的坤宁外出游玩，碰到了一群绵羊。妈妈指着绵羊说："宝宝，看，你是属羊的，这就是羊。"坤宁使劲摆手说："不对！不对！"妈妈立刻明白了坤宁的反应。原来，妈妈曾经带坤宁见到过山羊，也说过同样的话。"上次我们见到的是山羊，也是羊。"妈妈赶紧解释说，"现在看到的也是羊，是绵羊。山羊和绵羊都是羊，只是品种不一样，长相不一样。"坤宁好奇地问："那谁厉害呢？""山羊身上的毛是直的，头上的角也是直的；绵羊身上的毛是弯的、卷的，头上的角也是弯的。如果打架的话，山羊和绵羊顶角，可能山羊更厉害。"听了妈妈的解释，坤宁坚定地说："那我属山羊，我不属绵羊。"

当妈妈第一次指着山羊告诉坤宁她属羊时，坤宁获得的经验是：羊就是山羊的样子。当妈妈第二次指着绵羊告诉坤宁她属羊时，坤宁的认知与原有经验发生冲突，认为妈妈说的不对。当妈妈解释山羊和绵羊都是羊时，坤宁的原认知结构发生调整，生成新的经验：羊有山羊和绵羊，长相不同；如果打架，山羊更厉害；自己选择属山羊，表明自己是一只厉害的小山羊。在此过程中，坤宁的认知既有同化，又有顺应，并基于已有经验生成、建构了新经验，原有经验体系发生了调整。

同化，意味着儿童利用原有经验来获取新经验，它体现了经验的连续性、积累性。顺应，意味着新旧经验的磨合、协调，它体现了经验发展的对立性和改造性。新旧经验是通过同化和顺应而实现双向建构的，在对新经验进行生成、建构的同时，又对原有经验进行了更新和改造。经验体系的构建一方面表现为新经验的进入，同时又表现为原有经验体系的调整改变（见图5-1）。面对新经验，儿童或以同化的方式将新经验纳入到已有的认知结构中，或以顺应的方式调整已有的认知结构，来接纳新经验。儿童在认知过程中总是力图用原有经验体系去同化新经验，如成功，原有经验体系得到丰富、巩固和加强，认识达到平衡；如不成功，便做出顺应，调整、改变原有经验体系或创建新经验体系去适应新情况，直至达到新的平衡。正是这种同化与顺应、平衡与不平衡的不断交替，推动着儿童经验不断实现动态的生成与建构，丰富着儿童的经验体系，推动着儿童认知结构的发展。同化是一个量变过程，顺应是一个质变过程，同化和顺应作为经验生成的基本机制是互相依存、不可分割的两个方面，同化和顺应的统一是经验生成的具体机制。

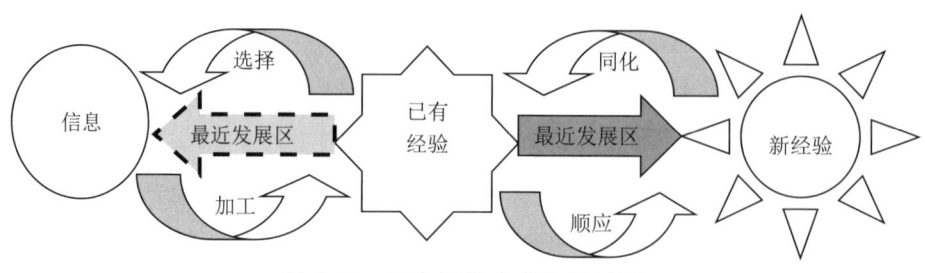

图 5-1 儿童经验生成机制图解

1. 选择和接收

儿童基于最近发展区对信息进行选择性接收：全部接收、部分接收和拒绝接收。全部接收通常采用同化的方式使新信息与原有经验体系进行直接匹配；部分接收则多采用顺应的方式使新信息与经过变形和调整的经验体系进行匹配和组合；拒绝接收则是无论儿童采用同化的方式还是顺应的方式都无法接收的信息，表现为对新信息的忽视、拒绝，这种被儿童拒绝的信息多为儿童最近发展区之外的、暂无力理解的信息。

2. 加工和重组

经验的生成过程不是外界信息的简单输入，儿童除了主动选择和注意信息以外，还要对所输入的信息主动进行加工和重组，并以此为基础赋予信息以相应的意义而实现经验的生成。采用同化或顺应的方式接收了的信息要想真正成为儿童经验体系中的一部分，就要经过加工和重组的过程，这是经验生成的关键。在加工过程中，新旧信息如果进行了深入的互动和循环，便会生成精制化的、条件化的新经验。在儿童的经验建构中，无论是新信息还是已有经验，在进行互动时都会发生变形，有时变形的方式是"加法式"，有时变形的方式是"减法式"。无论是加法式还是减法式，新信息和已有经验都不再是未经互动前的样子，而是在互动中双方都发生变化，生成了一些新质——新经验。在儿童的经验生成中，更多的是做"加法"，即淘汰一些无用的、与新的认知信息不符的旧经验、旧结构，使原有的经验体系进行重组。这种重组可能是以非常清晰的方式进行，也可能以非常混沌的方式进行，既可能有利于新经验的再建构，也可能有碍于新经验的再建构。但经验建构的目的是将新经验与更广泛的经验联系起来，成为整合的经验体系，而不只是与某一两个经验建立联结。

3. 应用与迁移

儿童经验的获得与生成不是一次性完成的，往往是在应用的过程中被获得、理解和深化整合的，是一个双向建构过程。经过加工与重组后的经验还只是一种"惰性的经验"，经验生成的有效性必须经历一个应用与迁移的检验。儿童能在适宜的情境运用并迁移适宜的经验，说明儿童所建构起来的经验是情境化的、条件式的、积极有效的，否则更多地表现为惰性的、消极的经验。经验生成的最终目的是为了运用，是为了解决问题。"儿童概念的形成，起初并不是从许多现成的事物中抽出一个共同的意义，而是把旧有经验中的结果运用于新的经验中，以便帮助他理解和处理新的问题。"[1] 因此，经验生成的过程还应包括经验的运用与迁移，并为新经验的生成建立基点。儿童基于最近发展区，在活动中对信息进行重组、再构和精加工，不断生成新的理解，生成新的经验。儿童通过新旧经验间反复的、双向的作用过程，打开了面向活生生的经验的循环往复的生成通路。

（二）互动性环境是生成资源

生物学、哲学、心理学、中医学、教育学等学科都将生命放置在其生存的环境系统中，探究生命个体与环境的双向动态互动过程。心理发展的建构主义理论代表人物皮亚杰和维果茨基，分别从个体活动以及社会文化环境阐述了个体与环境的相互作用。皮亚杰指出经验起源于个体与环境的相互作用，维果茨基关注个体从一出生就开始的社会文化建构过程。杜威则从哲学角度深入阐释了个体经验的进化特征，认为经验是个体与环境的相互作用中的动态生成，个体在与环境的持续性互动中实现生命的成长。环境不仅仅是个体的认知对象，更是个体生存的支撑，个体与环境的互动机制是经验生成的动力系统。

环境是人类赖以生存和发展的摇篮和襁褓，包含了自然环境和社会环境两大环境系统。自然界中各种环境因素与生物之间以及各种环境因素本身之间，处于互相依赖、互相制约之中，并进行着物质、能量和信息的交换。人类和一切生物都不可能脱离环境而生存，必须从环境中获得其赖以生存的一切，其间也以一定的方式作用于环境。自然环境是人类生存和发展的基本条件，又是人类认识、利

---

[1] [美]约翰·杜威.我们怎样思维·经验与教育[M].姜文闵,译.北京:人民教育出版社, 2005: 132.

用和开发的对象。社会环境包含社会政治、经济环境、聚落环境、规范环境以及社会心理环境，它们之间存在着多种联系，从而构成一个对人类产生影响的社会环境系统。自然环境有利于净化、美化儿童的生活和学习环境，有利于陶冶儿童的性情，有利于丰富儿童的感性经验，有利于激发儿童对自然的热爱。社会政治、经济环境一定程度上影响教育的性质和发展水平；聚落环境影响教育机构的布局、教育形式和组织等方面；规范环境影响教育的价值取向以及教育的目标和内容等；社会心理环境直接影响到对儿童进行教育的人际互动。

互动性环境是儿童经验生成的无穷资源。"一个人的活动和别人的活动联系起来，他就有一个社会环境。他所做的和所能做的事情，有赖于别人的期望、要求、赞许和谴责。一个和别人有联系的人，如果不考虑别人的活动，就不能完成他自己的活动。因为，这些活动是实现他的各种趋势的不可缺少的条件。"[1] 杜威认为，环境是由一个生物实行其特殊活动时有关的全部条件组成，包括促成或抑制生物特有的活动的各种条件，经验就是有机体与环境相互作用的过程与结果。皮亚杰也认为，人的智慧本质上是一种适应，是生物适应的一种特殊表现。个体的每一个心理的反应，不管是指向于外部的动作，还是内化了的思维动作，都是一种适应，而适应的本质在于取得机体与环境的平衡。"认识既不来源于独立于某一主体之外的客体，也不来源于独立于客体之外的某一主体。它来源于主体与客体间不能分离的相互作用，或用更普通的话讲，来源于机体与环境之间的相互作用。"[2] 所有有机体都有适应和建构的倾向，一方面由于环境的影响，生物有机体的行为会产生适应性的变化；另一方面这种适应性的变化不是消极、被动的过程，而是一种积极的建构过程。儿童经验的生成与获得也是适应的过程，儿童的发展即起源于主体对环境的适应性平衡。发展着的个体对环境产生作用，而这些作用产生的反馈进一步促使个体发展。在个体与环境的相互作用中，个体带有某些未来取向的目的——解决问题——作用于环境，个体的目标取向行为又引起了改变的环境对个体的反馈，而反馈使得个体发生变化，生成新经验，进入一种新状态。儿童面对环境，并作用于环境，在与环境相互作用中生成经验，从而发展改变了自身。但不断发展的儿童个体不是独自面对周围的环境，儿童个体不仅

---

[1] ［美］约翰·杜威.民主主义与教育［M］.王承绪，译.北京：人民教育出版社，1990：14.
[2] ［瑞士］皮亚杰.皮亚杰教育论著选［M］.卢濬，选译.北京：人民教育出版社，1990：16.

面对环境,也与他人一起面对环境,且他人会提供如何面对环境的社会暗示。环境很大程度上是由他人预先设定的,并且儿童个体在环境中的行为受到社会外显的或隐含的引导。"一方面为认知主体的认识活动提供一个外在的规范性建构平台;另一方面它通过主体的社会交往将自己渗透进主体的认知图示(它不过主要是主体化了或者是主体内化了的社会文化)里,并通过认知图示规范主体的认识活动。"[1] 同时,主体又通过自己建构的新经验影响环境。

<h3 style="text-align:center">建构体育馆</h3>

老师带领小朋友们参观体育馆后,建构区的小朋友打算建构一个体育馆。一开始,小朋友们各自搭建,彼此的沟通交流较少,因而出现了意见不统一的问题。甜甜是小班长,以"领导"的口吻要求小朋友们听她的指挥。但在搭建的过程中,依然有矛盾冲突。甜甜就去求助老师:"老师,我们要搭建体育馆,可他们不听我的,总是弄坏。"老师建议小朋友们先商量一下,要建个什么样的体育馆。甜甜就招呼小朋友们,说老师要他们先想好建个什么样的体育馆,几个小朋友各抒己见。甜甜急了:"别吵了!别吵了!我画出来照着搭。"甜甜简单地画了一个圆形的体育馆,小朋友们开始按照"图纸"搭建,主要选用的材料是积木,搭建了一个"木制体育馆"。甜甜邀请老师和其他区角的小朋友们来参观,老师和小朋友们都为他们点赞。

第二天,甜甜又和几个小朋友来到建构区的"体育馆"前,打算再添加材料,使得体育馆变得更大一点。老师建议小朋友们可以采用更多的材料搭建,鼓励小朋友们搭建出参观过的体育馆。老师的支持引起了更多小朋友的参与,有的找材料,有的画图,有的动手搭。但在搭建过程中,总是出现倒塌现象。为了解决倒塌现象,小朋友们进行了多次建构样式和建构材料的尝试。经过几天的共同努力,体育馆终于搭建成功了(见图 5-2、5-3、5-4)。

---

[1] 陈坤明,李建国.试论知识的建构机制[J].学术论坛,2006(10):42-44+193.

图 5-2 设计图　　　　　　　　　图 5-3 体育馆

图 5-4 体育馆

儿童的建构活动由松散的平行建构、联合建构到"问题导向"的合作建构，"体育馆"由单一木制结构到多层级混合结构，个体经验在互动性环境中共享、交流、运用，不断增殖、完善——"体育馆"不仅仅是儿童的辉煌建构作品，更是儿童辉煌的"经验大厦"。

维果茨基强调，个体的学习是在一定的历史、社会文化背景下进行的，社会可以对个体的学习发展起到重要的支持和促进作用。人的认知活动是在人与其环境（包括物理的和社会的要素）构成的整个系统中完成的，经验主体是一个参与者，是与感知对象、环境相互关联、密不可分的。儿童经验的生成过程存在着"个体与感知对象""个体与环境""环境与感知对象"之间的互动关系，连接它们的媒介是活动（见图5-5）。儿童的已有经验影响甚至决定着儿童的活动兴趣与认知图式，同时也影响着儿童对环境的互动与反馈；儿童基于已有经验，通过活动与感知对象产生互动，同时也与环境进行互动，社会因素（特别是文化因素，包括他人的暗示与引导）也因此在互动中通过影响感知对象而影响着个体经验的生成与建构。具体地说，儿童经验的生成与建构，首先是儿童个体在一定环境中按照具体的规定性（包含他人的暗示与引导以及儿童的已有经验、兴趣、需要以及认知图示[①]等）对感知对象进行感知以获取初始信息，后对这些信息进行初步加工处理，在处理过程中儿童还与他人进行群体内信息互动，再参照特定目的和客观实际情况进行进一步的处理，如此反复几次最后生成个体"新经验"。这些个体"新经验"属于群体经验的一部分，在共享、交流、运用中时时"增殖"，不断产生新的东西——新经验——这是经验最为独特的地方，也是经验生成最具特色的方面。

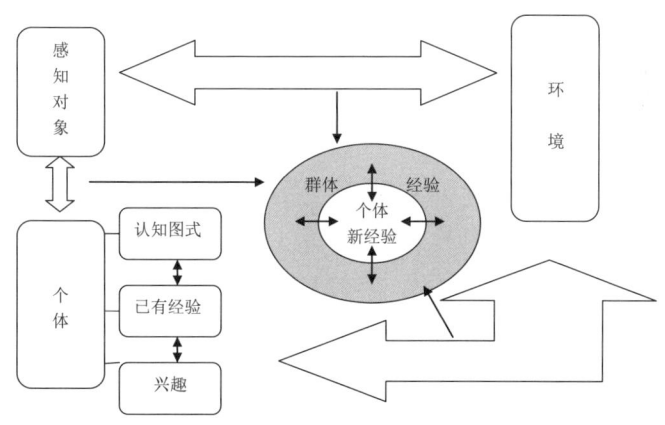

图 5-5　个体、感知对象、环境的互动关系图

（三）互动性他人是生成助力

人类是群居的动物，需要获得他人的支持与认同。儿童作为一个社会成员，与他人有着千丝万缕的联系，儿童的经验正是在与他人的互动交往、协商对话中建构起来的。儿童经验的生成需要与他人（包括师生间和同伴间）相互刺激，这种互动需建立在平等、合作、对话的基础之上，是一种自我和他者的相互生成。"没有个人之间的自由合作，就是说，在学生自己之间，而不仅是在教师和学生中间的合作，事实上就不能进行在实验动作和自发探索形式下的真正的智力活动。智

---

① 儿童的认知方式差异会直接导致具体认知过程的差异和生成经验的差异。

儿童观

力活动不仅以不断的互相刺激为条件，尤其重要的是互相控制和批评精神的锻炼，只有这样，才能使个体变得客观，并有证明事物的需要。事实上，逻辑运算总是'合作'，并且包含着智力的相互关系的协调，以及道德和理智双方的合作。"[1] 儿童与他人共同活动时，不仅仅是在对物体进行操作，而且是与他人的合作和分享，是儿童与他人对经验的共同建构。在其中"蕴藏着集体的智慧和经验，它是一个'知识仓库'，储藏着有形的知识与无形的知识，而且在各成员之间的社会性互动过程中，共同体的知识在动态地流动着和生成着"[2]。"当他活动时，引起别人的活动；别人活动时，也引起他的活动。"[3] 儿童作为活动共同体成员，与其他成员共同作用于环境，基于已有经验与共同的活动兴趣开展活动。通过探究问题、交换看法、交流思想、参与互助、合作体验以及相互回应和反馈，从中汲取着多元的养分，促进了经验的共享和衍生。儿童在与物质环境的交互作用中不仅进行着经验的个体生成与建构，也在与成人、与同伴进行着经验的共同建构。

钓鱼——盖楼——打电话

幼儿园户外场地上增加了一些水管和弯头，乐乐发现后，用直管、双通和弯头插接成了钓鱼竿，并在场地上钓起了鱼（图5-6）。萱萱和多多发现后，非常感兴趣，也尝试插接水管，模仿乐乐钓鱼玩。强强也想参与钓鱼，要来抢乐乐的鱼竿，乐乐拒绝，要强强自己动手做。强强在寻找材料插接鱼竿的过程中，发现了三通，就开始插接玩了起来。强强利用三通，将水管立了起来。

乐乐过来问："你要干什么？"

强强："我要盖高楼！"

乐乐："我和你一起盖高楼吧！"

强强："不行，我要自己盖。"

乐乐："我可以把我的管子给你，我们一起盖大大的高楼！"

强强迟疑了一下，说："好吧，你不要给我弄坏了。"

乐乐："好的。"

强强、乐乐开始共同搭建高楼，由于水管、弯头和双通材料不够，就去寻求其

---

[1] [瑞士]皮亚杰.皮亚杰教育论著选[M].卢濬，选译.北京：人民教育出版社，1990：101.
[2] 冯锐，金婧.学习共同体的思想形成与发展[J].电化教育研究，2007（3）：72-75.
[3] [美]约翰·杜威.民主主义与教育[M].王承绪，译.北京：人民教育出版社，2001：18.

他玩管子的小朋友帮助，希望他们让出材料，其他小朋友要求一起玩。几位小朋友开始搭建高楼（见图5-7），在盖高楼的过程中，梦瑾发现了水管口，对着水管口唱歌。萱萱正好在管子的另一端口："哇！声音好大呀！"萱萱的惊奇吸引了其他小朋友，都过来听："我也听到了！"强强在另一端口："我这里也能听到！"瞬间，搭建高楼活动转变成了打电话，几个小朋友在各个端口尝试唱歌、打电话（见图5-8）。

图5-6 钓鱼

5-7 盖高楼

图5-8 打电话

基于已有经验，管子引发乐乐的"钓鱼"，乐乐的一人"钓鱼"引发多人"盖楼"，多人"盖楼"引发多人"打电话"，同伴之间、同伴与材料之间的互动有效促进了儿童个体经验的获得和群体经验的建构。

互动性他人是儿童经验生成的助力，在互动与对话中实现着"双赢"。儿童的经验生成不仅是一个自主建构的过程，同时也是一个社会协商和对话的过程。由于社会文化背景和先前经历的不同，儿童对事物各自具有不同的"前经验"和"前理解"。在与他人的互动对话过程中，儿童的"前经验""前理解"与他人的"前经验""前理解"呈现于同一个互动空间，通过表达自己和聆听他人，儿童感受到他人对某一

儿童观

事物的看法，会不断地把自己的观点和行为与他人的观点和行为进行比较、协调，并进行经验的碰撞和融合，产生认同或冲突，实现视界整合，从而导致新经验的不断生成和建构。儿童的经验是社会建构的结果，经验生成的过程是一个社会协商、对话交流的过程。在一个充满活力的集体中，儿童有足够的机会与他人共同探讨时，儿童可以受到物体的吸引和刺激、成人的帮助和传授以及同伴的启发和评价，所有这些或明或暗的引导都会激发儿童的活动兴趣和灵感，使得儿童经验的生成与建构更迅速、有效和深入。儿童在他人的影响与引导下，通过与环境的互动从而改变环境，而改变了的环境又为儿童提供新的刺激与信息，使儿童对这种刺激与信息的行为方式发生改变。这种循环反应过程不断生成着新经验，它再次成为儿童进行下一轮互动的基础，并成为一个新质生成的基点，使得儿童的经验体系不断丰富、完善着。儿童就是在不断地与同伴、成人和环境的互动与对话中螺旋式地生成、建构经验的（见图 5-9），儿童也在循环反应中获得持续性发展。

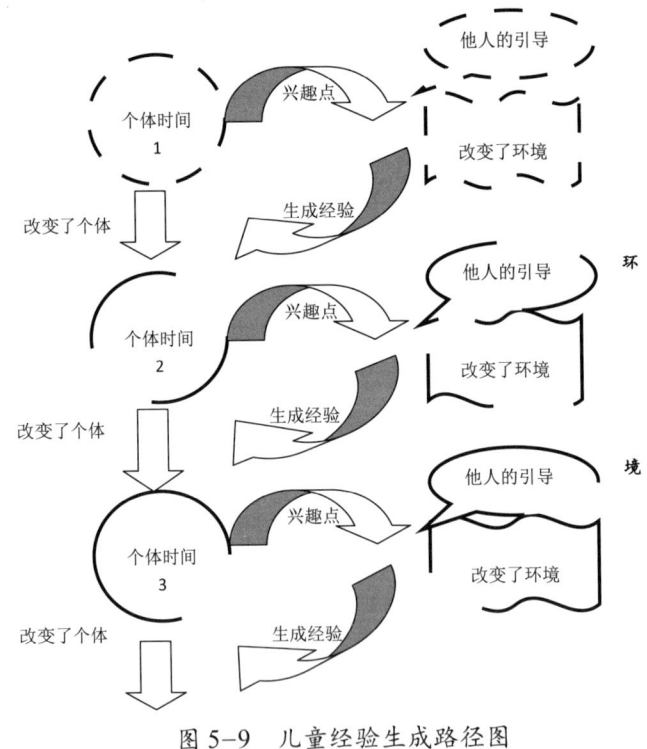

图 5-9　儿童经验生成路径图

认知是面向生存的，是活动指向的，是指向环境的。在活动中，涵盖了儿童自我、他人、环境的全部意义，诠释了经验的动态生成性。经验在本原上既不是从客体发生的，也不是从主体发生的，而是个体在与环境交互作用的过程中，以原有经验为基础逐渐建构、生成的结果，是一个自然的有中生有的过程。经验的生成包含同化与顺应两个方面，同化和顺应的统一是儿童经验生成的具体机制。儿童的已有经验是经验的生成基础，互动性环境是经验的生成资源，互动性他人是经验的生成助力。儿童经验的生成过程是一个动态的、发展的过程，自始至终反映了儿童与他人、与环境的多向性交互作用。在这种交互作用中，儿童的已有经验与他人的引导和环境是相互依存的。儿童的经验生成过程并不是简单的信息输入、存储和提取，而是新旧经验之间的双向的相互作用过程。生成既可能是一种同化过程，进行图式适应，引起原有认知结构的量的变化；生成也可能是一种顺应过程，导致新图式的重新建构，引起认知结构质的变化。新旧经验是通过同化和顺应而实现双向建构的，在对新信息进行建构的同时，又对原有经验进行更新和改造，是一个理解的过程。儿童经验的动态生成机制阐释了儿童的经验不是由教师简单地传递给儿童，而是由儿童自主建构生成的，是基于已有经验而自然生发出来的。

综上所述，儿童的生命是历史的联系生成，是和谐的整体生成，是多元的独特生成，是经验的连续生成。儿童的生命禀赋源于先天，受制于后天，是先天与后天、形与神、人与自然社会交织在一起的丰富性的存在，是一种由多种因素和多重维度组成的生成性存在，其内涵丰富无比。儿童生命的本质是一种生成活动，儿童只有在生成中才成其为人，是通过自身的活动不断地自我创造、自我生成着的。生命的连续生成是一个不容辩驳的事实，整体生成才是生命的健康态，生成独特的生命才是有尊严的生命、自然的生命——这为科学儿童观的建立提供了科学依据和方法论基础。

第六章

ERTONGGUANDE HELI NEIHANYU
JIAOYU QUXIANG

儿童观的合理内涵与教育取向

儿童是什么？"儿童"是一个历史建构的概念。"所谓孩子不是实体性的存在，而是一个方法论上的概念。"① 正是在这种方法论的视野之下，儿童才成为可研究的对象。儿童概念的形成，是众多价值系统发生作用的场所，是一个永远处于"正在形成"状态或是生成状态中的存在。儿童概念的产生就是一系列从具体到抽象、从经验到理性的生成过程，任何新的儿童观都是孕育和建立在已有的儿童观之中的。通过历史反思，可以找到现在的儿童观和已有的儿童观之间的内在联系，尤其是能更清晰地认识目前大众意识形态的儿童观中残存的糟粕成分，进而能有意识地认识与改造。通过历史反思和现实考察发现，对儿童的考量应从对生命的考量开始，生命的逻辑是儿童观的逻辑起点。遵循儿童的生命之道，基于儿童的生命本质，阐释"儿童究竟是什么？""儿童期的意义何在？""成人该以怎样的方式对待儿童？"——科学的儿童观必须围绕着这样的观念建立起来。

一、儿童是身心稚嫩的个体，儿童的生命需要滋养、呵护

儿童是幼态的人，是生理和心理未发育成熟的人，是"未完成"的生命存在。从母体卵子受精的那一刻起，生命便已开始，母体所能做的，是提供营养、保持健康，使胚胎能有一个适宜的环境成长。当生命诞生后，其柔弱无助，没有天然毛发层对付恶劣气候，没有锐利器官对付天敌、获取食物，仿佛是一个过早来到世间的孱弱的"早产儿"，必须依赖于成人的呵护和养育才能"成人"。人类初生婴儿软弱不能自助，其身心稚嫩，"成而未全""全而未壮""脏腑柔弱"，除了与生俱来的天赋本能外，既无经验也无能力，完全处于未开化状态，并缺乏基本的生存能力，离开了成人的保护和照顾，将无法生存下去。"在婴儿期无自助能力的一段较长的时期中，需要父母亲的悉心照料，我们已确认这是早期人属所有的。"② 由此可见，整个人属都有需要父母照料的一段幼小时期。"儿童是人，他具有生存权，具有人的尊严以及其他一切基本人权。"③ 儿童是一个人，应该享有一切

---

① ［日］柄谷行人.日本现代文学的起源[M].赵京华,译.北京：生活·读书·新知三联书店，2006：124.
② ［肯尼亚］理查德·利基.人类的起源[M].吴汝康,等译.上海：上海科学技术出版社，1995：37-38.
③ 刘晓东.解放儿童[M].北京：新华出版社，2002：64.

儿童观

基本的人权。同时，儿童又是一个处于发展初始阶段的人，因此应享有一些特别的权利，如被保护的权利、发展的权利等。所有儿童有存活的权利，儿童应受到特别保护，并应通过法律和其他方法而获得各种机会与便利，使其能在健康而正常的状态和自由与尊严的条件下，得到身体、心智、道德、精神和社会等方面的发展。

动物一出自然之手就达到了完善，其活动器官的构造和机能是先定的，在生理特性上是一种完善，其生命是达到了完成的。与动物比起来，人的后代孤弱不能自助，人是未完成的、未特定化的，不具备适合某一特定环境的特殊功能，有的只是一种倾向和能力。人的未完成化、未特定化的生命使得人成为自然界中生下来就是最脆弱的、毫无生存能力的物种。从生理上看，人天生是软弱的，自然没有赋予人在各种不利的自然条件下生存的肉体本能，人的各种器官没有为了适应特定的生活条件而被特定化。因而，人在天性上是未完成的、不完善的和未确定的。但另一方面，人的未完成、不确定性又造成了人无限的开放性和适应性。正是因为人的未特定化，给人留下了广阔的发展空间和创造的自由。因此，人具有极大的可塑性、广泛的适应性，在每一种新的环境中，都能发展出适合于环境的行为，并以此保护自己。

"人的生活并不遵循一种被事先确定的过程，可以说，自然只完成了人的一半，另一半留给人自己去完成。"[1] "人到成年需要更长的时间。由于人出生得早，因而增加了某些东西使其童年期延缓。"[2] 人的基因编码系统是开放的，需要吸收后天的信息才能最终完成生命编码。新陈代谢是生命与外界环境所进行的物质、能量与信息的交换，是生命生成变化的机制。"每一个生命有机体本质上是一个开放系统。它在连续不断的流入与流出之中，在其组分的不断的构成与破坏之中维持自己，只要它是有生命的，它就永远不会处于化学的和热力学的平衡状态，而是维持在与平衡状态不同的所谓稳态上。这是通常所说的新陈代谢这个基本生命现象的真正本质。"[3] 新陈代谢过程中，生命进行着同化作用和异化作用，在同化与异化的相对平衡中，完成物质、能量、信息的交换，实现生命的生长与生成。

---

[1] [德]兰德曼.哲学人类学[M].阎嘉，译.贵阳：贵州人民出版社，2006：7.
[2] [德]兰德曼.哲学人类学[M].阎嘉，译.贵阳：贵州人民出版社，1988：205.
[3] [美]贝塔朗菲.一般系统论：基础、发展和应用[M].林康义，等译.北京：清华大学出版社，1987：36.

代谢是生长的前提，生长是代谢的必然结果，在物质、能量、信息的交换中，生命保持更新。

未成熟、未完成状态是儿童生命生成的前提和基础，在未成熟、未完成的儿童身上，蕴含着巨大的潜能和生长的力量。儿童的"未成熟"状态就是生长的可能性，"就是一种积极的势力或能力——向前生长的力量"[①]。生命的未特定化意味着发展的不确定性，为儿童的再发展提供了无穷的空间，为儿童的创造性和自由提供了机会，为儿童的生命提供了开放性的吸收和超越性的生成过程。但儿童的本能匮乏，难以自我维持生计，其生命生成需要一定的物质、能量与信息的滋养，需要成人的帮助和支持。在成人的照料和培育下，儿童才可能完成形体的发育、精神的丰富，才可能创造性地适应环境，从而有效地获得生存并自立于世界。正如胚胎需要母亲的子宫养育一样，出生后的儿童依然需要生命的滋养。儿童的生命必须依靠吸收其周围环境中的营养，犹如一颗种子在温暖的阳光照耀下，以及在充分的水分、肥料灌溉下破土、发芽、生长一样。因此，成人肩负着滋养儿童生命的重任，应为儿童的生命生成提供安全、健康、温暖的"子宫"。

儿童被赋予各种未知的能力，在儿童的"未成熟"里蕴藏着巨大的生长潜能和力量，教育必须把发展这些潜在的可能性作为它的目标。"我们生来是软弱的，所以我们需要力量；我们生来是一无所有的，所以需要帮助；我们生来是愚昧的，所以需要判断的能力。我们在出生的时候所没有的东西，我们在长大的时候所需要的东西，全都要由教育赐予我们。"[②] 教育即滋养生命，意在保持儿童的生命和谐与健康生长。"学校教育的价值，它的标准，就看它创造继续生长的愿望到什么程度，看它为实现这种愿望提供方法到什么程度。"[③] 教育是有目的、有计划、有组织地促进儿童身心和谐发展的社会活动，是以对生命的思考和理解为自己的任务与使命，是以人为本的社会中最体现生命关怀的事业。教育具有鲜明的生命性，"是直面人的生命、通过人的生命、为了人的生命质量的提高而进行的社会活动"[④]。人的生成过程就是一个生命绽放的过程，也就是一

---

① ［美］约翰·杜威.民主主义与教育［M］.王承绪，译.北京：人民教育出版社，2001：50.
② ［法］让－雅克·卢梭.爱弥儿——论教育（上）［M］.李平沤，译.北京：人民教育出版社，2001：3.
③ ［美］约翰·杜威.民主主义与教育［M］.王承绪，译.北京：人民教育出版社，2001：62.
④ 叶澜.教育理论与学校实践［M］.北京：高等教育出版社，2000：136.

个解蔽、澄明的过程。教育即为着生命的启蒙，其根本宗旨在于滋养人的生命，呵护着儿童的生命生成，使其得以不断生成和丰富而趋向健康、和谐、完满。儿童教育面对的是最娇嫩的生命，必须谨慎地依据儿童生命的自然发展步骤。"事实上，初生的孩子是那样不成熟，如果听任他们自行其是，没有别人指导和援助，他们甚至不能获得身体生存所必需的起码的能力。人类的幼年和很多低等动物的崽仔比较起来，原有的效能差得多，甚至维持身体所需要的力量必须经过教导方能获得。"[1] "教育的过程是一个继续不断的生长过程，在生长的每个阶段，都以增加生长的能力为其目的。"[2] 教育即滋养生命应是儿童教育的首要观念，儿童的生命需求应是儿童教育的基本前提，儿童的生命生成规律应是儿童教育的根本依据。合目的性、合规律性的儿童教育既应遵循生命的历史性，完善生命的和谐性，又应呵护生命的独特性，实现生命的健康和谐。教育者应以一种基本的生命信念，以虔诚之心与敬畏之心滋润儿童稚嫩的生命，应让儿童生命获得诗意的成长。从生命出发，滋养生命，教育应承担起养生的伦理使命和文化使命。当这些使命最终得以实现的时候，教育便在人类生命的发展史中赢得了地位和尊重。

儿童在一切情况下均应属于首先受到保护和救济之列，儿童应被保护不受一切形式的忽视、虐待和剥削，尤其身心或所处社会地位不正常的儿童，应根据其特殊情况的需要给予特别的治疗、教育和照料，不仅应满足其生命发展的物质需求，更应该满足其生命发展的精神需求，以确保每一个儿童都能拥有幸福的童年生活。儿童期是人生发展的关键期，童年生活会影响人一生的发展。"我们童稚时所得到的印象，哪怕极其微小，乃至无法察觉，都有极重大、极久远的影响，犹如江河的源头，水性异常柔弱，一点点人力便可以影响河流的流向，乃至使河流的方向根本改变；总之，从源头上加以引导，河流就接受了不同的趋向，最后流向十分遥远的地方。本人认为，儿童的心智和源头的水性相近，容易引导，决之东则东，决之西则西……"[3] 幼儿教育是基础教育的重要组成部分，是学校教育和终身发展的奠基阶段。面对"水性极柔"的儿童，教育应以敬畏之心借鉴中医"治

---

[1] [美]约翰·杜威.民主主义与教育[M].王承绪，译.北京：人民教育出版社，2001：8.
[2] [美]约翰·杜威.民主主义与教育[M].王承绪，译.北京：人民教育出版社，2001：63.
[3] [英]约翰·洛克.教育漫话[M].杨汉麟，译.北京：人民教育出版社，2006：7.

未病"的养生观念,谨言慎行"源头"之教,"防患于未然"。"因为教育上的错误较之别的错误更不可赦免。教育上的错误正与配错了药一样,开始搞错了,决不能借助第二次或第三次去弥补,它们将携带根深蒂固的污点,通过人生的各个道口及车站。"① 儿童身心柔弱,生命稚嫩,儿童的生命需要成人的呵护,儿童教育应以滋养生命为己任,让儿童拥有幸福、快乐的童年生活与生命活力,为儿童的一生发展奠定坚实的生命基础。

二、儿童是完整的个体,应关注儿童生命发展的和谐性、整体性

儿童是完整的个体,是全方位不断发展的人,儿童的发展应是全方位的,包括身体、认知、情感、社会和人格等方面的充分、和谐发展。追求生命的健康是人类的永恒课题,生命健康不仅仅是没有疾病,更是一种生理、心理和社会适应都完满的状态。因为生命的健康,有了人,便有了医学。因为生命的健康,有了人,便有了教育。从诞生之日起,医学和教育即为着人的生命健康服务。"人是教育的、受教育的和需要教育的生物,这一点本身就是人的形象的最基本标志之一。"② 教育源于生命发展的需要,是人的生命存在的形式,生命发展的过程就是教育的过程。"思考教育的目的,事关我们下一代的成功或失败,他们将如何塑造我们这个世界。这绝不是小事。"③ 教育最根本的目的只在于生命本身,健康、和谐的生命态正是教育的本源追求。教育学是探究生命成长奥秘的学科,是决定着人的生命生成与发展的最基本的学科。中医学追求形神合一、顺应自然的健康养生思想恰恰也是教育所应追寻的境界,保持健康、和谐的生命态是教育与中医共同的旨归。中医学的养生观念,为人类提供了把握生命健康的整体观念及辩证思想,更为关注儿童生命健康成长的相关学科——教育学提供了思想启迪和方法论指导。

气是生命的动力,气能生神,神能御气。精为气的物质基础,气为精的生命力表现。精、气、神是密切联系、不可分割的统一整体,精充、气足、神旺是生

---

① [英]洛克.教育漫话[M].杨汉麟,译.北京:人民教育出版社,2006:204.
② [德]O.F.博尔诺夫.教育人类学[M].李其龙,等译.上海:华东师范大学出版社,1999:36.
③ [英]怀特海.教育的目的[M].庄莲平,王立中,译注.上海:文汇出版社,2012:1.

命充满活力的根本保证。中医学认为,形乃神之宅,神乃形之主,无神则形不可活,无形则神无以附,二者相辅相成,不可分离。精能生神,神能御精,精足则神健,形健则神旺;反之,精衰则形弱,形弱则神疲。因此,养生应形神共养,相得益彰。

生命体的发展变化,始终处于动静相对平衡的自身更新状态中。升降出入是自然万物变化的普遍规律,人体生命活动也是顺应万物的自然之性而处于动静互涵的发展变化之中。中医学认为,气血需要动,而心神需要静,只有动静结合,才能达到形健神旺、健康身心的目的。因此,中医学主张"形动神静"。"形动",即加强形体的锻炼。"流水不腐,户枢不蠹,动也。形气亦然,形不动则精不流,精不流则气郁。"①中医学认为锻炼形体可以促进气血流畅,使人体肌肉筋骨强健,脏腑机能旺盛,并可借形动以济神静,从而使人身体健康,益寿延年。除"动以养形"外,中医学还强调"静以养神",即"神静"。"恬淡虚无,真气从之,精神内守,病安从来?"②即言心的生理特征是喜宁静,心静则神安,神安则体内真气和顺,身心健康。此外,通过养性调神,还可改善气质,优化性格,增强自身的心理调摄能力。通过形神俱养,"志闲而少欲,心安而不惧,形劳而不倦,气从以顺,各从其欲,皆得所愿"③,"故能形与神俱"④,达到形神合一、身心和谐的生命健康状态。

形神共养,才能形神合一。身心和谐,方为健康生命。中医学强调的形神共养亦是儿童教育法则,中医学追求的身心和谐更是儿童教育鹄的。儿童生命是一个不可分裂的整体,具有发展的整体性。"人类才能的整体性是种族的神圣而永恒的天赋。着重这个整体性是教育成功的基本条件。"⑤"教育要名副其实,必然是努力使人的完善能力得到圆满的发展。"⑥"无论是过分的感情的发展,或是过

---

① 吕不韦.吕氏春秋·尽数[M].任明,昌明,译注.太原:山西古籍出版社,1999:21.
② 黄帝,等.黄帝内经·素问·上古天真论[M].南京:凤凰出版社,2012:16.
③ 黄帝,等.黄帝内经·素问·上古天真论[M].南京:凤凰出版社,2012:16.
④ 黄帝,等.黄帝内经·素问·上古天真论[M].南京:凤凰出版社,2012:15.
⑤ [瑞士]裴斯泰洛齐.裴斯泰洛齐教育论著选[M].夏之莲,等译.北京:人民教育出版社,2001:426.
⑥ [瑞士]裴斯泰洛齐.裴斯泰洛齐教育论著选[M].夏之莲,等译.北京:人民教育出版社,2001:426.

分的智力发展，缺乏平衡都会导致最终的失败。"①面向生命的整体性意味着生命的整体发展，强调生命发展的完整性、统一性与和谐性。生命的整体发展在于全面发展，即人的各种最基本素质的完整发展。生命的整体发展在于和谐发展，即人的各种基本素质获得协调、适当的发展，否则便是畸形发展。

人的全面、和谐发展是教育的理想和追求。柏拉图孜孜以求于"音乐陶冶心灵，体操锻炼身体"，亚里士多德追寻着身体、德行与智慧的和谐。维多利诺主张对儿童普遍实施智、德、体、美诸育，使儿童身心获得和谐发展。蒙田提出了"完人"教育主张："我们所训练的，不是心智，也不是身体，而是一个完整的人，我们决不能把二者分开。"②卢梭、狄德罗和爱尔维修强调通过"健全的教育"，培养儿童"健全的人格"。裴斯泰洛齐主张教育的目的在于发展儿童的天性和形成完善的人，在于使儿童的天赋才能得到充分的、和谐的发展。第斯多惠的终极目的是"全人"，即全面的、和谐发展的人。莫尔、欧文、傅立叶等人也都提出了人的全面发展思想，马克思提出了"以每个人的自由而全面的发展为基本原则"③。日本著名教育家小原国芳认为，理想的人是全人。"学校的目标始终应当是：青年人在离开学校时，是作为一个和谐的人，而不是一个专家。"④

在中国，严复提倡要"鼓民力（体育）、开民智（智育）、新民德（德育）"⑤，提出了"三育并举"思想。王国维提出了德、智、体、美"四育统合"的思想，认为教育的宗旨在于"使人为完全之人物而已"⑥。蔡元培提出"五育并举"思想，主张"军国民教育（体育）、实利主义教育（智育）、公民道德教育（德育）、世界观教育、美感教育（美育）皆近日之教育所不可偏废"⑦，倡导"顺应时势，养

---

① ［瑞士］裴斯泰洛齐.裴斯泰洛齐教育论著选［M］.夏之莲，等译.北京：人民教育出版社，2001：426-427.
② 华东师范大学教育系，浙江大学教育系.西方古代教育论著选［M］.北京：人民教育出版社，2001：396.
③ ［德］马克思，恩格斯.马克思恩格斯全集（第3卷）［M］.中共中央马克思恩格斯列宁斯大林著作编译局，编译.北京：人民出版社，1979：3.
④ ［德］爱因斯坦.爱因斯坦文集［M］.赵中立，许良英，编译.上海：上海科学技术出版社，1979：70.
⑤ 王栻，严复.严复集（第1册）［M］.北京：中华书局，1986：18.
⑥ 姚淦铭，王燕.王国维文集（第3卷）［M］.北京：中国文史出版社，1997：298.
⑦ 蔡元培.蔡元培全集（第2卷）［M］.高平叔，编.北京：中华书局，1984：131.

儿童观

成共和国民健全之人格"①,强调德智体美劳要协调全面发展。张伯苓认为:"教育一事,非独使学生读书习字而已,尤要在造成完全人格,三育并进而不偏废。"②主张德智体"三育"并行并进、全面发展,还"特别注重于人格教育,道德教育"③。梅贻琦提倡"德、智、体、美、劳、群""六育并举",主张对学生进行"全人格"的培养。陶行知主张教育要让人成为人,成为"真人",成为"活人",即培养儿童的健全人格。陈鹤琴提出了活教育理论,建构了五指活动课程,把五指活动课程分为健康、社会、科学、艺术、语文五大领域,犹如一个人的手掌,有分有合,各自具有独特的教育功能,是灵活的、可以伸缩的,但又是整体的、连通的、互相联系的,有组织、有系统、合理地共同促进儿童多元化的发展。杨贤江强调学生要在品行、智慧、健康、劳动、审美等五个方面全面发展,提出:"一个人要过圆满的生活,应当有强健的身体及精神,有工作的智识及技能,有服务人群的理想与才干,有丰富生活的风尚与习惯。"④中华人民共和国成立后,党和国家领导人以及各级教育主管部门遵循全面发展的教育方针,不断探索关于人的全面发展问题,德智体美劳全面发展便成为我国人才培养的具体标准,长期引导着学校的教育教学工作。

人的全面发展是人的内在发展需要,"任何人的职责、使命、任务就是全面地发展自己的一切能力"⑤。每个健康的儿童都拥有巨大的发展潜力,其先天的生理遗传充分赋予了他们实现全面发展的条件,只有全面发展,才能得到充分发展。马克思主义关于人的全面发展理论,要求人在道德、智力、体力、心理等方面都应得到充分发展。儿童是一个正在发展的人,实现全面发展与充分发展是每个儿童的权利。受教育是儿童生命的内在需求,教育因生命而存在。"把'教育'理解为社会借此可以保存、延续、进步,个体借此得以获得某种素质而在未来过上'幸福''完满'的生活的工具。"⑥儿童的发展是一个整体,"人"的生成之路、解蔽之路意味着生命的和谐性、完整性,教育应以儿童的生命和谐为鹄的,倾力实现

---

① 蔡元培.蔡元培全集(第2卷)[M].高平叔,编.北京:中华书局,1984:164.
② 王文俊.张伯苓教育言论选集[M].天津:南开大学出版社,1984:1.
③ 郑致光.张伯苓传[M].天津:天津人民出版社,1989:14.
④ 杨贤江.杨贤江全集:第二卷[M].郑州:河南教育出版社,1995:582.
⑤ [德]马克思,恩格斯.马克思恩格斯全集(第3卷)[M].中共中央马克思恩格斯列宁斯大林著作编译局,编译.北京:人民出版社,2009:566.
⑥ 周浩波.教育哲学[M].北京:人民教育出版社,2000:35.

着向生命的回归。教育语境中的关键词永远是"生命",教育应面向儿童生命的整体性,关注、关心儿童整体的发展,并结合时代需求,构建"五育融合""学段融合"的全面发展教育体系。德智体美劳五个方面是相辅相成、不可或缺的有机整体,只有"五育融合",才能使人自身的全部潜能得以充分发挥。因此,实现儿童的自由全面发展,要树立"五位一体"的整体性发展观,推进"五育融合"的教育理念,德智体美劳互相渗透、有机融合,并注重领域之间、目标之间的相互渗透和整合,促进儿童身心全面协调发展,而不应片面追求某一方面或几方面的发展。同时,教育要顺应儿童的发展规律,还应树立"全人生"的整体教育理念,以历史思维统筹规划儿童的可持续发展,既关注儿童的现实发展需要,又考虑其长远发展,根据不同年龄阶段儿童身心发展特点,实施具有年龄适宜性和个别适宜性的教育,将儿童期的发展与其终身发展有机融合,推进"学段融合",以各教育时段的动态融合形成循序提升、梯级展开的有机统一与衔接,实现儿童发展的整体性、和谐性。

三、儿童是独特的个体,应促进每一个儿童的个性化发展

人的存在是一种生命独特性的存在,"在时间、空间这纵横广阔的环境里,每个人都以自己独特的个性存在着"[①]。人与人之间无论在生理、心理特征方面,还是在道德、审美、知识技能等社会特征方面,都存在着个别差异。这些个别差异在不同个体身上的特殊组合,便形成了生命的独特性。儿童是独特的个体,是富有差异的存在,具体的儿童是丰富多彩的。尊重人归根结底是尊重人的生命独特性,尊重生命和生命的独特性是教育的最基本理念。只有承认生命的独特性,才有利于对每一个儿童进行教育,才能因人施教。教育的理想是以生命的理想为底蕴的,追寻的是理想生命的生成。独特发展是人的天赋权利,是自然赋予的,应让儿童真正享有这种权利。"人的全面发展意味着自己真正获得解放。"[②] 教育关照生命的独特性,意味着人的独特的发展,即人自主的、自由的、富有个性的发展,

---

① [日]香山健一.为了自由的教育改革——从划一主义到多样化的选择[M].刘晓民,译.北京:高等教育出版社,1990:16.
② [德]马克思,恩格斯.马克思恩格斯全集(第3卷)[M].中共中央马克思恩格斯列宁斯大林著作编译局,编译.北京:人民出版社,1995:286.

儿童观

强调生命发展的自主性、独特性和个别性。无条件地承认与尊重独特的不可替代的生命形态，把每个儿童的生命尊严作为教育的出发点和核心内容，这种观点逐渐成为了教育的观点和论说的主题。

追求生命独特性的发展并不否定生命的全面发展：没有个体生命独特性的充分发展，就没有生命的全面发展，反之亦然；个体生命独特性的发展是生命全面发展的必要条件和核心内容，生命全面发展是个体生命独特性发展的最终归宿。"全面发展的实质是个性发展"[1]，促进儿童的全面发展是教育的本质，促进儿童的个性发展是教育的终极目的。教育关照生命的独特性发展，意味着让儿童自身独特潜能充分发挥，意味着对儿童的需要、兴趣和自由的充分尊重。尽管儿童是富有差异的存在，但不存在高低贵贱之分，教育应该尊重每一个儿童的独特性和差异性，平等对待每一个儿童，不能因其本人的或家族的种族、肤色、性别、语言、宗教、政见或其他意见、国籍或社会成分、财产、出身或其他身份而受到差别对待或歧视，应确保每一个儿童都能以适合自己的方式受到他人的理解、帮助、成长和发展。"教育的基本作用，似乎比任何时候都更在于保证人人享有他们为充分发挥自己的才能和尽可能牢牢掌握自己的命运而需要的思想、判断、感情和想象方面的自由。"[2]"教育首先是一个内心的旅程。"[3] 体现了人们对一种真正的"人"的教育的渴望和期冀。儿童不是成人和教师灌注的容器，也不是可以任意塑造的蜡和泥，儿童是具有生命力的、能动的、发展着的、活生生的、独特的人。儿童教育应以儿童为本，全面地研究儿童，遵循儿童的生命特性，尊重儿童的个体差异，基于每个儿童在兴趣、特长、性格、认知风格、行为方式等方面的特点，因人施教，促进每个儿童有尊严地、富有个性地发展。

2001年颁布实施的《幼儿园教育指导纲要（试行）》规定："幼儿园教育应尊重幼儿的人格和权利，尊重幼儿身心发展的规律和学习特点，以游戏为基本活动，保教并重，关注个别差异，促进每个幼儿富有个性地发展。""幼儿园的教育

---

[1] 张楚廷. 全面发展实质即个性发展——重温马克思全面发展学说的启示[J]. 北京大学教育评论, 2004（2）: 70-74.
[2] 联合国教科文组织. 教育——财富蕴藏其中[M]. 联合国教科文组织总部中文科, 译. 北京: 教育科学出版社, 1996: 85.
[3] 联合国教科文组织. 教育——财富蕴藏其中[M]. 联合国教科文组织总部中文科, 译. 北京: 教育科学出版社, 1996: 86.

是为所有在园幼儿的健康成长服务的，要为每一个儿童，包括有特殊需要的儿童提供积极的支持和帮助。""尊重幼儿在发展水平、能力、经验、学习方式等方面的个体差异，因人施教，努力使每一个幼儿都能获得满足和成功。"①2006年《中华人民共和国义务教育法》第二十九条规定，教师在教育教学中应当平等对待学生，关注学生的个体差异，因材施教，促进学生的充分发展。2010年党中央、国务院发布的《国家中长期教育改革和发展规划纲要（2010—2020年）》（以下简称《教育规划纲要》）要求："为学习者提供方便、灵活、个性化的学习条件。""促进学生全面而有个性的发展。""坚持全面发展与个性发展的统一。""关注学生的不同特点和个性差异，发展每一个学生的优势潜能。"②2016年新版《幼儿园工作规程》明确规定了幼儿教育原则："遵循幼儿身心发展规律，符合幼儿年龄特点，注重个体差异，因人施教，引导幼儿个性健康发展。""幼儿园应当充分尊重幼儿的个体差异，根据幼儿不同的心理发展水平，研究有效的活动形式和方法，注重培养幼儿良好的个性心理品质。"③2019年中共中央、国务院印发的《中国教育现代化2035》文件中，将"更加注重因材施教"列为推进教育现代化的八大基本理念之一。由此可见，尊重儿童，让每个儿童获得个性化的发展已成为儿童教育的行动指南。

因材施教发源于孔子，在自孔子以后的2500多年中，因材施教不断地被历代教育家验证、继承和完善。儿童是有差异的个体，不仅具有生理上的性别差异、身体差异，还存在心理上的个性差异和认知差异，具有个别差异性。基于不同遗传素质、环境条件和家庭教育所产生的潜在与显性影响，因材施教是儿童发展的内在需要。儿童的发展是一个持续、渐进的过程，同时也表现出一定的阶段性特征。每个儿童在沿着相似进程发展的过程中，各自的发展速度和到达某一水平的时间不完全相同。要充分理解和尊重儿童发展进程中的个别差异，支持和引导他

---

① 中华人民共和国教育部.幼儿园教育指导纲要（试行）[EB/OL].（2001-07-02）[2022-11-25] http：//www.moe.gov.cn/srcsite/A06/s3327/200107/t20010702_81984.html.
② 中华人民共和国教育部.国家中长期教育改革和发展规划纲要[EB/OL].（2010-07-29）[2022-11-25] http：//www.moe.gov.cn/srcsite/A01/s7048/201007/t20100729_171904.html.
③ 中华人民共和国教育部.幼儿园工作规程[EB/OL].（2016-03-01）[2022-11-25] http：//www.moe.gov.cn/jyb_xxgk/xxgk/zhengce/guizhang/202112/t20211206_585104.html.

们从原有水平向更高水平发展，按照自身的速度和方式到达年龄发展的"阶梯"，切忌用一把"尺子"衡量所有的儿童。所有儿童都应受到平等对待，包括有特殊需要的儿童。因材施教要求教师尊重学生的个性化差异，以"知人"为基础，以承认儿童差别和尊重儿童个性为导向，尊重儿童发展的个体差异，承认差异、允许差异、培养差异，关注儿童的个体差异和具体特点，因人施教，充分挖掘和发挥每个儿童的潜能，为每个儿童的自由发展提供条件，全力支持不同儿童个体的差异化发展。

有"德国的裴斯泰洛齐"之称的第斯多惠强调教育必须遵循儿童不同年龄阶段身心发展的特点和个性差异，并号召教师仔细研究儿童。"在人的教育中，一切都决定于：不要发生任何违反一般人和个别人的本性的事情，而且一切都是按照这种本性产生的。"[1]"教学规律不是独立存在的，而是由人的天资这一特点决定的。"[2]"人的天资就是一个人本身能力和活动可能性的基础……天资本身不是一种作用或行为，而是一种最初最深的活动或动因的基础……天资是发展能力和力量的胚胎。"[3]因此，教师必须全面深入地了解儿童，依据儿童不同的天资施以不同的教育。儿童的差异蕴含着宝贵的财富，恰恰是差异的存在才使得不同儿童之间的合作成为了必要与可能，使儿童在对话与合作中相互学习与共同发展。认识儿童是教育的必然前提与基础，教师如同医生，需要对儿童进行"望、闻、问、切"，这样才能"对症下药"、因人施教。观察、访谈、作品分析是研究了解儿童的主要途径，教师首先应树立"教育指导，研究先行"意识，将研究儿童作为一切教育活动的基础。教师应在自然状态下对活动中的儿童进行持续性、全面性的观察，分析儿童的言谈举止，通过访谈了解儿童的所思所想，并通过收集、分析儿童的绘画、手工作品、建构作品等，了解儿童的已有经验、现有水平和兴趣爱好，研究儿童的发展需求，尤其关注有特殊需要的儿童，以便因人施教，为每一个儿童提供精准的有效指导。教师应针对儿童的个体差异，调整教学的目标、内容、方法与进度等，以适应儿童在准备水平、智力倾向、兴趣爱好和学习风格等方面的差异，从而满足儿童不同的学习需求，促进儿童在原有基础上得到充分的发展，达到自己最佳的发展水平。

---

[1] 夏之莲.外国教育发展史料选粹（上）[M].北京：北京师范大学出版社，1999：710.
[2] [德]第斯多惠.德国教师培养指南[M].袁一安，译.北京：人民教育出版社，2001：76.
[3] [德]第斯多惠.德国教师培养指南[M].袁一安，译.北京：人民教育出版社，2001：76.

教育就是"一把钥匙开一把锁",儿童教育就是帮助儿童"把自己变成更好的自己"。

四、儿童是有生命成长规律的个体,教育应顺其自然

儿童的生命是一个动态生成的过程,是一个持续的、独特的、新奇的创生过程,有着生命生成规律和秩序。对儿童生命本质的探求与儿童经验生成原理的探寻是一切儿童教育的来源和基础,对儿童生命生长的敬畏与遵循是一切儿童教育的首要法则。"儿童的发展有其自身的规律,倘若我们想促进他成长,那么,关键是我们应该遵循规律,切忌随心所欲,强其所难。"① 儿童的生长过程是儿童生命的自然生成过程,是生命潜能的自然展开过程,遵循着人类生命所规定的严格程序和规律。"大自然为了保护儿童免受成人经验的影响而给予能促进儿童发展的内在教师(the inner teacher)以优先权。在成人的智力能够影响和改变儿童之前,儿童已有机会建筑起完整的心理结构。"② "儿童的发展状况决定了教育所应当采取的内容和方式,教育是由发展制约着、决定着的,或者说,教育从属于发展。"③ 儿童的生命生成特性与经验生成原理是儿童教育实践基础,儿童鲜活的身心发展规律决定了儿童教育的鲜活性、生成性。"成人不能改变儿童成长的自然规律。儿童的身心发展遵循着客观的、自然的规律;成人不是儿童的上帝,他不能改变自然赋予人的成长规律。"④ "教的法子必须依据学的法子。"⑤ 儿童"不是老师的学生,而是大自然的学生罢了,老师只是在大自然的安排之下进行研究,防止别人阻碍它对孩子的关心。他照料着孩子,他观察他,跟随他……他极其留心地守候着他薄弱的智力所显露的第一道光芒。"⑥

儿童是一个能动的整体,儿童的发展包括身体的发展和心理的发展,两者的发展同时进行。一般情况下,身体的发展为生理性的遗传法则所决定,而心理发

---

① [意]蒙台梭利.蒙台梭利幼儿教育科学方法[M].任代文,主译校.北京:人民教育出版社,2001:486.
② [意]蒙台梭利.蒙台梭利幼儿教育科学方法[M].任代文,主译校.北京:人民教育出版社,2001:338.
③ 刘晓东.解放儿童[M].北京:新华出版社,2002:191-192.
④ 蒋雅俊,刘晓东.儿童观简论[J].学前教育研究,2014(11):3-8+16.
⑤ 陶行知.陶行知教育名篇[M].方明,编.北京:教育科学出版社,2005:2.
⑥ [法]让-雅克·卢梭.爱弥儿(上)[M].李平沤,译.北京:商务印书馆,1978:46.

儿童观

展则取决于个体的经验。儿童生命活动的连续性，伴生着经验的流动变化和延续，并实现着儿童生命历史性和生命整体性的统一。"'我们全不懂得儿童，只用我们错误的见解去办教育，愈办愈错了。那些最聪明的著作家专去讨论一个成年的人所应知道的是什么，全不问一个儿童所能学习什么。'……我们现在努力求教育进步，其精彩之点已被他一语道破，他的意思是说教育不是把外面的东西强迫儿童或青年去吸收，须要使人类'与生俱来'的能力得以生长。"① 儿童内在的生命密令为儿童经验的生成规划了路径，儿童经验的生成原理为教育指明了方向。"如果我们在一个人身上觉察到了违背自然发展规律的病症所在，觉察到了外部或内部的畸形发展，那么我们就要当机立断，对症下药。"② "教师也如同医生，他是自然的仆役而不是自然的主人。"③ "人啊！模仿大自然的活动吧！大自然使一棵大树的种子首先生出几乎看不见的幼芽，然后，幼芽同样也是不知不觉地分阶段发展，每日每时地，首先长出最小的茎，后来长成树干，长出树枝，又长出末端细枝，细枝末梢挂满细嫩的叶子。用心思考大自然的这种活动——每个部分一生长出来，她是如何照料的，如何使之完善的，如何把每个新的部分与原有的持续生长的部分结合起来的。"④ 儿童的生命之生成犹如芽苞之生长，儿童的生命生成之道便是儿童教育的自然之道，一切应循此展开。

循自然而为是生命生存的永恒法则，更是教育的永恒法则。教育即顺其自然，意在对生命生成规律的敬畏与依循。成长中的儿童拥有内在的潜能，遵循着生命生长的自然步骤，儿童教育就是要追随儿童生命的自然脚步，帮助儿童充分运用自然赋予的各种能力和器官，在生活中，通过与环境和他人的积极互动与对话，自然而然地实现身心的和谐成长。"教学必须符合人的天性及其发展的规律。这是任何教学的首要的、最高的规律。"⑤ 遵循儿童的生命之道是教育的应然选择，教育必须围绕着这样的观念建立起来。"儿童来到世界，像一粒具足一切的种子。这粒种子是自然进化的杰作。尽管他具足一切，如果没有成人的教育，他便不能

---

① [美]约翰·杜威.明日之学校[M].朱经农，潘梓年，译.北京：商务印书馆，1993：1.
② [德]第斯多惠.德国教师培养指南[M].袁一安，译.北京：人民教育出版社，2001：101.
③ [捷]夸美纽斯.大教学论·教学法解析[M].任钟印，译.北京：人民教育出版社，2006：127.
④ [瑞士]裴斯泰洛齐.裴斯泰洛齐教育论著选.夏之莲，等译.北京：人民教育出版社，2001：78-79.
⑤ 张焕庭.西方资产阶级教育论著选[M].北京：人民教育出版社，1979：352.

成长。但教育不应随心所欲，它应依据儿童生命的、精神的本性，而不是把儿童视为金银铜铁锡，任你捶打定形——那会使它失去本性，会毁掉他与生俱来的自然天赋。"[①] 人的本能是生命进化过程中生命本身的力量，它不可抗拒地推动着每一个生命进化，同时生命进化也遵循着自然法则。自然赋予儿童成长的使命，教育赋予儿童生命活力。"尽管教育创造了发展，但它所创造的发展又必然遵循着儿童发展的'必经途径'（皮亚杰），教育对发展的创造不是任意的、无边无际的，它的创造过程立根于发展，而且它的创造结果又必然地符合着儿童发展的自然进程。"[②] "儿童的天性、能力的正常的生长有一定程序。正如农作物的成熟要经过一定的时间、阶段一样，如果不重视儿童生长的需要及时机，'急于得到生长的结果，以致忽视了生长的程序'，必然会导致'揠苗助长'的不良后果。"[③] 静待花开，符合生命生长的逻辑。只有为了生命、遵循生成的教育才是自然而然的教育，只有自然而然的儿童教育才是应然的儿童教育。"成人对儿童的所有帮助就在于此——既不能把儿童当作可以按成人自己喜好任意摆弄的盆景，也不应'好心'地给儿童注入'生长激素'，妄图以外部力量来改变儿童内在固有的生长轨迹和生长节奏，更不能任意地将自认为有益的营养全部'填输'到儿童身上。成人只有采取适宜的行动，才能恰到好处地影响儿童，过犹不及，有害无益。"[④]

在中国的古代，老子即发出了道法自然的教育呼唤；西方的自然教育思想也遥相呼应，亚里士多德教育适应自然思想的萌芽，引发了夸美纽斯的自然类比阐释，卢梭率性而为的教育服从自然思想富有人文哲学意味，裴斯泰洛齐通过实验使"教育心理学化"开始，赫尔巴特将心理学与教育结合起来，杜威、皮亚杰等人则在不断趋于科学化的心理学基础上大大推进了教育学的发展，使得教育有了科学之依循。"标志着以单纯经验和纯粹思辨为依据进行教育、教学理论研究的时代的终结，标志着一个把教育问题作为独立的学术问题加以研究、并努力提供可靠和确定的理论基础这样一个新阶段的开始。"[⑤] 纵观古今中外，尽管每个时代

---

① 刘晓东.儿童教育新论[M].南京：江苏教育出版社，1998：1.
② 刘晓东.解放儿童[M].北京：新华出版社，2002：192.
③ 刘晓东.解放儿童[M].北京：新华出版社，2002：79-80.
④ 蒋雅俊，刘晓东.儿童观简论[J].学前教育研究，2014（11）：3-8+16.
⑤ 徐立稳.从灵魂到心理——西方"教育心理学化"的历史渊源[J].继续教育研究，2007(2)：111-112.

的教育家研究的角度迥异,但在教育需遵循儿童身心发展规律的观点上却是殊途同归。他们以各自独特的形式,论证了"教育遵循自然"对于时代的意义,探讨了"怎样教"的方法论问题,也塑造了自然取向教育的一些主要特性和致力的取向。"道法自然""自然适应性原则""教育心理学化"虽已终结,但终结的只是其原始状况与名称,终结的只是其旧名和旧质。由于其致力探讨的是永恒的教育与人的发展命题,它们的理论意义远不会停留于此。时至今日,这些智慧的光芒依然璀璨闪耀——毫不过时,更显生命力——这就是经典。它们以自己的成果充实了现代教育科学之后,其一切成就都将会保存下来,融入现代教育机体中,现代教育科学也以辩证扬弃的方式吸取它的精华,并发扬光大。目前,儿童的身心发展规律是儿童教育的首要依据已为人所共识,虽鲜有教育遵循自然的提法,但"教育应顺其自然"却是人类教育成功的至尊法宝。"有人说用自然发展规律原理来教育人不会收到好效果,认为这纯粹是大自然的规律。这话一点不错,我们认为用自然规律来教学可以起到调解作用,是一种规范,这一规范有充足理由夺取桂冠,具有权威性。"[①]"遵循自然规律的教学原则是对每一个教师的最高的要求。这是我们追求的最崇高的理想。"[②]

五、儿童是成长在一定环境中的个体,应为儿童提供良好的成长环境

生命个体成长是一个有机体适应环境以满足自身需要的过程。"环境由一个生物实行其特殊活动时有关的全部条件所组成。"[③]环境是人类赖以生存和发展的社会和物质条件的综合体,为生命个体发展的多样性提供了条件——环境造就人。"环境包括促成或阻碍、刺激或抑制生物的特有的活动的各种条件。……正因为生活不仅仅意味着消极的存在(假如有这样的东西),而是一种行动的方式,环境或生活条件进入这种活动成为一个起着支持作用或挫败作用的条件。"[④]生命个体是经由不断遭遇新环境、解决新问题而发展起来的。儿童的智力发展是从对周围环境的认识开始的,儿童具有强烈而又特别的灵敏性,这种灵敏性使得

---

① [德]第斯多惠.德国教师培养指南[M].袁一安,译.北京:人民教育出版社,2001:101.
② [德]第斯多惠.德国教师培养指南[M].袁一安,译.北京:人民教育出版社,2001:169.
③ [美]约翰·杜威.民主主义与教育[M].王承绪,译.北京:人民教育出版社,2001:28.
④ [美]约翰·杜威.民主主义与教育[M].王承绪,译.北京:人民教育出版社,2001:17.

儿童对周围的事物具有强烈的兴趣和热情。"儿童只有靠环境经验才能得到充分的发育。"①儿童的生命成长依赖于与环境之间的物质、能量和信息的交流,儿童只有从生生不息的"活"环境源泉中汲取营养才能实现不断生长。"正在实体化的儿童是一个精神的胚胎,他需要自己特殊的环境。正如一个肉体的胚胎需要母亲的子宫并在那里得以发育一样,精神的胚胎也需要外界环境的保护,这种环境充满着爱的温暖,有着丰富的营养,在这种环境中所有的东西都倾向于欢迎他,而不会对他有害。"②儿童感知环境,吸收环境,使正在建构的生命适应生活。"我们的教育体系的最根本的特征是对环境的强调。"③儿童对环境的特殊敏感性引导其吸收周围的一切,儿童的健康生长需要生成性、互动性、丰富性的环境滋养与支持。

儿童是自然之子,儿童生命的成长离不开大自然母体。儿童的生长依赖于大自然,儿童的生命植根于大自然,成人应当尊重儿童生命的天然诉求,给予儿童接近大自然的机会,捍卫儿童在大自然怀抱中成长的权利。大自然充满生机,万物生生不息,四时更替,春华秋实,夏雨冬雪,时时生成,处处惊奇。"的确,人类已创造了社会生活的欢乐,在共同生活中产生了强烈的人类之爱。但人总还是属于自然,特别当他在孩童时期,更必须从自然中获取力量以发展其身心。"④儿童的生命需要大自然的力量,需要使心灵与天地万物接触,以便从生动的大自然的造化能力中汲取养分。"自然的教育给我们的启示是何等巨大啊!自然就是老师。"⑤"苏霍姆林斯基明确指出,大自然是思想的'活的源泉',是'世界上最美妙的书'。……他明确提出,大自然是'蓝天下的学校',是'思维课'的活

---

① [意]蒙台梭利.蒙台梭利幼儿教育科学方法[M].任代文,主译校.北京:人民教育出版社,2001:418.
② [意]玛丽亚·蒙台梭利.童年的秘密[M].马荣根,译.北京:人民教育出版社,2005:48.
③ [意]玛丽亚·蒙台梭利.童年的秘密[M].马荣根,译.北京:人民教育出版社,2005:116.
④ [意]蒙台梭利.蒙台梭利幼儿教育科学方法[M].任代文,主译校.北京:人民教育出版社,2001:159.
⑤ [意]蒙台梭利.蒙台梭利幼儿教育科学方法[M].任代文,主译校.北京:人民教育出版社,2001:449.

儿童观

教材和大课堂。"① 蒙田认为自然不仅是孕育人的物质环境，而且整个世界都是教育资源："无论是房间、花园、桌子、床铺，无论是独个儿还是与人们一伙，无论是早晨还是夜晚——所有时间，对他都是一样，所有地方对他都是书房。"② 大自然是无穷的宝库，山丘、溪流、湖泊、沙石、花草树木、鸟虫鱼兽，无不是鲜活的教育资源。让儿童沉浸在大自然之中，与大自然合为一体，让山川、河流、花草、树木、鸟虫成为儿童的伴侣，在四季更替中收获惊喜和快乐。大自然是思维的最丰富的源泉，是创造性的、探究性的智能最丰富的源泉。以大自然为教材，以大自然本身的丰富、神奇、奥妙来激发儿童的求知欲和好奇心，在万物生息变化中，在与鲜活的大自然充分互动中，向儿童展现大自然无穷无尽的感染力量，让儿童充分享受大自然鲜活的教导与启示。

"儿童教育所要求的第一件事就是为儿童提供一个能够发挥大自然赐予的力量的环境……与自然齐心协力，遵循大自然的规律——成长源于环境经验的规律。"③ "让孩子们在没打开书本去按音节读第一个词之前，先读几页世界上最美妙的书——大自然这本书。"④ 儿童的认知是从对周围环境的认知开始的，大自然是儿童经验的宝库。"自然环境最丰富不过了，可以说全年的课程都可以取材于此。四季变换的动植物，阴晴雨雷的自然现象，没有一日是找不出新材料的，可惜幼稚园里并不注意到这层，还是天天在室内生活。"⑤ 成人用冰冷的围墙阻隔了儿童与大自然的天然联系，"圈养"的儿童失却了生命的乐园。成人为儿童创设舒适、温馨的环境无可厚非，但过分追求有着各式人造玩具、人造草坪等资源的人造环境，却让儿童远离了活生生的自然。"僵死"的人造环境犹如无源之水、无本之木，缺失了自然性、生成性、互动性，即失了灵性，"窒息"着儿童的生命。"一个孩子的世界是新鲜的、美丽的，充满了惊喜与激动。不幸的是，我们大多数人在长大前就失去了清澈的眼神，对美与畏惧的直觉渐渐暗淡……现在的孩子所拥

---

① 刘晓东.解放儿童[M].北京：新华出版社，2002：234-235.
② 吴元训，选编.中世纪教育文选[M].北京：人民教育出版社，2005：423.
③ [意]蒙台梭利.蒙台梭利幼儿教育科学方法[M].任代文，主译校.北京：人民教育出版社，2001：419.
④ [苏]苏霍姆林斯基.育人三部曲[M].毕淑芝，等译.北京：人民教育出版社，2003：33.
⑤ 陈鹤琴.陈鹤琴文集[M].南京：江苏教育出版社，2007：39.

有的一切都是人造的，远离我们力量的自然源泉。"① 大自然万物生生不息，可以给予儿童生命丰富的滋养。儿童天生渴望接近大自然。儿童的成长环境应该是儿童的乐园，应是自然生态的、生机勃勃的"百草园"，应是儿童乐在其中的"蓝天下的学校"：拥有朴素而自然的活动场地如木屑地、草坪、沙池、水沟等，场地上随处可见花草树木；拥有由原木制作而成的秋千、独木桥、摇马、跷跷板等户外玩具以及淳朴自然、简简单单的原木家具；拥有任由儿童搬动的旧轮胎、木板、纸盒、梯子等废旧物品，取放自由、丰富多彩的树根、干草、落叶、枯枝、坚果、贝壳等自然材料……室内有自然角，室外有花坛、菜地、小农场，儿童可以栽培植物，播种各种农作物，观察植物的发芽、长叶、开花、结果，亲历播种、养护、收获；可以饲养金鱼、乌龟等小动物，细致地观察春蚕的生长，耐心地给小兔子喂食，细心地照料小鸡……当儿童把一粒种子种入地里，一直渴盼它破土而出。按时浇水，时时关注，首先看到的是稚嫩的幼芽，等它生长变化，开花结果。看到一些植物发芽早些，一些植物发芽晚些；有的长得快些，有的长得慢些……随着观察兴趣的逐渐增长，关心生物的热忱也随之增长，无需教师介入去完成一定的任务。那茂盛的枝叶，盛开的花朵，成熟的果实，连着那土里的蚯蚓、叶上的小虫，都是大自然赐给儿童的慷慨礼物。通过养殖小动物，动物和儿童之间建立了神秘的生命联系，儿童知道了小动物的生命需要依靠他们，否则就会面临危险、甚至死亡，儿童开始感到自己是一个对生命负有责任的人。在种植、饲养的过程中观察、研究，从园地的栽培管理、动物的饲养以至日月星辰的变化、鸟雀鸣虫的歌声，儿童在为大自然的生命发展付出劳动的同时，通过双手和感官，感受到了生物的神奇造化之功，获得了大自然的慷慨回报。自然环境是有生命的生成性环境，也是具有强大引发功能的互动性环境，可以激发儿童的好奇心，不仅引发儿童与环境的互动、儿童与材料的互动，更能引发儿童与儿童的互动、儿童与成人的互动。自然化的环境可以解放儿童的眼，激发儿童尽情去发现神奇；自然化的环境可以解放儿童的耳朵、鼻子，激发儿童尽情去感知玄妙；自然化的环境可以解放儿童的手、脚，激发儿童尽情去探索未知；自然化的环境可以解放儿童的大脑，激发儿童尽情去思考奥秘；自然化的环境可以解放儿童的嘴巴，激发儿童尽情

---

① [美]保罗·布鲁克斯.生命之家：蕾切尔·卡逊传[M].叶凡，译.南昌：江西教育出版社.1999：197.

去分享表达所见、所闻、所思、所想。"自然之师"让儿童获得的不仅仅是丰富多彩、生动活泼的经验,更多的是在自然之美中所感受到的和谐之美、温馨之美与生命之美。"我们的学校就在蓝天底下,在绿草地上,在大梨树下,在葡萄园里,在牧场上。"①

"大自然固然是我们的知识的宝库,是我们的活教材,活教师,我们应当向它领教,向它探讨。大社会何尝不是我们生活的宝库,何尝不是我们的活教材,我们的活教师呢?"②生成性自然环境是儿童生命生长的天然母体,互动性社会环境是儿童经验生成的无穷源泉。"有意识的教育就是一种特别选择的环境。这种选择所根据的材料和方法都特别能朝着令人满意的方向来促进生长。"③校园是一个特殊的环境,应是一个经过筛选的、富有教育意义的环境,是利于儿童生命成长的环境。一方面,社会上的精神和文化产品、各种儿童用品等在进入校园时经过了精心的筛选甄别,取其精华,去其糟粕,以有利于儿童发展为选择标准。另一方面,教师根据教育的要求及儿童的身心特点,有效地调控校园环境中的各种要素,维护环境的动态平衡,使之始终保持在最适合儿童发展的状态。"他们在这个环境中行动,因而也在这个环境中思考和感觉。我们从来不是直接地进行教育,而是间接地通过环境进行教育。"④因此,在儿童教育中,环境是教育者实现教育目的的重要中介,成人应当将教育意图隐含其中,"活化"环境为内容丰富、生动形象、富有生命力的"活教师""活教材",尽力使环境成为趣味盎然和富有吸引力的、有生命且持续变化的体系,使环境真正成为儿童生命成长的"无声"导师,引发儿童的主动探索与互动。"教师在教育事业中的任务在于提供刺激学生的反应和指导学生学习过程的环境。"⑤"教育对儿童所产生的巨大影响是依靠环境作为手段,因为儿童吸收环境,从环境中吸收一切并将其具体化。"⑥

环境既是教育的背景,也是教育的手段,同时又是教育自身,儿童的生命

---

① [苏]苏霍姆林斯基.育人三部曲[M].毕淑芝,等译.北京:人民教育出版社,2003:30.
② 陈鹤琴.陈鹤琴文集[M].陈秀云,陈一飞,编.南京:江苏教育出版社,2008:453.
③ [美]约翰·杜威.民主主义与教育[M].王承绪,译.北京:人民教育出版社,2001:45.
④ [美]约翰·杜威.民主主义与教育[M].王承绪,译.北京:人民教育出版社,2001:14.
⑤ [美]约翰·杜威.民主主义与教育[M].王承绪,译.北京:人民教育出版社,2001:197.
⑥ [意]蒙台梭利.蒙台梭利幼儿教育科学方法[M].任代文,主译校.北京:人民教育出版社,2001:397.

成长需要有准备的环境。"我们重视环境,因为环境有能力去组织、提升不同年龄者之间的愉悦关系,创造出美好的环境,提供变化,让选择和活动能更臻完善,而且环境的潜能可以激发社会、情意和认知方面的种种学习,这些皆对幼儿的福祉及安全感有所助益。我们也认为环境必须是一个水族箱,可以映照出想法、价值、态度以及身处在其中的人们的文化。"① 为儿童创设的环境应具备认知激发性和认知指导性,能够影响与暗示儿童的行动,引发儿童符合教育目的与要求的行为。"环境被认为是班级的'第三位教师'。为了胜任幼儿的教师,环境必须具有弹性:它必须让幼儿与教师不断地进行修正,以便维持符合时代的潮流,并回应幼儿与教师们的需要,让他们能成为建构自己知识的主角;而且所有学校里的事物以及所使用的物品、材料以及器材不应被视为是被动的物质,相反的,是靠着幼儿与成人积极主导而成的有意义的情境。"② 环境是课程设计和实施的要素,教师应依据教育目标和儿童身心发展特点,对环境进行规划、设计和营造,布置儿童的生活、学习及游戏空间,赋予环境以教育功能,使环境成为内容丰富、形象生动、富有生命力的活教材,发挥"第三位教师"的引导教育功能。因此,环境创设应强调环境的引导性、支持性、启发性和丰富性,支持儿童和环境的相互作用所形成的动态的、能诱发儿童主动发展的氛围。教师必须带着明确的目标准备环境,将周围的人际因素和物质条件精心地加以组织,让环境中的一切负载教育信息。环境中所提供的信息刺激在形式上和内容上,不仅要能引起儿童观察,还要能诱发儿童利用这些信息进行积极思考和探索,由此引导儿童的行为和发展。

"成人肩负着一项重要而神圣的使命,即为儿童提供适宜成长的自然的、社会的、文化的、教育的环境条件,让儿童在内在生长力量的驱使下成为他自己。"③ 在人生的初期,成人必须努力使环境变得趣味盎然和富有吸引力。"环境是重要

---

① [美]爱德华兹等.儿童的一百种语言[M].罗雅芬,等译.南京:南京师范大学出版社,2006:173.
② [美]爱德华兹等.儿童的一百种语言[M].罗雅芬,等译.南京:南京师范大学出版社,2006:172.
③ 蒋雅俊,刘晓东.儿童观简论[J].学前教育研究,2014(11):3-8+16.

的教育资源，应通过环境的创设和利用，有效地促进幼儿的发展。"①环境的支持与介入，实现了儿童与儿童之间、儿童与教师以及儿童与物之间的积极互动。"教育者的主要责任是不仅要通晓环境条件所形成的实际经验的一般原则，而且也要认识到在实际上哪些环境有利于引导生长的经验。最为重要的是，他们应当知道怎样利用现有的自然的和社会的环境，并从中抽取一切有利于建立有价值的经验的东西。"②当环境的每一个细节都较好地体现着教育理念与目标时，环境便"活化"为教师、"活化"为课程，具备了一种环境"会说话"的境界：富有教育内涵、包含教育信息、充满各种刺激、能促进交互性体验和建构性学习。环境作为"第三位教师"，勤奋而自然地履行着"教师"的职责，为教育提供丰富的资源。一个和谐、富有活力的环境系统可以激活儿童最大的活动力，并不断激发儿童的感受、思考和行为，持续生成教育活动，反映出深思熟虑后所作的一连串智慧选择。"这种教学，教师教起来，多么生动，多么深刻；学生学起来，多么兴奋，多么有趣。"③教育在环境中进行，师生在环境中互动。生成与互动为环境之活力，亦是儿童教育之灵魂。环境是教育的载体，是师生对话的媒介，是教育交往的底板。"大自然大社会是我们的活教材。"④自然环境才是"真"环境，互动性环境才是"活"环境，鲜活的"真"环境、"活"环境符合儿童的年龄特点和身体发育需求，适应儿童生命发展的需要，对儿童具有极大的吸引力，有助于儿童创造自我和实现自我，是儿童生命成长最需要的环境。

六、儿童是主动发展的个体，应尊重儿童的学习方式

当今时代已在很大程度上唤醒了人们对儿童的研究兴趣，但儿童发展的能动性却依然被忽视。"儿童的真正的建设性能力，即能动性，几千年来一直被忽视。就像人类一直在地球上生息耕作却没有注意到在地球深处埋藏着巨大的宝藏一

---

① 中华人民共和国教育部.幼儿园教育指导纲要（试行）[EB/OL].（2001-07-02）[2022-11-25] http://www.moe.gov.cn/srcsite/A06/s3327/200107/t20010702_81984.html.
② [美]杜威.我们怎样思维·经验与教育[M].姜文闵，译.北京：人民教育出版社，1991：264-265.
③ 陈鹤琴.陈鹤琴文集[M].陈秀云，陈一飞，编.南京：江苏教育出版社，2008：453.
④ 陈鹤琴.陈鹤琴文集[M].陈秀云，陈一飞，编.南京：江苏教育出版社，2008：451.

样,我们今天的人们在文明生活中取得了一个又一个成就却没有注意到埋藏在幼儿精神世界中的宝藏。"①儿童天生好奇好问,求知欲旺盛,具有"吸收力的心智",能基于本能和无意识主动地、自发地学习,具有神奇的主动发展力。儿童不是一种弱小的生物,儿童具有主动认知世界的潜能,其巨大的创造能力和非凡的自我学习能力依然需要等待现代科技文明进一步揭秘。"学习是通过学生的主动行为而发生的;他学到什么取决于他做了什么,而不是教师做了什么。"②儿童是认识活动的主体,是认识活动的能动因素,是认识活动的发起者和终结者。儿童所获得的经验并不是由教师传授而来的,而是出自儿童本身,是儿童主动发现、自发生成的结果,是一种能动认知的构建过程。"儿童思维的结构变化是按照一种不变的连续的顺序和不变的年龄顺序由内部决定的,每一阶段在确定的时刻到来,并在儿童的生活中占有一个明确的时期。……教师试图加速学生的发展,只是浪费时间和精力。问题只在于发现符合每个阶段的知识并用有关阶段的心理结构所能同化的方式教给学生。"③依据皮亚杰认知发展阶段理论,3~6岁儿童的认知发展处于前运算阶段,其认知活动具有具体形象性,思维过程依赖于具体的、有联系的,甚至活生生的情境,而非形式化的、孤立的、脱离具体内容的单纯抽象过程。具体形象思维是依靠表象,也就是依靠事物具体形象的联想进行的,是在具体形象的情境中进行的。儿童的思维依赖于具体情境,是一种叙事性思维,或者说儿童的心智具有一种叙事性的结构,是故事情节导向的。它是学龄前儿童思维的典型方式,是在感觉运动性思维的基础上形成和发展起来的。在儿童的心理生活中,感性重于理性,个别性、具体性、形象性、情境性以及直接体验永远先于并优于抽象性和一般性。因此,儿童是通过具体情境中的直接感知、实际操作和亲身体验获取经验的,儿童的学习是一种情境学习过程。

基于整体的哲学观,杜威认为经验是有机体与环境交互作用的生命过程。人生活在世界上,就是生活在一系列的情境中,意味着个体和各种事物以及他人之间持续进行着交互作用,而经验正是有机体与环境交互作用的生命活动过程。"任

---

① [意]蒙台梭利.蒙台梭利幼儿教育科学方法[M].任代文,主译校.北京:人民教育出版社,2001:336-337.
② [美]拉尔夫·泰勒.课程与教学的基本原理(英汉对照版)[M].罗康,张阅,译.北京:中国轻工业出版社,2008:55.
③ [瑞士]皮亚杰.皮亚杰教育论著选[M].卢濬,选译.北京:人民教育出版社,1990:61.

何的知识都是存在于一定的时间、空间、理论范式、价值体系、语言符号等文化因素之中的；任何知识的意义也不仅是由其本身的陈述来表达的，而且更是由其所位于的整个意义系统来表达的；离开了这种特定的境域，既不存在任何的知识，也不存在任何的认识主体和认识行为。"[1] 知识具有情境性，即任何知识都要受到时空及其所产生的社会文化背景的限制，知识不可能超然于现实之上，它要满足它所存在的文化体系中的基本价值观点、生活方式和文化意蕴，具有情境存在性。在后现代主义看来，知识的情境性是指任何知识都是在特定情境中创造的，而且还要在特定情境下获得其意义，即知识是与某个具体情境下的具体认知实践活动联系在一起的。因而，知识是具体的或局域的。所以，任何知识的存在和建设以及对它的理解，都不能脱离于它所在的那个时空。如果脱离了特定的境域，知识便会失去其自身的特性。人类学视角的情境学习与认知理论把知识视为个人和社会或物理情境之间联系以及互动的产物，是群体互动和社会协商的产物，揭示了知识的存在是受社会决定和制约的，即它是依赖于情境或与环境情境有关的。儿童的经验是基于原有经验，在与他人、与环境互动中主动建构生成的。儿童的已有经验是经验生成的基础，互动性环境是经验生成的资源，互动性他人是经验生成的助力。

"就教育而言，填鸭式灌输的知识、呆滞的思想不仅没有什么意义，往往极其有害——最大的悲哀莫过于最美好的东西遭到的腐蚀。"[2] 杜威批判旧教育向儿童所灌输的是成人式书本知识，没有与儿童日常生活的实际经验相融合，未将书本知识组织到儿童已有的经验中去，而是将成年人的知识、方法和行为准则强加于儿童身上，儿童对此没有亲身体验、思考与行动，难以激发自身的好奇心和学习兴趣，缺乏学习的动机，无法积极参与教育过程，致使儿童对教材生吞活剥而一知半解，平常的经验得不到应得的营养，儿童经验并未因学习而丰富，最终儿童的思维活力与效率被削弱。杜威强调，教育应遵循儿童本能发展及获取经验的自然进程。"学生的教材和成人的公式化、定型化和系统化的教材即书本中和艺术作品中的教材是不一致的，也不能一致。成人的材料是学生的材料的可能性，而不是学生的材料的现状。成人的材料直接成为专家和教师活动的一部分，而不

---

[1] 石中英.知识转型与教育改革[M].北京：教育科学出版社，2001：151.
[2] [英]怀特海.教育的目的[M].庄莲平，王立中，译.上海：文汇出版社，2012：2.

成为初学者和学生的活动的一部分。"①因此，教师应发现介于儿童现在的经验和这些科目的更为丰富和成熟的东西之间的各个步骤，把各门学科的教材或知识各部分恢复到它所被抽象出来的原来的经验。依照儿童经验生长的实际情况，还原为直接的和个人的经验。这些经验的初始形式可以是主题、单元、学科、领域等，但它们最终都将转化为经验的形式，即以感性的、具体的、活动的形式对儿童的身心产生作用。

作为教师，必须理解儿童的学习方式和特点，首先熟悉以间接经验为表现形式的系统教材，然后将之心理化，转化为儿童可以感知理解的直接经验，再引导儿童通过组织原则达到较系统的认识，这个过程是从间接经验到直接经验再到间接经验的过程。第一次转换：间接经验转换为直接经验。教师解构间接经验，创设情境，将系统的、抽象的知识还原为具体情境中的可直接感受的经验，组织儿童通过直接感知、实际操作和亲身体验，引导儿童获得直接经验。在此基础上，教师帮助儿童分析、概括、提升直接经验，将具体情境中的知识迁移到高弹性的一般情境中，帮助儿童将零散的、感性的直接经验体系化，完成经验的第二次转换——直接经验转换为间接经验，这便是知识建构的过程。通过知识的解构与建构过程，实现经验的转化和知识的转换，完成知识的传承，实现教育的目的。

儿童的学习是以直接经验为基础的，是在游戏和日常生活中进行的。儿童的整个生活就是走向完善，走向更加完美。"生活就是通过对环境的行动的自我更新过程。"②"努力使自己继续不断地生存，这是生活的本性。因为生活的延续只能通过经久的更新才能达到，所以生活便是一个自我更新的过程。"③儿童生活的过程即是经验的过程、发展的过程。"生活就是发展；不断发展，不断生长，就是生活。"④儿童是在生活中、通过生活获得生长的。"哪里有生活，哪里就已经有热切的和激动的活动。"⑤儿童教育应是为了儿童的生活、来源于儿童的生活、通过儿童的生活来实施的。"幼儿园一日生活中的各种活动，是向幼儿进行体、智、

---

① ［美］约翰·杜威.民主主义与教育［M］.王承绪，译.北京：人民教育出版社，2001：199.
② ［美］约翰·杜威.民主主义与教育［M］.王承绪，译.北京：人民教育出版社，2001：6.
③ ［美］约翰·杜威.民主主义与教育［M］.王承绪，译.北京：人民教育出版社，2001：14.
④ ［美］约翰·杜威.民主主义与教育［M］.王承绪，译.北京：人民教育出版社，2001：58.
⑤ ［美］约翰·杜威.民主主义与教育［M］.王承绪，译.北京：人民教育出版社，2001：50.

儿童观

德、美全面发展的教育的基本途径。"① 因此，儿童教育必须基于儿童的生活，是儿童所熟悉的，并通过儿童的一日生活活动实施的。儿童的一日生活包括集体教学活动、区域游戏活动和生活活动，具有不同的教育功能与价值，为儿童提供了丰富的、多元化的活动情境。"通过生活才能发出力量而成为真正的教育"② 儿童的身心发展特点决定了儿童教育应渗透于儿童的一日生活之中，充分发挥集体教学活动、区域游戏活动、生活活动的不同教育功能，互相联系，互为补充，共同促进儿童的多元化发展。

儿童生来就是游戏的，是在游戏中生长、学习与发展的。儿童的发展是在活动中产生的，受活动规律的制约。在儿童的各个发展阶段都有其主导活动，而游戏因其独有的特点成为符合儿童身心发展需要和适合其发展水平的学前时期的主导活动。游戏是儿童的生活方式，也是儿童的学习方式。对于儿童来说，游戏本身就是一种生活，是儿童生存的一种状态，既是生活的一部分，又"不同于日常生活"，具有生动的生活性和丰富的情境性。游戏的高度情境化使抽象的知识和观念有了"附着"，有了依归。儿童可以通过游戏的方式进行"有意义"的学习，其中包含的知识以生动、鲜活的"情境化"方式让儿童获得属于他们自己的领悟。游戏具有模式或结构的作用，运用这个模式或结构，就可以把学习变得"通俗易懂""印象深刻"、感染力强。通过提供一种具有丰富的时间、空间、人物甚至对生活的建议的丰富多彩的画面，游戏的结构给儿童提供了想象、陈述和隐喻，促进儿童对他人、对世界和对自己的认识。在游戏中，儿童感到满足和快乐，儿童的征服欲、成就感、自信心在游戏中很容易被激发起来，并被强化到最大限度；儿童在游戏中表现自己的能力、实现自己的愿望，从成功和创造中获得愉快。这种学习方式，为儿童提供了一种重新描述世界的模式。通过游戏，儿童在无意识的、内隐的学习过程中非常自然地获得了生活经验，认识了世界、感知了世界。游戏鲜活生动的生活性、愉悦性和情境性使得儿童痴迷于游戏，并在对游戏的痴迷中，获得了其对于儿童身心成长发展的巨大回报，体现出儿童学习的游戏性特点。

"一个婴儿有一种创造本能，一种积极的潜力，能依靠他的环境，构筑起一

---

① 中华人民共和国教育部.幼儿园教育指导纲要（试行）[EB/OL].（2001-07-02）[2022-11-25] http://www.moe.gov.cn/srcsite/A06/s3327/200107/t20010702_81984.html.
② 《陶行知全集》编辑委员会.陶行知全集（二卷）[M].成都：四川教育出版社，1991：491.

个精神世界。"① 儿童是主动的学习者，儿童通过自己的努力成为自己的创造者。但只有在自发的、感兴趣的活动中，儿童才会积极、主动地探索与学习。"学校所以采用游戏和主动的作业，并在课程中占一明确的位置，是理智方面和社会方面的原因，并非临时的权宜之计和片刻的愉快惬意。没有一些游戏和工作，就不可能有正常的有效的学习……游戏和工作完全和认识的第一阶段特征相应。……这一阶段认知的特征是学习怎样做事和熟悉所做的事情和过程。"② 游戏作为一种内容和形式融入儿童生活，这不仅符合儿童直觉形象思维的认知发展特征和需要，同时还满足了儿童童年幸福生活的需求。游戏是儿童的基本活动，游戏创造了儿童的最近发展区。在游戏中，儿童的表现总是超过了他的实际年龄，高于其日常行为表现。在游戏中，凝聚和孕育着未来的所有趋向。游戏和发展的这种关系，使我们必须把对儿童游戏权的保障看作对儿童发展权的保障。要使儿童身心全面健康地发展，必须注意保障儿童游戏的权利，使游戏真正成为儿童的基本活动。

游戏是儿童的天性，也是儿童的一项基本权利。《儿童权利宣言》《儿童权利公约》明确规定了游戏是儿童的基本权利，提出儿童应有游戏和娱乐的充分机会，应使游戏和娱乐达到与教育相同的目的。2001年《幼儿教育指导纲要（试行）》规定幼儿园教育应"以游戏为基本活动"③。2012年《3-6岁儿童学习与发展指南》再次强调"要珍视游戏和生活的独特价值"④。2016年颁布实施的修订版《幼儿园工作规程》将"以游戏为基本活动,寓教育于各项活动之中"⑤ 列为幼儿园教育应当贯彻的重要原则和要求，并在第二十九条做出了具体的阐释："幼儿园应当将游戏作为对幼儿进行全面发展教育的重要形式。幼儿园应当因地制宜创设游戏条件，提供丰富、适宜的游戏材料，保证充足的游戏时间，开展多种游戏。幼儿园

---

① ［意］玛丽亚·蒙台梭利.童年的秘密［M］.马荣根，译.北京：人民教育出版社，2005：50.
② ［美］约翰·杜威.民主主义与教育［M］.王承绪，译.北京：人民教育出版社，2001：211-212.
③ 中华人民共和国教育部.幼儿园教育指导纲要（试行）［EB/OL］.（2001-07-02）［2022-11-25］http：//www.moe.gov.cn/srcsite/A06/s3327/200107/t20010702_81984.html.
④ 中华人民共和国教育部.3-6岁儿童学习与发展指南［EB/OL］.（2012-10-09）［2022-11-20］.http：//www.moe.gov.cn/srcsite/A06/s3327/201210/t20121009_143254.html.
⑤ 中华人民共和国教育部.幼儿园工作规程［EB/OL］.（2016-03-01）［2022-11-25］http：//www.moe.gov.cn/jyb_xxgk/xxgk/zhengce/guizhang/202112/t20211206_585104.html.

应当根据幼儿的年龄特点指导游戏,鼓励和支持幼儿根据自身兴趣、需要和经验水平,自主选择游戏内容、游戏材料和伙伴,使幼儿在游戏过程中获得积极的情绪情感,促进幼儿能力和个性的全面发展。"[①] 幼儿园教育"以游戏为基本活动",不仅在教育的组织形式上突出了幼儿教育不同于其他阶段教育的特点,更重要的是从教育立法的角度,保障了儿童游戏与发展的权利。承认游戏是儿童身心发展的需要并保障这种需要的满足,使之成为儿童的基本社会权利,已经成为人类社会文明进步的标志之一。

游戏是儿童身心发展的客观要求,但是儿童游戏的需要能否得到满足,游戏能否在实际上成为儿童的基本活动,不取决于儿童自身,而取决于成人对儿童游戏的态度,取决于成人是否为儿童游戏创造必要的客观条件,也就是说游戏要成为儿童的基本活动,需要成人社会的理解、支持与保障。只有贴近儿童生活、符合儿童年龄特征的儿童教育,才能促进儿童发展。只有渗透了游戏精神的儿童教育,才是具有生命力的教育。成人应理解儿童的学习方式和特点,珍视游戏和生活的独特价值,提供活动动机,合理安排一日生活,以游戏为基本活动,为儿童组织一个循序渐进的兴趣世界,最大限度地支持和满足儿童通过直接感知、实际操作和亲身体验获取经验的需要,给予儿童充分发展和自主发展的机会,保障儿童的游戏权利,让儿童度过快乐而有意义的童年。

七、儿童期具有自身独特的价值,应敬畏儿童生命的历史性

"从生物学上来说,儿童是处于'幼态持续'状态的人,是生理和心理未发育成熟的人。"[②] 但自然赋予儿童成长的使命,儿童期作为人生中的一个阶段,必然具有其独立存在的价值。生物学中的"儿童"是事实性的存在,哲学中的"儿童"是实体性的存在,社会学中的儿童是独立性的存在,教育学中的儿童是生成性的存在。儿童的生命本身包含了过去积累起来的所有的遗产,体现了人类所有经验和种族的整个历史,儿童期具有自身独特的价值。生物学、哲学、心理学、社会学为儿童研究指明了方向,也成为儿童教育的源泉。当代中国的教育工作者已经

---

① 中华人民共和国教育部.幼儿园工作规程[EB/OL].(2016-03-01)[2022-11-25] http://www.moe.gov.cn/jyb_xxgk/xxgk/zhengce/guizhang/202112/t20211206_585104.html.
② 蒋雅俊,刘晓东.儿童观简论[J].学前教育研究,2014(11):3-8+16.

认识到：儿童期不只是为成人期做准备，它具有自身存在的价值，儿童不能只是为将来活着，他们也为现在而生活，他们应当充分享用儿童期的生活，拥有快乐的童年。人是生命进化历史所造就，体现了生命进化历史的成就和神奇。生命的历史进化书写了人类的"生命密令"与自然秩序，赋予了生命发展的倾向与可能性。人类的未特定化与儿童的未完成性为儿童的再发展提供了无穷的发展空间，为儿童的生命提供了自然规定性与现实创造性的生成过程。教育应当始终遵循儿童的生命逻辑，重视儿童期独特的需要（如游戏的需要），满足儿童的生命需要，既关注儿童期的独立存在价值，保障儿童的生命成长，也关注儿童期为成人期做准备的价值，为后继发展奠定基础。敬畏生命的历史性，意味着对人类生命自然进化规律的观照与对儿童个体身心发展规律的遵循，意味着以敬畏之心虔诚对待生命的生成秩序与儿童的童年生活。童年是人类生命的"蓄水池"，汇集了人类生命之宝藏；童年是个体生命的出发点，奠定了个体生命之旅程。"在万物的秩序中，人类有它的地位；在人生的秩序中，童年有它的地位。"① 童年犹如人生的其他阶段，是独一无二、不可逆转、无可替代的，具有奠基性意义。一个人在童年期所获取和吸收的一切会一直保持下去，甚至影响其一生。尊重儿童身心发展的自然规律，基于生命秩序的童年生活指导，才可能为儿童的生命可持续发展提供良好的滋养。

儿童的生命过程是一个自然的生成过程，遵循着既定的节奏和规律。"教育即滋养生命"，意味着教育的合生命规律性，意味着教育对儿童生命自然生长、发展节律的敬畏与顺应。儿童的生命生成是一个连续的历史过程，是一个循序渐进的自然舒展过程，是"没有裂罅的，彼此相互过渡的，不间断地前进的"②。"一个时期的需要满足得越充分，下一个时期的成功就越大。"③ 因而，教育只能按照儿童生命的发展阶段给儿童提供适当的滋养与保护，应连续地、协调地守护儿童的生命生成。"后继的阶段，会像新的幼芽一样，从一个健全的芽苞里萌发出来……只有每一个先行的发展阶段上的人的充分发展，才能推动和引起每一个后继阶段

---

① ［法］让-雅克·卢梭.爱弥儿——论教育（上）［M］.李平沤，译.北京：人民教育出版社，2001：71.
② ［德］福禄培尔.人的教育［M］.孙祖复，译.北京：人民教育出版社，2001：24.
③ ［意］蒙台梭利.蒙台梭利幼儿教育科学方法［M］.任代文，译.北京：人民教育出版社，2001：517.

儿童观

上的充分和完满的发展。"①

自然赋予了儿童固有的生命生成规律，教育必须遵循儿童生命的轨迹，创设良好的环境，以促进和保全生命的成长。"人是整个自然的一部分……人被迫服从自然的规律……要想人不是自然的一部分，不遵循自然的共同秩序乃是不可能之事。"②科技的发展使得人们可以利用催熟技术与转基因技术改变动植物的生长周期与生长规律，获得反季蔬菜、水果以及各种转基因食品。如同对待动植物一样，急躁的成人难以耐心等待儿童的自然生长，试图同样采取"催熟"技术以提高儿童的生长速率与节奏，让儿童尽可能早地脱离童年，实施着"毁人不倦"的"速生儿"教育。"'这是一个万物都被注射了激素的年代'，'我们吃着早熟的水果、蔬菜、粮食，看着早熟的明星的表演，阅读着早熟的作者的文字，祝愿自己的下一代在早熟者的行列里名列前茅。也许再过若干年，人世间的万物都将不再拥有童年，童年概念将在人们心中消失，儿童这个词所指的将不过是年龄较小的成年人而已。'"③生命的过程比目的更加重要，任何"催熟"教育，都彻底背离了儿童的生命生成法则；任何拔苗助长，都牺牲了童年的幸福时光，严重侵害了儿童的身心健康，乃至一生的可持续成长与和谐。"假如儿童在这一年龄阶段遭到损害，假如存在于他身上的他的未来生命之树的胚芽遭到损害，那么他必须付出最大的艰辛和最大的努力才能成长为强健的人，必须克服最大的困难在其朝着这一方向发展和训练的道路上避免这种损害所造成的畸形，或至少防止这种损害所造成的片面性。"④儿童生命生成的自然节奏和规律应受到敬畏与尊重，这是人作为有理性的存在者应遵从的"生命密令"。

儿童是人，但不是"小大人"，儿童具有其独特的文化，即儿童文化。"儿童文化是儿童表现其天性的兴趣、需要、话语、活动、价值观念以及儿童群体共有的精神生活、物质生活的总和。儿童文化是儿童内隐的精神生活和外显的文化生活的集合。"⑤"儿童文化是诗性的、游戏的、童话的（或神话的）、梦想的，是好奇的、探索的，是从本能的无意识的逐步迈向意识的，是历史沉淀的因而是复苏的，

---

① [德]福禄培尔.人的教育[M].孙祖复，译.北京：人民教育出版社，2001：26.
② [荷兰]斯宾诺莎.伦理学[M].贺麟，译.北京：商务印书馆，1991：229.
③ 刘晓东.解放儿童[M].北京：新华出版社，2002：83.
④ [德]福禄培尔.人的教育[M].孙祖复，译.北京：人民教育出版社，2001：40.
⑤ 刘晓东.儿童文化与儿童教育[M].北京：教育科学出版社，2006：34.

是转变的生长的。"① "儿童有其内在的生动的精神生活,成人应当尊重和珍视这种精神生活;儿童还具有形之于外的丰富多彩的文化活动。"②

儿童
是由一百种组成的,
儿童有
一百种语言
一百双手
一百个念头
一百种思考、游戏、说话的方式;
还有一百种,倾听、惊奇和爱的方式
有一百种欢乐,去歌唱去理解
一百个世界,去探索去发现
一百个世界,去发明
一百个世界,去梦想。③

这便是儿童的秘密,这便是儿童的世界,这便是儿童的生命之道。"儿童就是儿童,成人应当把儿童看作儿童,让儿童过儿童的生活——游戏、好奇、探究、幻想、涂鸦、歌唱以及符合儿童本性的各种学习活动。成人应当放弃成人中心主义的立场和思维方式,真正把儿童当作有自己的想法、自己的感情、自己的世界、自己的生活、自己的成长轨迹和节奏的人来看待和尊重。"④ 成人在教育儿童时,首先要认识、尊重与珍视儿童文化。儿童之所以为儿童的重要标志便是"孩子气",天真、淳朴、直率的"孩子气"是儿童最为宝贵的气质和"财富"。成人要爱护儿童的童真、童心与童性,小心呵护儿童的天真烂漫、淳朴无知和率真稚气,切不可按照成人标准和要求对待儿童、塑造儿童,让儿童在成人的无视、摒弃或嘲笑中过早失去童年最宝贵的品质。"成人应注意理解和参与儿童的精神生活和文化活动,不应将成人文化无条件地强加给儿童。"⑤ 儿童是活跃的、富有创造力的社会

---

① 刘晓东.儿童文化与儿童教育[M].北京:教育科学出版社,2006:35.
② 刘晓东.解放儿童[M].北京:新华出版社,2002:64.
③ 刘晓东.解放儿童[M].北京:新华出版社,2002:256.
④ 蒋雅俊,刘晓东.儿童观简论[J].学前教育研究,2014(11):3-8+16.
⑤ 刘晓东.解放儿童[M].北京:新华出版社,2002:64.

行动者，童年是一种结构性存在，是儿童生活中由社会建构的一段时期，儿童既能够影响社会，也能被社会所影响。"儿童的精神世界和文化生活可以给成人以启示，成人应当向儿童学习。"① 成人必须"俯瞰整个人类、环境、技术以及文化资源"②，展开全面性的考察以了解整个情势，关注儿童丰富的精神世界和文化生活，将知识转换成一百种语言，将教育看作与儿童之间的一百个对话。探索中发现，交流中分享，讨论中启发，合作中生成，引导教育适时向各种有利于儿童发展的方向延展。"如果我们遵循这些原则，儿童不仅不会成为负担，而且会以自然奇迹中最伟大、最令人欣慰的形象出现在我们面前。我们会发现自己所面对的将不再是一个被看作幼弱无依的生命，像一个需要我们的智慧去填充的容器；而是一个具有崇高的尊严而被看作是我们自己的心灵塑造者的人，一个自我引导按照精确的时间表在愉快与欢乐中孜孜不倦地从事着创造宇宙中最伟大的奇迹——人——的工作的人。我们教师只能像仆人侍奉主人那样地帮助儿童进行工作。然后我们会变成人类灵魂发展的见证人。"③

不经历童年，不经过儿童的创造，就不存在成人。"儿童作为延续人类生命的载体，是人们慈爱的对象，也是人类生命力和未来希望的象征。"④ 成人应该认识到，自己的智慧丰富并闪烁着精神的光芒，完全是由于自己曾经是一个儿童。"我们每一个人回顾自己的历史时，都会发现其不可分的童年个性包括了不同的人格，它们之所以融合在一起，是因为它们处于雏形状态，这种充满憧憬的不确定性正是童年的最大魅力之一。"⑤ 教育的价值和意义在儿童生命生成的过程中，在不断提高儿童生命力的过程中。"如果教育就是各种自然倾向和能力的正常生长，那么注意在生长过程中每天所进行的特殊形式，是保证成年生活的种种成就的唯一方法。"⑥ 儿童教育既要为儿童的未来谋幸福，又要让儿童体验到童年的幸福与欢

---

① 刘晓东.解放儿童[M].北京：新华出版社，2002：64.
② 爱德华兹，等.儿童的一百种语言[M].罗雅芬，等译.南京：南京师范大学出版社，2006：86.
③ [意]蒙台梭利.蒙台梭利幼儿教育科学方法[M].任代文，主译校.北京：人民教育出版社，2001：340-341.
④ 姚伟.儿童观及其时代性转换[M].长春：东北师范大学出版社，2015：2.
⑤ [法]亨利·柏格森.创造进化论[M].姜志辉，译.北京：商务印书馆，2012：87.
⑥ [美]约翰·杜威.学校与社会·明日之学校[M].赵祥麟，任钟印，吴志宏，译.北京：人民教育出版社，1994：223.

乐。儿童是未成熟的，在儿童身上具有人的全部潜能，这些潜能"是种子，如果给予适当的发展条件，就会生长，就会显现出来；如果没有这些条件，它们就被窒息而死去"[①]，教育应根据儿童的生命特性，帮助儿童"成为他所能够成为的人"[②]。儿童是独立自由的个体，儿童不是成人的附庸。享有幸福的童年，不仅是儿童教育追求的一个重要目的，更是儿童的一项基本权利，任何人都无权以任何理由剥夺儿童的这一项权利。童年的幸福不仅有物质满足后的快乐，更有精神需要的满足，特别是成长不断超越自我的成就感体验。依据儿童生命的特性，遵循儿童生命生成的规律，敬畏生命的历史性、面向生命的整体性、关照生命的独特性，为儿童的生命成长提供良好的"土壤"，不忘初心，不辱使命，让每一个儿童都拥有一个快乐而充实的童年。

童年构成了人的一生中最重要的一部分，成人必须善待儿童的童年期，以小心谨慎的态度对待儿童。儿童从出生起就必须被看作一个神圣的生命个体，成人必须给予相应的对待——把儿童看作儿童。"一旦承认童年在万物秩序、人生秩序中具有绝对价值和独立地位，一旦承认儿童具有不同于成人的生活和世界，而非成人眼中的'小大人'，那么，儿童就应当被当作儿童来对待。"[③]"把儿童看作儿童，意味着尊重儿童的兴趣和需要，尊重儿童的生活和世界，尊重儿童特有的看待世界的方式和行为。"[④]儿童是稚嫩的个体，身心各方面尚不完善，需要成人对其身心进行科学的、合理的保护和教育，成人必须爱护儿童，切不可简单随意地或粗暴地对待儿童；儿童是完整的个体，具有满足全面发展需要的权利，除了健全的身体外，还有丰富的精神世界，成人必须高度重视其在身体、认知、品德、情感、个性等方面的全面发展，不仅应该满足儿童身体发育的需要，还应该满足儿童心理发展的需要；儿童是正在发展中的个体，每个儿童都具有巨大的发展潜能，需要成人给予发展的机会；儿童是独特的个体，具有个体差异性和性别差异性，成人应承认儿童的个体差异和性别差异，尊重每一位儿童，因人施教，充

---

① ［美］弗洛姆.为自己的人［M］.孙依依，译.北京：生活·读书·新知三联书店，1988：327.
② ［美］弗洛姆.为自己的人［M］.孙依依，译.北京：生活·读书·新知三联书店，1988：44.
③ 蒋雅俊，刘晓东.儿童观简论［J］.学前教育研究，2014（11）：3-8+16.
④ 蒋雅俊，刘晓东.儿童观简论［J］.学前教育研究，2014（11）：3-8+16.

儿童观

分发展其潜能，杜绝一切歧视；儿童是成长在一定的自然、社会、文化环境中的个体，成人应注重给儿童提供安全、温馨的成长环境；儿童是主动发展的个体，成人应遵循儿童的身心发展规律，尊重儿童的学习方式，站在儿童的立场、运用儿童的眼光对待儿童，理解儿童，走进儿童的内心世界；童年是人类的精神家园，也是人生最美好的岁月，要让儿童享受童年美好的时光。"儿童期不只是为成人期做准备，它具有独立存在的价值；"[1] "每位儿童都有接受教育的权利，教育的目的不仅在于儿童的发展，而且还在于儿童的欢乐幸福；儿童有权拥有欢乐自由的童年。"[2] 儿童不仅成就自我，还在塑造人类本身——不仅仅是一个民族、一个社会阶层或一个社会集团，而是整个人类。成人的每一行动对儿童来说都能成为一种召唤和诱因，成人必须像火焰一样，用温暖去振奋、活跃和鼓舞所有儿童。所谓文明，就是成人能够正确地认识儿童，理智地对待儿童，在儿童的整个发展过程中一直陪伴着儿童，为儿童提供他所需要的帮助。所谓文明，就是让科学的儿童观成为社会共识：成人关心儿童，尊重儿童，理解儿童，时时刻刻尽可能温和地对待儿童，承认儿童权利，满足儿童需要，为儿童服务，与儿童建立一种新的关系，关心世界上为承认儿童权利而进行的斗争，为建设一个适宜于儿童需要的世界而不断努力，享受观看儿童生命成长的快乐——把最大的尊重给予儿童！

---

[1] 刘晓东.解放儿童[M].北京：新华出版社，2002：64.
[2] 刘晓东.解放儿童[M].北京：新华出版社，2002：64.

参考文献

(一)著作类

1. ARISTOTLE. Physics. Princet on University Press, 1992.

2. BOBBI F, CORDEIRO P. Generating curriculum: building a shared curriculum. Primary Voices, 1994.

3. DAHLBERG G, MOSS P, &PENCE A. Beyond quality in early childhood education and care: postmodern perspective, Routledge Falmer, 1999.

4. FRIEDRICH FROEBEL. Pedagogics of the kindergarten, by Wichard Lange (ed.), New York: D. Appletonard Company, 1895.

5. FROEBEL F. Froebel's chief writings on education (S. S. F. Fletcher & J. Welton, Trans.) .London: Edward Arnold & Co.1912.

6. JAY MCDANIEL. What is process thought? seven answers to seven questions. Claremont, CA: P&F Press, 2008.

7. JOHN DEWEY. The child and the curriculum. Chicago: The University of Chicago Press, 1956.

8. LYNN F. An emergent curriculum in China: collaborative tolerance. Shenyang Creative Kindergarten, Contemporary Issues in Early Childhood, 2004.

9. TERESA M MCDEVITT, JEANNE ELLIS ORMROD. Child development. Person Education, Inc., 2004.

10. WITTROCK M C. Learning science: a generative process, 1983, Science Education. 67（4）.

11. ZHANGZENG-TIAN, JINYE-LE. Some thoughts on emergent curriculum. Peper Presented at the Forum for Integrated Education and Educational. Santa Cruz Ca, 2000, October.

12.［德］福禄培尔.人的教育［M］.孙祖复，译.北京：人民教育出版社，1991.

13.［德］海德格尔.海德格尔选集（上）［M］.孙周兴，译.上海：三联书店，1996.

14.［德］黑格尔.哲学史讲演录（第四卷）［M］.贺麟，王太庆，译.北京：

商务印书馆,1981.

15.[德]雅斯贝尔斯.什么是教育[M].邹进,译.北京:三联书店,1991.

16.[法]柏格森.创造进化论[M].肖聿,译.北京:华夏出版社,1999.

17.[法]柏格森.形而上学导言[M].刘放桐,译.北京:商务印书馆,1963.

18.[法]史怀泽.敬畏生命[M].陈泽环,译.上海:上海科学学院出版社,1992.

19.[法]雅克·德里达.胡塞尔哲学中的发生问题[M].于奇智,译.北京:商务印书馆,2009.

20.[捷]夸美纽斯.大教学论[M].傅任敢,译.北京:人民教育出版社,1979.

21.[捷]夸美纽斯.大教学论[M].傅任敢,译.北京:人民教育出版社,1984.

22.[捷]夸美纽斯.夸美纽斯教育论著选[M].任钟印,选编.北京:人民教育出版社,1990.

23.[美]J.瓦西纳.文化和人类发展[M].孙晓玲、罗萌,等译.上海:华东师范大学出版社,2007.

24.[美]杜威.杜威教育论著选[M].赵祥麟,等译.上海:华东师范大学出版社,1981.

25.[美]杜威.杜威文选[M].涂纪亮,编译.北京:社会科学文献出版社,2006.

26.[美]约翰·杜威.经验与自然[M].傅统先,译.北京:商务印书馆,1960.

27.[美]约翰·杜威.艺术即经验[M].高建平,译.北京:商务印书馆,2007.

28.[美]约翰·杜威.哲学的改造[M].许崇清,译.北京:商务印书馆,1997.

29.[美]戈尔.濒临失衡的地球——生态与人类精神.陈嘉映,译.北京:中央编译出版社,2012.

30.[美]莱夫等.情境学习:合法的边缘性参与[M].王文静,译.上海:华东师范大学出版社,2004.

31.[美]理查德·洛夫.林间最后的小孩——拯救自然缺失症儿童[M].自然之友,译.长沙:湖南科学技术出版社,2010.

32.[日]田中裕.怀特海有机哲学[M].包国光,译.河北:河北教育出版社,2001.

33.[日]佐藤学.学习的快乐——走向对话[M].钟启泉,译.北京:教育科学出版社,2004.

34.[瑞士]让·皮亚杰.儿童的心理发展[M].傅统先,译.济南:山东教育出版社，1982.

35. ［瑞士］让·皮亚杰.发生认识论原理［M］.王宪钿，等译.北京：商务印书馆，1981.

36. ［瑞士］让·皮亚杰.教育科学与儿童心理学［M］.傅统先，译.北京：文化教育出版社，1981.

37. ［苏］B.A.苏霍姆林斯基.育人三部曲［M］.毕淑芝，等译.北京：人民教育出版社，1998.

38. ［苏］维果茨基.维果茨基教育论著选［M］.余震球，译.人民教育出版社，2005.

39. ［意］玛丽亚·蒙台梭利.童年的秘密［M］.梁海涛，译.上海：上海人民出版社，2007.

40. ［印度］泰戈尔.泰戈尔诗选［M］.冰心，等译.北京：人民文学出版社，1997.

41. ［印度］泰戈尔.泰戈尔谈教育［M］.白开元，编译.北京：商务印书馆，2010.

42. ［英］迈克尔·波兰尼.个人知识——迈向后批判哲学［M］.许泽民，译.贵阳：贵州人民出版社，2000.

43. ［英］达尔文.物种起源［M］.舒德干，译.北京：北京大学出版社，2005.

44. ［英］达尔文.物种起源［M］.叶笃庄，方宗熙，译.北京：商务印书馆，2011.

45. ［英］怀特.再论教育目的［M］.李永宏，译.北京：教育科学出版社，1997.

46. ［英］怀特海.过程与实在［M］.周邦宪，译.贵阳：贵州人民出版社，2006.

47. ［英］罗素.西方哲学史.何兆武，李约瑟，译.北京：商务印书馆，1963.

48. ［英］洛克.人类理解论［M］.关文运，译.北京：商务印书馆，1981.

49. 曹凑贵.生态学概论（第二版）［M］.北京：高等教育出版社，2006.

50. 曹孚，滕大春，吴式颖，姜文闵.外国古代教育史［M］.北京：人民教育出版社，1981.

51. 曹基础.庄子浅释［M］.北京：中华书局出版社，2002.

52. 柴可夫.中医基础理论［M］.北京：人民卫生出版社，1998.

53. 陈桂生.中国教育学问题［M］.福州：福建教育出版社，2006.

54. 陈帼眉.学前心理学［M］.北京：人民教育出版社，1989.

55. 陈鹤琴.陈鹤琴全集（第二卷）［M］.北京市教育科学研究所.南京：江苏教育出版社，1987.

56. 陈奎德. 怀特海哲学演化概论 [M]. 上海：上海人民出版社，1998.

57. 陈修斋. 欧洲哲学史上的经验主义和理性主义 [M]. 北京：人民出版社，2007.

58. 陈永明. 儿童学概论 [M]. 北京：北京大学出版社，2013.

59. 单中惠. 让我们与儿童一起生活吧 [M]. 上海：华东师范大学出版社，2008.

60. 单中惠. 西方教育思想史 [M]. 北京：教育科学出版社，2007.

61. 单中惠. 现代教育的探索 [M]. 北京：人民教育出版社，2002.

62. 丁锦宏. 教育学基础 [M]. 北京：高等教育出版社，2009.

63. 丁圣彦. 生态学：面向人类生存环境的科学价值观 [M]. 北京：科学出版社 .2004.

64. 冯建军. 生命与教育 [M]. 北京：教育科学出版社，2004.

65. 冯友兰. 中国哲学史 [M]. 重庆：重庆出版社，2009.

66. 付粉鸽. 自然与自由：老庄生命哲学研究 [M]. 北京：人民出版社，2010.

67. 高觉敷. 西方心理学史论 [M]. 合肥：安徽教育出版社，1995.

68. 高鹏翔. 中医学 [M]. 北京：人民卫生出版社，2013.

69. 高思华. 中医基础理论 [M]. 北京：人民卫生出版社，2012.

70. 郭法奇，等. 欧美儿童研究运动：历史、比较及影响 [M]. 北京：北京师范大学出版社，2012.

71. 韩震. 历史哲学 [M]. 昆明：云南人民出版社，2001.

72. 黄济. 教育哲学通论 [M]. 太原：山西教育出版社，2005.

73. 黄开泰. 中医之和：辨证论治的生命哲学 [M]. 桂林：广西师范大学出版社，2011.

74. 黄铭. 过程思想及其后现代效应 [M]. 北京：宗教文化出版社，2010.

75. 金吾伦. 生成哲学 [M]. 保定：河北大学出版社，2000.

76. 雷毅. 深层生态学：阐释与整合 [M]. 上海：上海交通大学出版社，2012.

77. 雷毅. 深层生态学思想研究 [M]. 北京：清华大学出版社，2001.

78. 李世雁. 走向生态纪元 [M]. 沈阳：辽宁人民出版社，2004.

79. 刘放桐. 新编现代西方哲学 [M]. 北京：人民出版社，2000.

80. 刘济良. 生命的沉思：生命教育理念解读 [M]. 北京：教育科学出版社，2004.

81. 刘晓东，卢乐珍等. 学前教育学 [M]. 南京：江苏凤凰教育出版社，凤凰出版传媒集团，2009.

82. 刘晓东.儿童文化与儿童教育［M］.北京：教育科学出版社，2010.

83. 刘占文，马烈光.中医养生学［M］.北京：人民卫生出版社，2007.

84. 马烈光.中医养生学［M］.北京：中国中医药出版社，2012.

85. 马融，韩新民.中医儿科学［M］.北京：人民卫生出版社，2012.

86. 牟宗三.生命的学问［M］.桂林：广西师范大学出版社，2005.

87. 裴娣娜.教育科研方法导论［M］.合肥：安徽教育出版社，2000.

88. 任继愈.中国哲学史（第二册）［M］.北京：人民教育出版社，1966.

89. 任继愈.中国哲学史［M］.北京：人民出版社，1979.

90. 孙培青，李国钧.中国教育思想史（第二卷）［M］.上海：华东师范大学出版社，1995.

91. 孙正聿.哲学通论［M］.大连：辽宁人民出版社，1998.

92. 谭兴贵.中医养生研究［M］.北京：人民卫生出版社，2009.

93. 陶行知.陶行知文集［M］.江苏省陶行知教育思想研究会，南京晓庄师范陶行知研究室.南京：江苏人民出版社，1981.

94. 滕大春.外国教育通史［M］.济南：山东教育出版社，1989.

95. 滕守尧.回归生态的艺术教育［M］.南京：南京出版社，2008.

96. 滕守尧.生态式艺术教育概论［M］.太原：山西师范大学出版社，2002.

97. 滕守尧.文化的边缘［M］.北京：作家出版社，1997.

98. 王理平.差异与绵延［M］.北京：人民出版社，2007.

99. 王治河，霍桂桓，任平.中国过程研究（第一辑）［M］.北京：中国社会科学出版社，2007.

100. 王治河.后现代主义词典［M］.北京：中央编译出版社，2003.

101. 萧淑贞.发现人性［M］.北京：商务印书馆，2011.

102. 修毅.人的活动的哲学［M］.北京：中国大百科全书出版社，1994.

103. 徐复观.徐复观全集·中国人性论史［M］.北京：九州出版社，2014.

104. 徐兰君，［美］琼斯.儿童的发现［M］.北京：北京大学出版社，2011.

105. 杨汉麟，周采著.外国幼儿教育史［M］.桂林：广西教育出版社，1993.

106. 叶浩生.西方心理学的历史与体系［M］.北京：人民教育出版社，1998.

107. 叶澜.教育概论［M］.北京：人民教育出版社，1991.

108. 余雪莲，张登山.儿童学概论［M］.北京：北京师范大学出版社，2013.

109. 张雪门.张雪门幼儿教育文集（上卷）［M］.戴自庵.北京：北京少儿出版社，1994.

110. 周采.比较学前教育［M］.北京：人民教育出版社，2010.

111. 周国平.尼采与形而上学［M］.北京：新世界出版社，2008.

（二）论文类

1. ［瑞典］J.本特松."生活——世界"：西方教育学研究传统的新视角［J］.李庆译.国外社会科学，2002（4）.

2. 曹树真.生成：教育学视野中的儿童发展［J］.班主任之友，2006（8）.

3. 单中惠.西方现代儿童观发展初探［J］.清华大学教育研究，2003（04）.

4. 董习德.儿童观摭谈［J］.新西部（理论版），2015（13）.

5. 方向红.生成与辩证法——德里达《胡塞尔哲学中的生成问题》主旨评析［J］.南京社会科学，2003（8）.

6. 付瑶.鲁迅儿童观在其经典儿童形象中的体现［J］.文化学刊，2019（06）.

7. 付玉.《教育漫话》中的儿童观及启示［J］.黑龙江教育学院学报，2019，38（11）.

8. 高红菊，陶生魁.鲁迅儿童观探赜［J］.教育评论，2014（12）.

9. 高振宇.多学科视野下儿童研究及教育启示——第一届儿童研究与教育学术年会综述［J］.上海教育科研，2019（11）.

10. 郭战涛.丰子恺儿童观与佛理的背离［J］.钦州学院学报，2016，31（12）.

11. 贺林珂，王利平.论近现代西方儿童观的演进［J］.文教资料，2006（28）.

12. 侯莉敏.幼儿教育崇尚天性回归自然［J］.早期教育，2005（6）.

13. 侯颖.朱自强的儿童观与儿童文学批评［J］.南京师范大学文学院学报，2017（03）.

14. 胡福贞，钱琦.整合视野下的儿童观［J］.天津市教科院学报，2017（01）.

15. 黄进.当童年成为艺术——论审美视角的儿童观［J］.中国教师，2009（11）.

16. 黄沁茗.《世说新语》中魏晋士人的儿童观［J］.文学教育（下），2016（03）.

17. 霍力岩.试论蒙台梭利的儿童观［J］.比较教育研究，2000（06）.

18. 蒋雅俊.改革开放40年学前教育政策中的儿童观变迁［J］.学前教育研究，

2019（03）.

19.蒋雅俊.论杜威的经验哲学与经验课程哲学[J].南京师大学报（社会科学版），2013（4）.

20.景洪.阴阳五行思想与《黄帝内经》[J].周易研究，2008（8）.

21.李慧，蔡旻君.对学前教育回归生活的思考——兼论杜威的"儿童中心观"[J].甘肃教育，2002（12）.

22.李家成.论中外教育研究中的"生命"概念[J].安徽教育学院学报,2004(3).

23.李瑾瑜.反思教育中的"儿童观"[J].中国教师，2010（11）.

24.李励宇.浅谈日本社会的传统儿童观——以儿童期的人生礼仪为中心[J].教育教学论坛，2017（22）.

25.李盼盼.福禄贝尔与蒙台梭利儿童观之比较[J].江苏第二师范学院学报，2017,33（04）.

26.李世雁，曲跃厚.论过程哲学[J].清华大学学报（哲学社会科学版），2004（2）.

27.李伟.纳撒尼尔·霍桑的儿童观及儿童文学创作观——以《神奇的故事》为例[J].山东行政学院学报，2014（10）.

28.李文阁.生成性思维：现代哲学的思维方式[J].中国社会科学，2000（6）.

29.李文娜，朱健平.从"儿童的发现"到"为儿童而译"——中国儿童文学翻译观之嬗变[J].外语教学理论与实践，2015（02）.

30.李秀萍.儿童何以解放——中西儿童观的历史变迁及启示[J].少年儿童研究，2009（02）.

31.李学斌.儿童观：游戏精神的栖息地[J].江苏教育，2015（25）.

32.李玉向.关于特殊儿童观的思考[J].课程教育研究，2012（24）.

33.李仲宇.阿伦特保守主义儿童观及其现实意义[J].曲靖师范学院学报，2019,38（06）.

34.林丽丽，何文彬.试论阴阳五行学说在中医"治未病"中应用[J].辽宁中医药大学学报，2013（6）.

35.林昕.生活化课程模式下教师儿童观的改变[J].亚太教育，2016（30）.

36.刘黎明，刘应宏.陶行知的儿童观探析[J].中国人民大学教育学刊，2018（03）.

37. 刘黎明.论西方自然主义教育思想的儿童观的历史演变[J].湖南第一师范学院学报,2014,14(06).

38. 刘婉.儿童观研究的回顾与展望[J].重庆第二师范学院学报,2019,32(06).

39. 刘霞.民国儿童观及其出场方式[J].教育观察,2019,8(18).

40. 刘晓东.反对超前教育[J].江苏教育,2001(16).

41. 刘晓东.教育者应当学会等待[J].早期教育,2002(10).

42. 刘晓东.论"儿童是成人之父"[J].南京师人学报(社会科学版),1999(7).

43. 刘晓东.论成人的僭妄[J].教育导刊,2005(8).

44. 刘晓东.论儿童是"自然之子"[J].教育导刊,2005(9).

45. 刘晓东.生成教学:苏霍姆林斯基的伟大创造[J].教育导刊,2005(2).

46. 刘晓东.修造通往"伟大儿童"的道路[J].全球教育展望,2019,48(12).

47. 刘晓东.学前教育的"大纲"应当符合儿童的"大纲"[J].学前教育研究,2001(6).

48. 刘秀英.大众传播媒介中儿童观问题研究——以"五道杠少年"事件为例[J].少年儿童研究,2011(16).

49. 罗华.我们需要怎样的儿童观——对学前教育现存问题的反思[J].文教资料,2012(05).

50. 罗瑶.幼儿园运动期间儿童观的演变历程简述(1850—1920)[J].中国人民大学教育学刊,2019(04).

51. 马志生,敬海新.哲学思维方式的嬗变:从预成论到生成论[J].北方论丛,2003(6).

52. 孟令新,靳瑞华,王秀花.华兹华斯的儿童观探新[J].语文学刊,2009(11).

53. 孟令新.华兹华斯儿童观成因探究[J].语文学刊,2009(23).

54. 潘蓉.《广西妇女》战时儿童观之辨析:从抗战"卫士"与文明儿童的"塑造"谈起[J].文化与传播,2019,8(04).

55. 庞庆举.论先秦经典中的儿童观及其后世流变——从《易经》"蒙"卦说起[J].教育学报,2016,12(05).

56. 乔东平,谢倩雯.中西方"儿童虐待"认识差异的逻辑根源[J].江苏社会科学,2015(01).

57. 乔凤萍.儿童的形象［J］.内蒙古教育，2019（19）.

58. 任志楠.广西三江侗族儿童观的考察［J］.民族教育研究，2016，27（04）.

59. 沈茜.湖南省幼儿教师儿童观的调查与研究［J］.科教导刊（下旬），2016（02）.

60. 石欧等.在过程中体验［J］.课程·教材·教法，2002（8）.

61. 石中英.今天我们如何看待儿童［J］.北京教育（普教版），2017（11）.

62. 舒乙.老舍的儿童观和教育观［J］.北京教育（普教版），2003（11）.

63. 孙春福.叶圣陶"儿童种子观"的内外价值及其当代要义［J］.江苏教育研究，2015（Z4）.

64. 孙圆.儿童观的演进及其教育学考察［J］.中国教育学刊，2017（01）.

65. 孙云晓,宿金金.尊重儿童权利 走出共育误区[J].基础教育论坛,2019(18).

66. 孙照保.国家公民、自然人和社会人——柏拉图、卢梭和杜威儿童观简介［J］.中国教师，2008（13）.

67. 索丽珍.论蒙台梭利儿童观及其渊源[J].长春师范大学学报,2017,36(02).

68. 汪银花.鲁迅的儿童观探讨［J］.学语文，2011（01）.

69. 王春燕.自然主义教育理论及其思考［J］.教育理论与实践，2001（9）.

70. 王逢贤.儿童：一个仍待揭开的奥秘——为《儿童观及其时代性转换》一书代序［J］.学前教育研究，2007（04）.

71. 王海英.20世纪中国儿童观研究的反思［J］.华东师范大学学报（教育科学版），2008（02）.

72. 王海英.儿童的知识建构［J］.上海教育科研，2005（12）.

73. 王焕.竹久梦二的儿童观——以竹久梦二的儿童画为中心［J］.美与时代（中），2017（07）.

74. 王娟.从"七五三"节看现代日本儿童观［J］.科技视界，2015（03）.

75. 王璐.浅谈陶行知的课程理论和儿童观对于现今的影响[J].才智,2016(08).

76. 王诗客.王尔德的儿童观及其启示［J］.名作欣赏，2017（12）.

77. 王澍，侯洁.哲学视角下儿童观研究的特征及其教育启示［J］.教育科学研究，2017（04）.

78. 王雅楠.儿童是谁？——基于多元视角的解读［J］.文教资料，2018（17）.

79. 王妍妍，夏艺.日本儿童观：周作人儿童文学思想的开启与构建［J］.山西大同大学学报（社会科学版），2015，29（03）.

80. 王瑶，李锦江.影响我国现代儿童观的因素与对策研究［J］.教育现代化，2016，3（13）.

81. 王雨朦.作为小学教育研究基点的儿童观研究综述［J］.教育现代化，2016，3（35）.

82. 吴正阳.进化论与严复的儿童观［J］.浙江师范大学学报（社会科学版），2016，41（06）.

83. 夏晶.图画书中的儿童教育观解读与启示——以国外三本典型图画书为例［J］.陕西学前师范学院学报，2019，35（09）.

84. 向野康江.中国的儿童观、教育问题及其解决途径［J］.中国美术教育，2000（01）.

85. 邢程.鲁迅小说中儿童观的变异——由《示众》谈起［J］.汉语言文学研究，2016，7（04）.

86. 熊漪，熊水忠.中国儿童教育缺失的思考——以家庭和学校的儿童观为视角［J］.江西教育，2012（Z6）.

87. 雅言.儿童是谁——一个永恒的话题［J］.少年儿童研究，2009（02）.

88. 雅言.树立正确的儿童观需要坚持唯物辩证法［J］.少年儿童研究，2010（22）.

89. 闫冰，李淑贤.熊希龄的儿童教育观［J］.内蒙古师范大学学报（教育科学版），2018，31（09）.

90. 严国芳.新课程下儿童观转换诘议［J］.小学教学参考，2008（36）.

91. 杨北岳，罗雪红.论沈从文的儿童观和儿童教育观——以《虎雏》《三三》《福生》为例［J］.昆明学院学报，2016，38（04）.

92. 杨孔炽.论卢梭的儿童观及其现代意义［J］.教育研究，1998（01）.

93. 杨兰.卢梭的儿童观对现代儿童教育的启示［J］.科教文汇（上旬刊），2019（09）.

94. 叶妙企.科学的儿童观：幼儿教师专业素质之本［J］.中国教育学刊，2017（S1）.

95. 尹少淳.现代儿童观与儿童美术教育［J］.中国美术，2014（06）.

96. 于冬青，葛东娟.儿童的自然天性与儿童教育［J］.东北师大学报（哲学社会科学版），2016（04）.

97. 余艳雯. 冰心的儿童观及其早期小说中的儿童形象[J]. 名作欣赏, 2017（14）.

98. 虞永平. 论儿童观[J]. 学前教育研究, 1995（03）.

99. 虞永平. 幼儿教育与幼儿幸福——对幼儿教育的一种反思[J]. 幼儿教育, 2000（4）.

100. 臧玲玲. 儿童观的异化与重构——论幼儿园教育"小学化"现象[J]. 教育探索, 2016（10）.

101. 张大海. 现代儿童观与儿童文学的创作[J]. 文艺评论, 2016（09）.

102. 张登本.《内经》阴阳理论的研究[J]. 山西中医学院学报, 2009（4）.

103. 张登山. 卢梭与杜威儿童观之比较研究[J]. 南方论刊, 2016（03）.

104. 张纪鸽. 儿童乃是成人的父亲——兼谈华兹华斯的儿童观[J]. 文教资料, 2010（28）.

105. 张学而. 文艺复兴时期儿童游戏的特点及启示——以勃鲁盖尔的《儿童之戏》为样本[J]. 美育学刊, 2019, 10（06）.

106. 张学祥. 论鲍德温之儿童观对《圣经》的借鉴与超越[J]. 齐鲁学刊, 2015（03）.

107. 张琰. 论中国诗歌中"儿童观"的发展与嬗变[J]. 湖北广播电视大学学报, 2019, 39（03）.

108. 赵宝璐. 中韩胎动期儿童文学比较研究——以鲁迅与李光洙的儿童观为中心[J]. 当代韩国, 2015（04）.

109. 周一贯. 今天, 重读鲁迅的儿童观[J]. 内蒙古教育, 2011（19）.

110. 朱鹏飞. 生命哲学美学的历史流变[J]. 美学研究, 2007（1）.

111. 朱彤. 浅谈儿童观效应对西方儿童音乐作品的影响[J]. 中小学音乐教育, 2011（10）.

112. 朱自强. 儿童文学与儿童观[J]. 中国教师, 2009（11）.

113. 邹广文, 崔唯航. 从现成到生成——论哲学思维方式的现代转换[J]. 清华大学学报（哲社版）, 2003（2）.

（三）工具书类

1. 辞海编辑委员会编. 辞海（下）[Z]. 上海: 上海辞书出版社, 1979.

2. 王忠民. 幼儿教育辞典［Z］. 北京：中国大百科全书出版社，2004.

3. 吴泽炎，黄秋耘，刘叶秋. 词源（修订本. 下）［Z］. 北京：商务印书馆，1991.

（四）学位论文类

1. 边亚华. 童心与儿童［D］. 南京师范大学，2007.

2. 陈吉全.《黄帝内经》五行学说源流及应用的研究［D］. 广州中医药大学，2011.

3. 程志宏. 儿童天性与儿童教育［D］. 南京师范大学，2007.

4. 顾克. 儿童教育应当无为［D］. 南京师范大学，2001.

5. 侯莉敏. 儿童生活与儿童教育［D］. 南京师范大学，2006.

6. 蒋雅俊. 儿童、经验与课程：课程哲学研究［D］. 南京师范大学，2008.

7. 焦荣华. 论教育学视野中儿童与大自然的关系［D］. 南京师范大学，2007.

8. 林琳.《黄帝内经》与《淮南子》比较研究［D］. 辽宁中医学院，2003.

9. 苗雪红. 论儿童的精神成长［D］. 南京师范大学，2008.

10. 申咏秋.《黄帝内经》医学人文精神研究［D］. 北京中医药大学，2007.

11. 孙丽丽. 儿童教育与儿童生活的背离与回归［D］. 南京师范大学，2004.

12. 田春. 成长取向的儿童教育［D］. 南京师范大学，2008.

13. 王喜海. 论回归童年的儿童教育［D］. 南京师范大学，2008.

14. 岳丽岫. 幼儿教育应使儿童幸福［D］. 南京师范大学，2006.

15. 张梅. 杜威的经验概念［D］. 复旦大学，2008.

（五）政策法规类

1. 中华人民共和国未成年人保护法.

2. 中华人民共和国教育法.

（六）古籍类

1. 胡奇光，方环海. 尔雅译注［M］. 上海：上海古籍出版社，2012.

2. 孟子［M］. 柯继民，编. 黑龙江：黑龙江人民出版社，2003.

3. 墨翟. 墨子［M］. 戴红贤，译注. 呼和浩特：远方出版社，2004.

4. 孙思邈. 备急千金要方［M］. 北京：人民卫生出版社，1982.

5. 万全. 养生四要［M］. 北京：中国医药科技出版社，2011.